annabrevet

SUJETS et CORRIGÉS 2020

Français

Christine Formond
Professeur certifiée de lettres modernes
Collège La Grange aux Belles, Paris

Louise Taquechel
Professeur certifiée de lettres modernes
Lycée Jean-Perrin, Marseille

ISSN 1168-3791 ISBN 978-2-401-05252-9

Achevé d'imprimer
Par Maury imprimeur à Malesherbes - France
Dépôt légal 05252-9/01 - Août 2019

Hatier

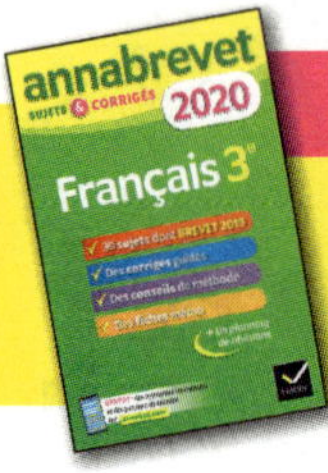

Français

Comment utiliser ton Annabrevet 2020 ?

Cela dépend de ton objectif

MON

1

Comprendre le déroulement de **l'épreuve**

- Infos → pages 12 et 13
- Conseils → pages 14 à 17

2

M'entraîner sur les **objets d'étude**

Se raconter, se représenter
→ sujets 2 à 9

Dénoncer les travers de la société
→ sujets 10 à 13

Agir dans la cité : individu et pouvoir
→ sujets 14 à 20

Visions poétiques du monde
→ sujets 21 à 24

Progrès et rêves scientifiques
→ sujets 25 et 26

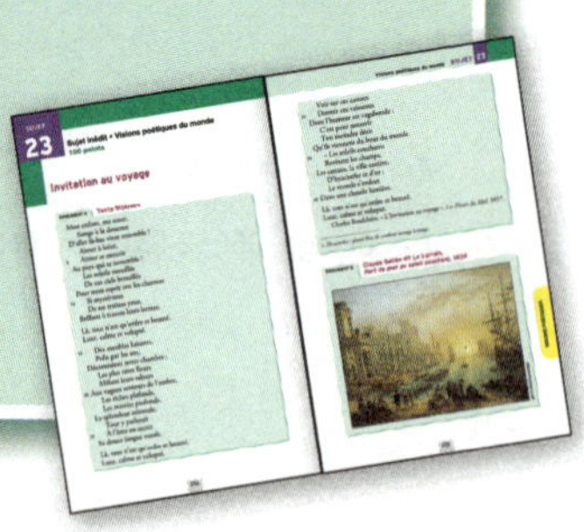

OBJECTIF

3 M'améliorer en **dictée**

- Maîtriser les accords
  → sujets 1, 4, 12, 16, 21, 25
- Distinguer les homophones
  → sujets 3, 12, 15, 16
- Améliorer mon orthographe
  → sujets 3, 8, 24, 26

4 Approfondir les méthodes de la **rédaction**

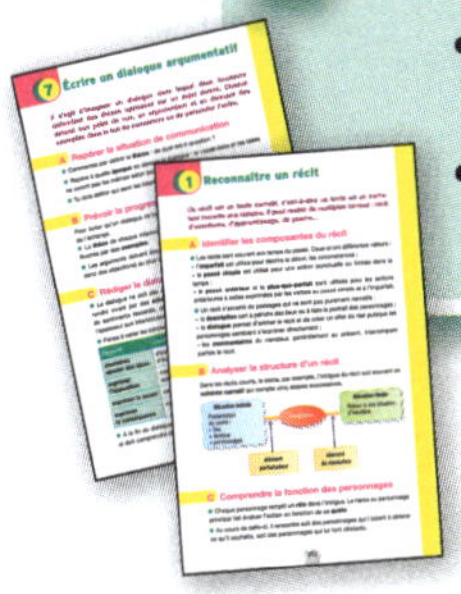

- Le sujet de réflexion
  → fiches 6 et 7
- Le sujet d'imagination
  → fiches 8 à 10

5 Me mettre dans les **conditions de l'examen** et faire des sujets complets

→ sujets 1, 10, 18, 21, 25

Connecte-toi sur www.annabac.com

Grâce à cet ouvrage, accède gratuitement à plein de ressources complémentaires – podcasts, quiz, vidéos, sujets corrigés –, dans toutes les matières.

Pour profiter de cette offre, rends-toi dans la rubrique « Vous avez acheté un ouvrage Hatier ? »

SOMMAIRE

Infos et conseils sur...

26 sujets expliqués et corrigés

Coche les sujets sur lesquels tu t'es entraîné.

Sujet de France métropolitaine 2019

Sujets classés par thèmes

SE RACONTER, SE REPRÉSENTER

DÉNONCER LES TRAVERS DE LA SOCIÉTÉ

AGIR DANS LA CITÉ : INDIVIDU ET POUVOIR

Le mémo du brevet

- Coordination éditoriale : Grégoire Thorel et Anaïs Goin, assistés de Luce Valli et de Cloé Bineau
- Édition : Clothilde Diet
- Graphisme : Tout pour plaire et Dany Mourain
- Maquette : Hatier et Nadine Aymard
- Infographie : Vincent Landrin
- Illustration : Juliette Baily
- Mise en page : STDI

ZOOM sur...

... les difficultés de chaque exercice

LES QUESTIONS DE RÉÉCRITURE

Modification à appliquer	Sujets n°
Passer au pluriel	1, 3, 5, 10, 15, 18, 21, 24
Changer les personnes	7, 8, 9, 12, 13, 16, 20, 23, 25
Changer de temps	2, 4, 6, 12, 14, 17, 21, 26

LES DICTÉES

Difficulté abordée	Sujets n°
Les déterminants	13
Les homophones grammaticaux	3, 7, 9, 12, 13, 15, 16, 17, 19
Les mots invariables	1, 26
Les mots difficiles	2, 8, 24
Les marques du pluriel	6, 9, 20, 21
L'accord des adjectifs	1, 12, 13, 23, 26
L'accord du participe passé	2, 4, 5, 10, 14, 16, 17, 20, 25
Les temps verbaux	2, 6, 8, 10, 14, 15, 16, 21
L'inversion du sujet et du verbe	12, 20, 26

LES SUJETS DE RÉDACTION

Sujets d'imagination	
Type de consigne	**Sujets n°**
Exprimer ses sentiments	4, 6, 11, 12, 14, 21, 25
Construire un récit	1, 8, 11, 16, 17, 20, 25
Écrire une suite de texte	2, 7, 9, 14, 15
Rédiger un dialogue ou un monologue	3, 8, 10, 18, 19, 20, 26
Écrire un article	13
Décrire une personne, un objet ou un lieu	5, 6, 12, 16, 23, 24

Sujets de réflexion	
Type de consigne	**Sujets n°**
Parler de soi et des autres	8, 16, 21, 22, 24
Exprimer son avis sur la société et sur le monde	1, 3, 5, 10, 14, 15, 23, 25
Argumenter dans une situation fictive	11, 18, 19, 20

Planifie tes révisions

J –30 Révise des thèmes clés du programme

Nº	Thème
2	Se raconter, se représenter
6	Se raconter, se représenter
11	Dénoncer les travers de la société
15	Agir dans la cité : individu et pouvoir
16	Agir dans la cité : individu et pouvoir
22	Visions poétiques du monde
26	Progrès et rêves scientifiques

J –15 Travaille les méthodes

Nº	Point de méthode
Dictée	
15	Distinguer les homophones
21	Distinguer les temps employés
14	Accorder les participes passés
Rédaction	
10	Écrire un dialogue
12	Exprimer ses sentiments
6	Exprimer son avis sur la société

J –7 Les révisions se terminent !

Entraîne-toi avec le sujet 1, dans le temps prévu pour l'examen.

Infos et conseils sur…

L'épreuve de français

1 Comment s'organise l'épreuve de français ?

L'épreuve de français, d'une durée de 3 heures, se déroule en deux temps séparés par une pause de 15 minutes. Elle est notée sur 100 points.

A Le premier temps de l'épreuve (1 h 10)

Le premier temps est entièrement consacré à la première partie de l'épreuve. Celle-ci s'appuie sur un corpus constitué d'un **texte littéraire** et d'un **document iconographique**. Tu dois répondre à deux séries de questions : « Grammaire et compétences linguistiques » puis « Compréhension et compétences d'interprétation ».

INFO **Les réponses aux questions sont notées sur 50 points.**

1. Les questions de grammaire

- La première série de questions porte sur des faits de langue (**vocabulaire**, **figures de style**, temps des **verbes**, etc.) et permet de vérifier, par exemple, que tu sais justifier l'emploi d'un temps, reconnaître une proposition subordonnée, trouver des mots formés sur un préfixe, etc.
- L'une de ces questions, généralement notée sur 10 points, est un exercice de **réécriture** : selon le cas, on te demande de modifier un passage du texte en changeant le temps ou le sujet du premier verbe, en passant au discours indirect, etc.

2. Les questions de compréhension

- La seconde série de questions, plus nombreuses, vise à évaluer ta compréhension du texte : **thème**, comportement et réaction du ou des **personnages**, **point de vue**, etc.
- L'une au moins de ces questions t'invite à observer l'**image** et à opérer un rapprochement avec le texte.

B Le second temps de l'épreuve (1 h 50)

1. La dictée

Le second temps de l'épreuve se divise en deux parties. Il comprend d'abord une dictée, pendant 20 minutes, afin de contrôler ton **niveau en orthographe**.

INFO La dictée est notée sur 10 points ; la rédaction, sur 40 points.

2. Le travail d'écriture

Ensuite, tu disposes d'1 heure 30 pour effectuer un travail de rédaction. Tu as le choix entre deux sujets : l'un de réflexion, l'autre d'imagination. Dans les deux cas, il s'agit d'évaluer ta **capacité à rédiger**.

C En résumé

Épreuve de FRANÇAIS

DESCRIPTIF

- 3 heures
- 100 points
- 3 parties :
  - travail sur un texte et une image
  - dictée
  - rédaction

MÉTHODE

1. Lisez plusieurs fois le sujet avant de répondre aux questions.
2. Préparez votre rédaction au brouillon (environ 45 min).
3. Gardez du temps pour relire l'ensemble de votre devoir (environ 15 min).

CONSEILS

- Pendant l'année, repérez les fautes d'orthographe que vous faites souvent pour les corriger lors de la relecture.
- Soignez votre écriture pour faciliter le travail du correcteur !

2 Comment réussir les questions ?

Les questions portent sur un texte d'une trentaine de lignes, d'un auteur de langue française, et sur un document iconographique.

A Comprendre les documents

1. Le texte

- **Lis deux ou trois fois** le texte. Identifie son **genre** : récit, théâtre, poésie… Mobilise tes connaissances sur l'auteur, si tu le connais, et sur l'époque de parution du livre (la date est toujours indiquée).
- Dans le cas d'un texte narratif, repère les personnages, le lieu et l'époque de l'action. S'agit-il d'un récit à la 1re personne ? à la 3e personne ?

2. L'image

- Regarde attentivement le document iconographique.
- Interroge-toi : quel élément permet de faire le lien avec le texte ?

B Traiter les questions de grammaire

- Lis l'ensemble des questions avant de répondre. Elles suivent une progression : il est donc recommandé de les traiter **dans l'ordre**.
- Les questions de grammaire portent sur des éléments précis : un mot, une phrase, un verbe, une figure de style… Elles appellent en général des **réponses assez brèves**, mais qui doivent être **justifiées**.

> ATTENTION ! **Toutes tes réponses doivent être rédigées.**

- Pour la réécriture, veille à bien faire toutes les transformations orthographiques impliquées par le changement initial. **Souligne les mots à modifier** : verbes, noms et adjectifs, pronoms, déterminants possessifs, etc. Attention aux mots qui ne changent pas : toutes les fautes de copie sont pénalisées !

C Traiter les questions de compréhension

- Regarde bien le **barème** de chaque question : plus le nombre de points est élevé, plus ta réponse doit être longue et argumentée.
- Les dernières questions te demandent de faire le bilan (visée de l'auteur, intérêt du texte) et de confronter le texte et l'image. Prends appui sur les documents pour détailler ta réponse et **justifier ton point de vue**.

> CONSEIL **Pour toutes tes réponses, rédige de manière simple et claire, et pense à citer le texte.**

3 Comment réussir la dictée ?

Le texte de la dictée, de 600 signes environ, a toujours un rapport avec le texte initial : même œuvre, même auteur ou même thème.

A Écouter

- Lors de la première lecture, concentre-toi sur le **sens** du texte et repère ses difficultés. Demande-toi si le récit est à la 1re ou à la 3e personne.

> INFO **La dictée est lue au total trois fois.**

- Identifie le type du texte et le **temps dominant** : généralement, imparfait et passé simple pour un récit, présent ou imparfait pour une description.

B Écrire

1. Les verbes

- Fais attention aux temps qui, à l'oral, peuvent se confondre :
  - participe passé et infinitif des verbes du 1er groupe (*aimé/aimer*) ;
  - imparfait et passé simple (*je marchais/je marchai*) ;
  - futur et conditionnel présent (*je partirai/je partirais*).
- Pour les différencier, **change de personne** : *il partira / il partirait*.

2. Les chaînes d'accord

- Repère le sujet de chaque **verbe** pour savoir comment accorder celui-ci.
- Pour chaque **adjectif**, demande-toi à quel **nom** il se rapporte pour l'accorder correctement en genre et en nombre.
- N'oublie pas d'accorder les **participes passés** qui doivent l'être.

3. Les homophones

Sois attentif à bien distinguer les homophones : *ou/où*, *quand/qu'en*, *c'est/s'est*… Identifie leur **classe grammaticale** pour ne pas te tromper.

> CONSEIL **Essaie de retrouver l'orthographe des mots que tu ne connais pas à partir de mots formés sur le même radical.**

C Se relire

- Effectue plusieurs relectures, en te concentrant à chaque fois sur **un point précis** : l'accord sujet-verbe ; les homophones, etc.
- Vérifie que tes phrases commencent par une majuscule, forme correctement les accents et rends ton écriture la plus **lisible** possible.

4 Comment réussir la rédaction ?

Tu as le choix entre un sujet de réflexion et un sujet d'imagination. Tous deux portent sur la même thématique que les documents distribués dans la première partie de l'épreuve.

A Comprendre le sujet

Lis les deux sujets et choisis rapidement celui que tu veux traiter.

1. Le sujet de réflexion

- On te demande d'exprimer **ton avis** sur une question précise. Tu dois écrire un texte à dominante **argumentative** en justifiant ton point de vue.
- Le plus souvent, il s'agit d'écrire un petit essai. On peut aussi te demander de développer une argumentation dans une lettre ou sous forme de dialogue.

2. Le sujet d'imagination

- Il peut s'agir d'écrire la suite d'un récit, de raconter la même scène en changeant de point de vue ou d'imaginer une autre scène sur le même thème. On pourra également te demander de **raconter une expérience personnelle**, en précisant les sentiments que tu as éprouvés à cette occasion.

> CONSEIL **Pense à enrichir tes récits par des descriptions et des dialogues, même lorsque les consignes ne le précisent pas.**

- La consigne t'indique clairement le **type de texte** attendu : texte essentiellement narratif, lettre, récit avec passages dialogués…

B Travailler au brouillon

- Accorde **50 minutes** à cette phase.
- Pour un **sujet de réflexion**, contente-toi d'écrire au brouillon le plan et les idées principales de chaque paragraphe, sans faire de phrases complètes. L'introduction et la conclusion, en revanche, seront totalement rédigées.
- Pour un **sujet d'imagination**, rédige tout ton texte au brouillon. Écris au crayon et saute des lignes. Organise ton texte **en paragraphes**.
- Quand tu as terminé ton premier jet, **retravaille-le** : vérifie que les phrases s'enchaînent bien et qu'il n'y a pas trop de répétitions ; puis corrige les erreurs.

C Recopier efficacement

- Accorde **30 minutes** à cette dernière étape. Recopie lisiblement. Ton texte doit faire 2 pages minimum, soit 300 mots environ.
- Il te restera **10 minutes** pour te relire et supprimer les erreurs d'inattention.

5 Comment te préparer à l'examen ?

Les épreuves finales du brevet constituent ton premier examen. Cela peut générer du stress. Mais, si tu es en bonne forme et que tu as travaillé régulièrement tout au long de l'année, tu n'as aucune raison de t'inquiéter.

A De manière générale

1. La préparation physique

- Il est recommandé de **dormir correctement** dans les deux derniers mois avant l'examen. Le manque de sommeil risque en effet de réduire tes performances intellectuelles.
- Pour mieux gérer ton stress, continue de **faire du sport**, sans excès, dans les jours qui précèdent l'examen.

2. La préparation intellectuelle

Cette préparation-là s'effectue tout au long de l'année.

- En premier lieu, sois **attentif en cours**.
- **Apprends tes leçons** au fur et à mesure ; n'attends pas le contrôle. Donne du sens à ce que tu apprends : n'hésite pas à expliquer, à l'oral ou à l'écrit, le contenu de ta leçon à un proche ou à un camarade de classe.
- Lors de la préparation d'un contrôle, entraîne-toi à **extraire de ta mémoire** ce que tu y as mis. Révise pour de vrai !

> ATTENTION ! **Réviser n'est pas seulement relire. Il faut reformuler mentalement ce que tu lis et, si possible, par écrit, devant une feuille blanche.**

B Dans chaque discipline

- En **mathématiques et en sciences**, fais une fiche de révision par chapitre : note les définitions et les propriétés à connaître, illustrées par des exemples rédigés.
- En **français**, prends le temps nécessaire pour lire attentivement les textes qu'on te donne à lire à la maison (sous forme d'extraits ou d'œuvres complètes).
- En **histoire, géographie et EMC**, pour chaque chapitre, note les points principaux en t'appuyant sur ton cours ou ton manuel.

26 sujets expliqués

... et corrigés

SUJET

1

France métropolitaine • Juillet 2019

100 points

Jeux de l'enfance

DOCUMENT A **Texte littéraire**

Dans son roman Le Premier Homme, *Albert Camus raconte son enfance en Algérie dans les années 1920. Il s'est représenté dans le personnage de Jacques et évoque ici les jeux qu'il partage avec ses camarades.*

Tous les jours, à la saison, un marchand de frites activait son fourneau. La plupart du temps, le petit groupe n'avait même pas l'argent d'un cornet. Si par hasard l'un d'entre eux avait la pièce nécessaire, il achetait son cornet, avançait gravement vers la plage, suivi du cortège respectueux des camarades et, devant la mer, à l'ombre d'une vieille barque démantibulée, plantant ses pieds dans le sable, il se laissait tomber sur les fesses, portant d'une main son cornet bien vertical et le couvrant de l'autre pour ne perdre aucun des gros flocons croustillants. L'usage était alors qu'il offrît une frite à chacun des camarades, qui savourait religieusement l'unique friandise chaude et parfumée d'huile forte qu'il leur laissait. Puis ils regardaient le favorisé qui, gravement, savourait une à une le restant des frites. Au fond du paquet, restaient toujours des débris de frites. On suppliait le repu[1] de bien vouloir les partager. Et la plupart du temps, sauf s'il s'agissait de Jean, il dépliait le papier gras, étalait les miettes de frites et autorisait chacun à se servir, tour à tour, d'une miette. […] Le festin terminé, plaisir et frustration aussitôt oubliés, c'était la course vers l'extrémité ouest de la plage, sous le dur soleil, jusqu'à une maçonnerie à demi détruite qui avait dû servir de fondation à un cabanon disparu et derrière laquelle on pouvait se déshabiller. En quelques secondes, ils étaient nus, l'instant d'après dans l'eau, nageant vigoureusement et maladroitement, s'exclamant, bavant et recrachant, se défiant à des plongeons ou à qui resterait le plus longtemps sous l'eau. La mer était douce, tiède, le soleil léger maintenant sur les têtes mouillées, et la gloire de la lumière emplissait ces jeunes corps d'une joie qui les faisait crier sans arrêt. Ils régnaient sur la vie et sur la mer, et ce que le monde peut donner de plus fastueux[2], ils le recevaient et en usaient sans mesure, comme des seigneurs assurés de leurs richesses irremplaçables.

Ils en oubliaient même l'heure, courant de la plage à la mer, séchant sur le sable l'eau salée qui les faisait visqueux, puis lavant dans la mer le sable qui les habillait de gris. Ils couraient, et les martinets[3] avec des cris rapides commençaient de voler plus bas au-dessus des fabriques et de la plage. Le ciel, vidé de la touffeur[4] du jour, devenait plus pur puis verdissait, la lumière se détendait et, de l'autre côté du golfe, la courbe des maisons et de la ville, noyée jusque-là dans une sorte de brume, devenait plus distincte. Il faisait encore jour, mais des lampes s'allumaient déjà en prévision du rapide crépuscule d'Afrique. Pierre, généralement, était le premier à donner le signal : « Il est tard », et aussitôt, c'était la débandade, l'adieu rapide. Jacques avec Joseph et Jean couraient vers leurs maisons sans se soucier des autres. Ils galopaient hors de souffle. La mère de Joseph avait la main leste[5]. Quant à la grand-mère de Jacques…

Albert Camus, *Le Premier Homme*, 1994,

1. Le repu : celui qui n'a plus faim.
2. Fastueux : très luxueux.
3. Martinets : oiseaux au vol rapide, qui ressemblent aux hirondelles.
4. Touffeur : chaleur étouffante.
5. Avoir la main leste : donner facilement des gifles, des coups, en guise de réprimande.

DOCUMENT B **Doisneau, *La voiture fondue*, 1944**

TRAVAIL SUR LE TEXTE LITTÉRAIRE ET SUR L'IMAGE

50 POINTS • 1 h 10

Les réponses doivent être entièrement rédigées.

Grammaire et compétences linguistiques

▶ **1.** Lignes 9 à 11 : « L'usage était alors qu'il offrît une frite à chacun des camarades, qui savourait religieusement l'unique friandise chaude et parfumée d'huile forte qu'il leur laissait. »

a) Quel est le groupe complément d'objet de « savourait » ? (*1 point*)

b) Pour vérifier la délimitation de ce groupe complément d'objet, réécrivez la phrase en le remplaçant par un pronom. (*1 point*)

c) Relevez deux expansions du nom « friandise » de nature (ou classe) grammaticale différente. Précisez la nature (ou classe) grammaticale de chacune d'elles. (*4 points*)

▶ **2.** Lignes 17-18 : « Le festin terminé, plaisir et frustration aussitôt oubliés, c'était la course vers l'extrémité ouest de la plage ».
Remplacez les deux groupes soulignés par deux propositions subordonnées conjonctives compléments circonstanciels de temps. (*2 points*)

▶ **3.** « Si par hasard l'un d'entre eux avait la pièce nécessaire, il achetait un cornet, avançait gravement vers la plage, suivi du cortège respectueux des camarades et, […], plantant ses pieds dans le sable, il se laissait tomber sur les fesses, portant d'une main son cornet bien vertical et le couvrant de l'autre. » (l. 3-8)
Réécrivez ce passage en remplaçant « l'un d'entre eux » par « deux d'entre eux ». Faites toutes les modifications nécessaires. (*10 points*)

Compréhension et compétences d'interprétation

▶ **4.** Lignes 1 à 17 :

a) La scène évoquée se répète plusieurs fois. Qu'est-ce qui l'indique précisément ? Deux éléments de réponse sont attendus. (*2 points*)

b) Pourquoi ce moment est-il particulièrement important pour les enfants ? Vous justifierez votre réponse en vous appuyant sur le texte. Deux éléments de réponse sont attendus. (*4 points*)

▶ **5.** Lignes 17 à 29 :

a) Comment l'écrivain montre-t-il que les enfants sont heureux au moment de la baignade ? Vous justifierez votre réponse en vous appuyant sur le texte. Deux éléments de réponse sont attendus. (*4 points*)

b) Pourquoi peut-on dire qu'ils sont transformés par la baignade ?
Vous justifierez votre réponse en vous appuyant sur le texte.
Deux éléments de réponse sont attendus. (*4 points*)

▶ **6.** Lignes 30 à 43 : quels changements apparaissent à la fin du texte ? Développez trois éléments de réponse en vous appuyant sur des passages précis. (*6 points*)

▶ **7.** En vous aidant de vos réponses aux questions précédentes, donnez un titre significatif à chacun des trois moments de la journée évoqués dans le texte (lignes 1 à 17, lignes 17 à 29 et lignes 30 à 43). (*6 points*)

▶ **8.** Quels liens pouvez-vous établir entre la photographie de Robert Doisneau et le texte d'Albert Camus ? Développez votre réponse en vous appuyant sur des éléments précis. (*6 points*)

DICTÉE — 10 POINTS • 20 min

Le nom de l'auteur, le titre de l'œuvre, ainsi que « les glycines » sont écrits au tableau.

D'après Albert Camus
Le Premier Homme, 1994
© Éditions Gallimard

Dès qu'ils étaient au complet, ils partaient, promenant la raquette le long des grilles rouillées des jardins devant les maisons, avec un grand bruit qui réveillait le quartier et faisait bondir les chats endormis sous les glycines poussiéreuses. Ils couraient, traversant la rue, essayant de s'attraper, couverts déjà d'une bonne sueur, mais toujours dans la même direction, vers le champ, non loin de leur école, à quatre ou cinq rues de là. Mais il y avait une station obligatoire, à ce qu'on appelait le jet d'eau, sur une place assez grande, une énorme fontaine ronde à deux étages, où l'eau ne coulait pas, mais dont le bassin, depuis longtemps bouché, était rempli jusqu'à ras bord, de loin en loin, par les énormes pluies du pays.

RÉDACTION — 40 POINTS • 1 h 30

Vous traiterez au choix l'un des deux sujets suivants.

Sujet d'imagination

Devenu adulte, un des enfants de la photographie de Robert Doisneau raconte, comme Albert Camus, les jeux de son enfance. Il évoque la scène représentée sur la photographie. Vous imaginerez son récit en montrant comment le jeu permet aux enfants, dans un moment de joie partagée, de transformer la réalité qui les entoure. Vous choisirez d'écrire votre récit à la première ou à la troisième personne.

Sujet de réflexion

La littérature, le cinéma et les autres arts permettent de découvrir la vie de personnages fictifs ou réels. Que peut vous apporter cette découverte ? Vous développerez votre point de vue en prenant appui sur des exemples précis, issus de votre culture personnelle et des œuvres étudiées lors de votre scolarité.

LES CLÉS DU SUJET

■ Les documents

Le texte littéraire (document A)

Dans ce texte d'inspiration autobiographique, Albert Camus (1913-1960) évoque les jeux d'un petit groupe de garçons dans les années 1920, en Algérie. Les épisodes heureux racontés ici semblent intemporels.

L'image (document B)

Robert Doisneau (1912-1994) est un photographe célèbre pour avoir immortalisé dans ses clichés la ville de Paris et ses habitants anonymes. La photographie représente des enfants jouant dans une carcasse de voiture sur une place en ruine : en 1944, la ville n'a pas été épargnée par les bombardements.

■ Rédaction (sujet d'imagination)

Recherche d'idées

• Imagine les sentiments éprouvés par un adulte faisant le récit des jeux de son enfance : l'attendrissement, l'amusement, la nostalgie, et peut-être aussi un peu de tristesse.

• Pense à l'époque à laquelle la photographie a été prise. En 1944, les enfants ont connu la guerre et les bombardements ; en cette période douloureuse, le jeu doit revêtir une importance particulière.

Conseils de rédaction

• Si tu choisis d'écrire un texte à la 3e personne, fais intervenir le récit de l'adulte dans le cadre d'un dialogue avec un autre personnage l'interrogeant sur son enfance.

• Ne te contente pas de décrire la photographie. Donne des noms aux enfants, indique leurs traits de caractère et leur relation avec le personnage principal.

Rédaction (sujet de réflexion)

Recherche d'idées

• Pars de ta propre expérience pour définir les rapports que tu entretiens avec les personnages des œuvres d'art : admiration, identification, amitié, intérêt, rejet...

• D'autres formes d'art que la littérature et le cinéma présentent des personnages ; en peinture, pense par exemple aux artistes qui ont fait leur autoportrait : Van Gogh, Francis Bacon, Frida Kahlo, etc.

Conseils de rédaction

• Présente la question en introduction. Efforce-toi de formuler au moins trois idées différentes, chacune développée dans un paragraphe. La conclusion rappellera très brièvement ce qui a été dit, avant d'élargir la réflexion, par exemple en évoquant l'importance de l'art dans notre société.

• Tire tes exemples de domaines variés : romans, films, peintures, photographies. Évite les références tirées de domaines ne relevant pas de l'art : téléréalité, biographies de célébrités, etc.

CORRIGÉ 1

TRAVAIL SUR LE TEXTE LITTÉRAIRE ET SUR L'IMAGE

Grammaire et compétences linguistiques

▶ **1. a)** Le groupe complément d'objet direct de « savourait » est « l'unique friandise chaude et parfumée d'huile forte qu'il leur laissait ».

b) « L'usage était alors qu'il offrît une frite à chacun des camarades, qui la savourait religieusement. »

c) Deux expansions du nom « friandise » de natures grammaticales différentes :

– « unique », adjectif qualificatif épithète ;

– « qu'il leur laissait », proposition subordonnée relative.

▶ **2.** « Après que le festin était terminé, dès que plaisir et frustration étaient oubliés, c'était la course vers l'extrémité ouest de la plage. »

▶ **3.** *Les modifications sont en couleur.*

« Si par hasard deux d'entre eux avaient la pièce nécessaire, ils achetaient un cornet, avançaient gravement vers la plage, suivis du cortège respectueux des camarades et, […], plantant leurs pieds dans le sable, ils se laissaient tomber sur les fesses, portant d'une main leur cornet bien vertical et le couvrant de l'autre. »

REMARQUE
Attention aux déterminants possessifs : chaque enfant a plusieurs pieds (*leurs pieds*), mais chaque enfant n'a qu'un cornet (*leur cornet*).

Compréhension et compétences d'interprétation

▶ **4. a)** La scène évoquée se répète plusieurs fois. Les compléments circonstanciels de temps « tous les jours » et « la plupart du temps » l'indiquent clairement. De plus, le texte est écrit à l'imparfait qui a ici la valeur d'imparfait d'habitude, de répétition.

b) Ce moment est particulièrement important pour les enfants, car il est rare : la plupart du temps, ils n'ont pas les moyens de s'offrir ce plaisir. Le partage du cornet est vécu comme une sorte de cérémonie : « leur camarade avançait gravement vers la plage, suivi du cortège respectueux des camarades. » Ces derniers savouraient « religieusement » la frite offerte.

▶ **5. a)** Les enfants sont particulièrement heureux au moment de la baignade. Leur précipitation est grande : « en quelques secondes », « l'instant d'après » ; leur joie est immense : « la joie […] les faisait crier sans arrêt ».

b) Les enfants sont transformés par la baignade. Ils oublient le temps : les faveurs et les rancœurs du partage des frites (« plaisir et frustration aussitôt oubliés »), l'heure du retour également (« ils en oubliaient même l'heure »). Le plaisir les rend puissants : ces enfants sans argent deviennent des « seigneurs » qui règnent « sur la vie et sur la mer » et sont assurés de « leurs richesses irremplaçables ».

▶ **6.** Des changements apparaissent à la fin du texte. Ils concernent la lumière : le ciel change de couleur (« verdissait »), les contours sont plus nets (« la courbe des maisons […] devenait plus distinct »), le jour tombe (« rapide crépuscule d'Afrique »). Ils concernent aussi les personnages : le groupe d'enfants soudé se sépare : « c'était la débandade », « sans se soucier des autres ».

▶ **7.** Les titres pour chacun des trois moments évoqués dans le texte pourraient être :

– « La cérémonie du cornet » ;

– « Les seigneurs de la mer » ;

– « La fin des plaisirs ».

CONSEIL
Évite les titres trop vagues, comme « la baignade », « le partage » ; choisis plutôt des groupes nominaux avec des expansions.

▶ **8.** Les deux documents représentent le plaisir des jeux de l'enfance. Ils montrent que l'amusement des enfants n'a aucun rapport avec l'argent : la baignade est gratuite, la carcasse de voiture est abandonnée.

Les jeunes partagent un même jeu, le groupe semble soudé : grands et petits se mélangent sur la photographie et, dans le texte, les enfants sont indifférenciés lors de la baignade.

Les plaisirs évoqués paraissent intemporels : les enfants d'aujourd'hui éprouvent les mêmes joies, à travers les mêmes jeux.

DICTÉE

POINT MÉTHODE

1 Le texte comporte de nombreux adjectifs. Identifie les noms ou pronoms auxquels ils se rapportent pour les accorder (*Ils couraient [...], couverts*).

2 Mémorise l'orthographe de ces expressions courantes : *au complet, de loin en loin, à ras bord*.

3 Attention aux formes en *-ant* : lorsqu'il s'agit de l'adjectif verbal, on l'accorde (*des activités plaisantes*) ; lorsqu'il s'agit du participe présent, il reste invariable (*des activités plaisant aux enfants*). Pour reconnaître l'adjectif, vois si le féminin est possible.

Dès qu'ils étaient au complet, ils partaient, promenant la raquette le long des grilles rouillées des jardins devant les maisons, avec un grand bruit qui réveillait le quartier et faisait bondir les chats endormis sous les glycines poussiéreuses. Ils couraient, traversant la rue, essayant de s'attraper, couverts déjà d'une bonne sueur, mais toujours dans la même direction, vers le champ, non loin de leur école, à quatre ou cinq rues de là. Mais il y avait une station obligatoire, à ce qu'on appelait le jet d'eau, sur une place assez grande, une énorme fontaine ronde à deux étages, où l'eau ne coulait pas, mais dont le bassin, depuis longtemps bouché, était rempli jusqu'à ras bord, de loin en loin par les énormes pluies du pays.

RÉDACTION

Voici un exemple de rédaction sur chacun des deux sujets.

Attention, les indications entre crochets ne doivent pas figurer sur ta copie.

Sujet d'imagination

[Introduction] En fouillant dans un tiroir l'autre jour, je suis tombé par hasard sur une photographie en noir et blanc. Elle avait été prise à la fin de la guerre et immortalisait un moment particulier. Nous habitions à Paris lorsque le conflit avait éclaté. Dans la capitale occupée, mes parents tremblaient dès que nous échappions à leur surveillance, ce qui n'arrivait pas souvent. Puis la ville avait été libérée, et nous aussi. Paris en ruine était alors devenue un immense terrain de jeu.

[Le récit du jeu dans la carcasse du taxi] Ce jour-là, nous avions découvert la carcasse d'un taxi, fondue, sans portes ni vitres. Toujours entreprenant, mon grand frère Maxime se jucha sur l'avant du capot. Notre voisin Paul, qui avait perdu son père la première année de la guerre, s'installa à la place du chauffeur ; il ordonna à ses deux petites sœurs qui le suivaient partout de jouer les clientes. Obéissant à leur idole, elles s'efforçaient de prendre l'accent distingué des bourgeoises d'avant-guerre pour ordonner avec l'autorité voulue : « Rue Vaugirard, Monsieur. » Et moi, j'avais la meilleure place. Maxime, pour une fois protecteur, m'avait placé à ses côtés, au-dessus, et je dominais notre troupe. Le regard perdu au loin, j'avais dégotté un câble que j'agitais, comme un conducteur de diligence, dans une tentative folle d'ordonner aux chevaux sous le capot d'aller plus vite. Max, lui, allait plus loin encore : il était le capitaine de notre bateau, fixant l'océan de ruines qui nous entourait et décidant du cap à suivre.

> CONSEIL
> Puisqu'il s'agit d'un souvenir, certains détails peuvent être flous. L'histoire, même lacunaire, semble alors plus authentique.

[Conclusion] Je n'ai aucun souvenir de l'adulte qui a pris la photographie. Pour moi, nous étions seuls et soudés. Ce moment où chacun trouva dans le jeu un rôle à sa mesure, symbolise vraiment dans mon esprit la fin de la guerre. Ce n'est pas sans émotion que je me rends compte, aujourd'hui, de ce qui se jouait ce jour-là : nous avions le droit, à nouveau, d'être heureux.

Sujet de réflexion

[Introduction] Que ce soit en lisant un roman, en regardant un film ou même en observant une photographie, nous découvrons la vie des personnages qui peuplent les œuvres d'art. Que nous procurent ces découvertes ?

[Élargir ses connaissances] Certaines œuvres nous présentent des individus vivants à une époque et dans un contexte très éloignés des nôtres. Nous découvrons des détails de leurs existences : la lecture de la bande dessinée de Tardi, *C'était la guerre des tranchées*, nous permet d'appréhender le quotidien d'un soldat de la Grande Guerre, dans toute son horreur.

[Comprendre l'âme humaine] Les œuvres d'art aident également à appréhender l'esprit humain, en mettant des mots sur des sentiments que nous éprouvons confusément et que nous peinons à comprendre et à exprimer. Les ouvrages autobiographiques nous montrent ainsi des personnes à nu, dans toute la vérité de leur nature, comme l'expliquait Rousseau au début de ses *Confessions*. L'aspect déplaisant et torturé de la nature humaine apparaît dans les autoportraits de Francis Bacon.

> CONSEIL
> Donne au moins un exemple dans chaque paragraphe.

[Rêver] Mais rencontrer un personnage, c'est aussi s'enthousiasmer pour un caractère, ressentir une amitié sincère pour cet individu qui nous ressemble, ou même s'identifier à cet être de papier. Qui n'a jamais rêvé d'être D'Artagnan, le héros des *Trois mousquetaires,* multipliant les duels, entouré de ses meilleurs amis ? Cette vie rêvée, intense, la littérature nous y donne accès.

[Trouver des modèles] Enfin, l'art choisit souvent des personnages dont la vie peut avoir valeur d'exemple. Le cinéma met fréquemment en scène des personnages altruistes, courageux et dévoués au bien-être général. Découvrir leur vie, c'est prendre conscience des valeurs qui les guident, et s'en inspirer pour notre quotidien. Le film de Justin Chadwick, *Mandela : un long chemin vers la liberté*, peut ainsi être une source d'inspiration pour beaucoup.

[Conclusion] Les raisons de s'intéresser à la vie de personnages fictifs ou réels au travers de l'art sont donc variées, preuve que l'art occupe toujours une place importante dans notre société.

SUJET

2

France métropolitaine • Juin 2018

100 points

SE RACONTER

Un café et quelques vers

DOCUMENT A **Texte littéraire**

La scène se déroule, après la Seconde Guerre mondiale, dans la ville de Blémont qui a subi d'importantes destructions.

Léopold s'assura que la troisième était au complet. Ils étaient douze élèves, quatre filles et huit garçons qui tournaient le dos au comptoir. Tandis que le professeur gagnait sa place au fond de la salle, le patron alla retirer le bec de cane[1] à la porte d'entrée afin de s'assurer contre toute intrusion. Revenu à son zinc[2], il but encore un coup de vin blanc et s'assit sur un tabouret. En face de lui le professeur Didier s'était installé à sa table sous une réclame d'apéritif accrochée au mur. Il ouvrit un cahier, jeta un coup d'œil sur la classe de troisième et dit :

– Hautemain, récitez.

Léopold se pencha sur son siège pour voir l'élève Hautemain que lui dissimulait la poutre étayant le plafond. La voix un peu hésitante, Hautemain commença :

Seigneur, que faites-vous, et que dira la Grèce ?
Faut-il qu'un si grand cœur montre tant de faiblesse[3] *?*

– Asseyez-vous, dit le professeur lorsque Hautemain eut fini. Quinze.

Il notait avec indulgence. Estimant que la plupart de ces enfants vivaient et travaillaient dans des conditions pénibles, il voulait les encourager et souhaitait que l'école, autant que possible, leur offrît les sourires que leur refusait trop souvent une existence troublée.

À son zinc, Léopold suivait la récitation des écoliers en remuant les lèvres et avalait anxieusement sa salive lorsqu'il sentait hésiter ou trébucher la mémoire du récitant. Son grand regret, qu'il n'oserait jamais confier à M. Didier, était de ne participer à ces exercices qu'en simple témoin. Léopold eût aimé réciter, lui aussi :

Captive, toujours triste, importune à moi-même,
Pouvez-vous souhaiter qu'Andromaque vous aime[3] *?*

Malgré la timidité et le respect que lui inspirait Andromaque, il lui semblait qu'il eût trouvé les accents propres à émouvoir le jeune guerrier. Il se plaisait à imaginer sa voix, tout amenuisée par la mélancolie et s'échappant du zinc comme une vapeur de deuil et de tendresse.

– Les cahiers de préparation, dit le professeur Didier.

Les élèves ayant étalé leurs cahiers, il alla de table en table s'assurer qu'ils avaient exécuté le travail portant sur un autre passage d'Andromaque. Pendant qu'il regagnait sa place, Léopold se versa un verre de blanc.

– Mademoiselle Odette Lepreux, lisez le texte. [...]

Odette se mit à lire d'une voix claire, encore enfantine, où tremblaient des perles d'eau fraîche :

Où fuyez-vous, Madame ?
N'est-ce point à vos yeux un spectacle assez doux
Que la veuve d'Hector pleurante à vos genoux[4] *?*

Sur ces paroles d'Andromaque, la patronne, venant de sa cuisine, pénétra discrètement dans l'enceinte du zinc. Comme elle s'approchait du cafetier, elle eut la stupéfaction de voir les larmes ruisseler sur ses joues cramoisies et interrogea :

– Qu'est-ce que t'as ?

– Laisse-moi, murmura Léopold. Tu peux pas comprendre. [...]

Odette Lepreux poursuivait sa lecture :

Par une main cruelle hélas ! J'ai vu percer
Le seul où mes regards prétendaient s'adresser[4].

La patronne considérait cet homme étrange, son mari, auquel ses reproches et ses prières n'avaient jamais réussi, en trente ans de vie commune, à tirer seulement une larme.

Ne revenant pas de son étonnement, elle oublia une minute ce qu'elle était venue lui dire.

Marcel Aymé, *Uranus*, 1948 © Éditions Gallimard.

---

1. Bec de cane : élément de serrurerie qui permet de fermer une porte de l'intérieur sans utiliser de clé.
2. Zinc : comptoir de bar.
3. Le texte en italique renvoie à des extraits de la tragédie *Andromaque* de Jean Racine (1667). Après la prise de Troie, Andromaque, veuve d'Hector, devient la prisonnière de Pyrrhus, qui tombe amoureux d'elle. Dans ces deux passages, Andromaque s'adresse à Pyrrhus pour le convaincre de renoncer à cet amour.
4. Dans ces extraits, Andromaque s'adresse à Hermione qui devait épouser Pyrrhus. Hermione considère donc Andromaque comme une rivale. Andromaque lui déclare qu'elle n'aime que son mari, Hector, mort transpercé par une épée.

DOCUMENT B **Photo tirée du film *Uranus*, 1990**

© DR

Photogramme tiré du film *Uranus* réalisé par Claude Berri, 1990.

TRAVAIL SUR LE TEXTE LITTÉRAIRE ET SUR L'IMAGE

50 POINTS • 1 h 10

Les réponses doivent être entièrement rédigées.

Compréhension et compétences d'interprétation

▶ **1.** Où se déroule la scène ? Qui est Léopold ? Pourquoi la situation présentée peut-elle surprendre ? Justifiez votre réponse. *(4 points)*

▶ **2.** Lignes 11 à 26 : Comment se manifeste l'intérêt de Léopold pour le cours du professeur Didier ? Développez votre réponse en vous appuyant sur trois éléments significatifs. *(6 points)*

▶ **3.** Lignes 26 à 33 : Quels liens Léopold établit-il avec le personnage tragique d'Andromaque ? Comment l'expliquez-vous ? Développez votre réponse. *(6 points)*

▶ **4.** Lignes 40 à 48 : Que ressent Léopold quand Odette lit l'extrait d'Andromaque ? Justifiez votre réponse en vous appuyant sur une image que vous analyserez. *(6 points)*

▶ **5. a)** Par quelles oppositions la scène du film reproduite ci-dessus cherche-t-elle à faire rire le spectateur ?
Donnez trois éléments de réponse. *(6 points)*
b) Qu'est-ce qui peut relever également du comique dans la fin du texte (l. 45-58) ? *(4 points)*

Grammaire et compétences linguistiques

▶ **6.** L'une des phrases suivantes contient une proposition subordonnée relative et l'autre une proposition subordonnée complétive :
« Léopold s'assura que la troisième était au complet » (l. 1)
« Léopold se pencha sur son siège pour voir l'élève Hautemain que lui dissimulait la poutre étayant le plafond. » (l. 11-12)
a) Trouvez dans quelle phrase se trouve la proposition subordonnée relative. Recopiez-la sur votre copie. (*1 point*)
b) Trouvez dans quelle phrase se trouve la proposition subordonnée complétive. Recopiez-la sur votre copie. *(1 point)*
c) Expliquez comment vous avez pu différencier chacune de ces deux propositions. *(3 points)*

▶ **7.** Voici deux phrases au discours direct dont le verbe introducteur est au présent :
Andromaque demande à Pyrrhus : « Seigneur, que faites-vous, et que dira la Grèce ? »
Andromaque déclare à Hermione : « J'ai vu percer le seul où mes regards prétendaient s'adresser. »
Sur votre copie, réécrivez ces deux phrases au discours indirect en mettant le verbe introducteur au passé simple. Vous ferez toutes les modifications nécessaires. *(10 points)*

▶ **8.** « La patronne considérait cet homme étrange, son mari, auquel ses reproches et ses prières n'avaient jamais réussi, en trente ans de vie commune, à tirer seulement une larme. » (l. 54-56)
a) Donnez un synonyme de l'adjectif « étrange ». *(1 point)*
b) L'adjectif « étrange » vient du latin *extraneus* qui signifiait « qui n'est pas de la famille, étranger ». Comment ce sens premier peut-il enrichir le sens de cet adjectif dans le texte ? *(2 points)*

DICTÉE — 10 POINTS • 20 min

Les noms propres « Blémont », « Saint-Euloge » et « Progrès », ainsi que le nom de l'auteur et le titre de l'œuvre sont écrits au tableau.

Marcel Aymé
Uranus, 1948
© Éditions Gallimard

Le collège de Blémont étant détruit, la municipalité avait réquisitionné certains cafés pour les mettre à la disposition des élèves, le matin de huit à onze heures et l'après-midi de deux à quatre. Pour les cafetiers, ce n'étaient que des heures creuses et leurs affaires n'en souffraient pas. Néanmoins, Léopold avait vu d'un très mauvais œil qu'on disposât ainsi de son établissement et la place Saint-Euloge avait alors retenti du tonnerre de ses imprécations. Le jour où pour la première fois les élèves étaient venus s'asseoir au café du Progrès, il n'avait pas bougé de son zinc, le regard soupçonneux, et affectant de croire qu'on en voulait à ses bouteilles. Mais sa curiosité, trompant sa rancune, s'était rapidement éveillée et Léopold était devenu le plus attentif des élèves.

RÉDACTION — 40 POINTS • 1 h 30

Vous traiterez au choix l'un des sujets suivants.

Sujet d'imagination

« – Laisse-moi, murmura Léopold. Tu peux pas comprendre. » (l. 50)
À la fin du cours, c'est à M. Didier, le professeur de français, que Léopold se confie sur son grand regret de n'avoir pu poursuivre ses études et découvrir des œuvres littéraires.
Racontez la scène et imaginez leur conversation en insistant sur les raisons que donne Léopold et sur les émotions qu'il éprouve.

Sujet de réflexion

Vous avez lu en classe ou par vous-même de nombreuses œuvres littéraires dans leur intégralité ou par extraits. Vous expliquerez ce que vous ont apporté ces lectures et vous direz pour quelles raisons il est toujours important de lire aujourd'hui.

LES CLÉS DU SUJET

■ Les documents

Le texte littéraire (document A)

Dans son roman *Uranus*, Marcel Aymé (1902-1967) s'intéresse à la France de l'après-guerre et met en scène Léopold, un cafetier ; l'école du village ayant été bombardée pendant la guerre, Léopold accueille dans son établissement un maître et ses élèves.

L'image (document B)

Le photogramme tiré du film adapté du roman de Marcel Aymé montre le personnage de Léopold, joué par Gérard Depardieu, visiblement ému et inspiré par les récitations entendues ; son attitude contraste avec celle de sa femme, occupée à éplucher des pommes de terre.

■ Rédaction (sujet d'imagination)

Recherche d'idées

• Léopold n'a pas fait d'études : au début du XXᵉ siècle, il était fréquent d'arrêter l'école à douze ans, après le certificat d'études, pour aider ses parents et entrer dans la vie active.

• Essaye de mentionner des auteurs ou des œuvres qui auraient pu marquer le jeune Léopold lors de ses années d'école : Victor Hugo, Alexandre Dumas, Molière...

Conseils de rédaction

• Dresse une liste de synonymes pour désigner les personnages : « le cafetier », « le tenancier », « l'admirateur de Racine », « cet homme imposant », pour Léopold ; « le maître », « l'indulgent professeur », « le pédagogue », pour M. Didier.

• Léopold aura le temps de parole le plus important. Le dialogue obéit à des règles précises : on ouvre les guillemets avant la première prise de parole. Un tiret signale un changement d'interlocuteur. On ferme les guillemets lorsque le dialogue est interrompu par une phrase complète du narrateur.

■ Rédaction (sujet de réflexion)

Recherche d'idées

• Pars de ton expérience pour trouver ce que peut apporter la lecture d'œuvres littéraires : enrichissement personnel, acquisition d'une culture commune, mais aussi plaisir.

• Réfléchis également à l'intérêt de la lecture à notre époque : tu peux, par exemple, opposer les mots aux images, les livres aux films, pour comprendre l'apport supplémentaire des livres.

Conseils de rédaction

• Consacre un ou deux paragraphes aux apports de la lecture, puis un autre aux raisons pour lesquelles, aujourd'hui encore, la lecture reste une activité essentielle.

• Appuie-toi sur des exemples personnels. Tu peux aussi te référer au personnage de Léopold, sensible au plaisir provoqué par les mots.

CORRIGÉ 2

TRAVAIL SUR LE TEXTE LITTÉRAIRE ET SUR L'IMAGE

Compréhension et compétences d'interprétation

▶ **1.** La scène se déroule dans un café. Léopold, le patron de l'établissement, assiste à un cours de français dispensé à des élèves de troisième par leur professeur, M. Didier. Cette situation peut surprendre, mais le paratexte amène un élément de réponse : la ville de Blémont a connu « d'importantes destructions ». L'école ayant été détruite pendant la guerre, le café se transforme à certaines heures en salle de classe.

▶ **2.** Léopold semble intéressé par le cours du professeur. Il suit avec attention les récitations des élèves : « Léopold se pencha sur son siège pour voir l'élève Hautemain ». Il partage leurs appréhensions : « [Il] avalait anxieusement sa salive lorsqu'il sentait hésiter ou trébucher la mémoire du récitant. » On comprend finalement qu'il aimerait lui aussi participer à ces exercices : « Léopold eût aimé réciter, lui aussi. »

▶ **3.** Léopold éprouve de la fascination et du respect pour le personnage d'Andromaque, auquel il s'identifie. Il comprend les émotions ressenties par le personnage et s'imagine pouvoir trouver les accents propres à exprimer le destin tragique d'Andromaque. Il est également sensible à la poésie des vers de Racine. Le texte littéraire et l'émotion qu'il provoque lui permettent d'échapper à son quotidien trivial.

▶ **4.** Quand Odette lit l'extrait d'Andromaque, Léopold se met à pleurer. Il est touché, l'émotion le submerge, alors qu'il écoute la voix claire de la jeune fille, « où tremblaient des perles d'eau fraîche ». La métaphore assimile les mots à des gouttes d'eau et souligne la grâce et la fraîcheur de la récitante. Les larmes que semble évoquer la métaphore se retrouvent dans les vers cités (« la veuve d'Hector pleurante à vos genoux ») et dans les pleurs que l'on voit « ruisseler » sur les joues du cafetier.

> INFO +
> Le terme d'« image », dans la question, recouvre non seulement les figures de style, mais également tout procédé d'écriture particulier.

▶ **5. a)** La scène tirée du film peut amuser par les oppositions qu'elle souligne. Le mari et la femme adoptent des attitudes très différentes : lui, debout, regardant vers le ciel d'un air heureux et inspiré, semble déclamer des vers ; elle, assise, morose, se tait, a les yeux baissés sur les pommes de terre qu'elle épluche. Ces oppositions révèlent le décalage du personnage masculin avec son milieu et peuvent prêter à rire.

b) Cette confrontation entre deux mondes, celui de l'héroïsme tragique des vers de Racine, et celui du quotidien prosaïque d'un patron de café, se retrouve à la fin du texte, où la patronne peine à comprendre ce qui arrive à celui qu'elle côtoie depuis trente ans. L'identification du cafetier au personnage d'Andromaque peut sembler touchante, mais aussi amusante dans la mesure où celui qui pleure sur les vers de Racine a les joues « cramoisies » par les trois verres de vin blanc qu'il s'est servi successivement.

Grammaire et compétences linguistiques

▶ **6. a)** « que lui dissimulait la poutre étayant le plafond » est une subordonnée relative.

b) « que la troisième était au complet » est une subordonnée complétive.

c) La subordonnée relative complète un nom (ici, « l'élève Hautemain »), tandis que la complétive est complément du verbe (ici, « s'assura »).

La première est facultative, la seconde est ici essentielle à la phrase.

▶ **7.** *Les modifications sont en couleur.*

Andromaque demanda à Pyrrhus ce qu'il faisait, et ce que dirait la Grèce.

Andromaque déclara à Hermione qu'elle avait vu percer le seul où ses regards prétendaient s'adresser.

> REMARQUE
> Lorsque le verbe introducteur des paroles est au passé, le présent devient de l'imparfait, le futur du conditionnel présent. L'apostrophe directe « Seigneur » est impossible à conserver.

▶ **8. a)** « bizarre » ou « curieux » sont des adjectifs synonymes d'« étrange ».

b) Le sens étymologique peut enrichir le sens de l'adjectif dans le texte : l'attitude de son mari est aussi étrange que s'il venait d'un autre monde, d'un autre milieu, où les règles et les comportements seraient différents et malaisés à comprendre.

DICTÉE

POINT MÉTHODE

1 Accorde le participe passé avec le sujet lorsqu'il est employé avec l'auxiliaire *être*, et non lorsqu'il est employé avec *avoir*.

2 Le verbe « disposer » est au subjonctif imparfait : on le reconnaît grâce au *que* qui le précède.

3 Attention à certains mots difficiles : *réquisitionné*, *imprécations* et *soupçonneux*.

Dans la phrase *ce n'étaient que des heures creuses*, l'accord du verbe à la 3e personne du singulier (terminaison -*ait*) est également possible.

Le collège de Blémont étant détruit, la municipalité avait réquisitionné certains cafés pour les mettre à disposition des élèves, le matin de huit à onze heures et l'après-midi de deux à quatre. Pour les cafetiers, ce n'étaient que des heures creuses et leurs affaires n'en souffraient pas. Néanmoins, Léopold avait vu d'un très mauvais œil qu'on disposât ainsi de son établissement et la place Saint-Euloge avait alors retenti du tonnerre de ses imprécations. Le jour où pour la première fois les élèves étaient venus s'asseoir au café du Progrès, il n'avait pas bougé de son zinc, le regard soupçonneux, et affectant de croire qu'on en voulait à ses bouteilles. Mais sa curiosité, trompant sa rancune, s'était rapidement éveillée et Léopold était devenu le plus attentif des élèves.

RÉDACTION

Voici un exemple de rédaction sur chacun des deux sujets.
Attention les indications entre crochets ne doivent pas figurer sur ta copie.

Sujet d'imagination

[Fin du cours] Les enfants avaient rangé leurs affaires. Léopold se dirigea vers l'entrée pour libérer les élèves.

[Confidences de Léopold] Le professeur se disposait lui aussi à quitter le café lorsqu'un coup d'œil sur le visage empourpré du tenancier le fit hésiter.

« Tout va bien ? Vous n'avez pas l'air dans votre assiette. Voulez-vous vous asseoir ?

– Ce n'est rien, c'est juste... Vous savez je n'ai pas... Et puis, c'est stupide de toute façon ! »

Interloqué, le maître regarda le cafetier sans comprendre ; ce dernier, pour cacher sa gêne, lui tourna le dos pour se resservir un verre de vin blanc.

M. Didier haussa les épaules et s'apprêta à partir, lorsqu'il entendit, dans un souffle, une voix murmurer avec tendresse :

« Seigneur, que faites-vous, et que dira la Grèce ?
Faut-il qu'un cœur si grand montre tant de faiblesse ? »

– Racine fait souvent cet effet, annonça tranquillement le professeur.

– Vraiment ? Oh, vous savez, quand j'entends les enfants réciter, je regrette de ne pas avoir été plus longtemps à l'école. Mes parents avaient besoin de moi pour la boutique. À douze ans, fini pour moi. Ce n'était pas de leur faute, allez. Pourtant j'aurais aimé continuer. C'est surtout la poésie qui m'enchantait. Je me souviens de quelques vers d'Hugo que je me récitais avec délice. Quand j'entends les enfants, je deviens, je sais que vous allez trouver ça ridicule, mais je deviens cette princesse qui pleure son époux. Comment font-ils, tous ces écrivains, pour trouver les mots qui traduisent ce qu'on a en nous ? »

> GAGNE DES POINTS
> Emploie un niveau de langue qui correspond au personnage.

[Réaction du maître d'école] À la fin de sa tirade, le patron avala d'un trait le verre qu'il avait devant lui. Très ému, M. Didier lui sourit :

« Si je vous prête des livres, nous feriez-vous l'honneur de nous lire, chaque matin, un passage que vous avez apprécié ? Ce serait un plaisir pour nous de vous entendre. »

> CONSEIL
> N'hésite pas à reprendre des éléments du texte support : les vers de Racine que Léopold rêve de réciter, et son goût pour le vin blanc, par exemple.

M. Didier ne s'était pas moqué ! Il l'intégrait même à sa classe ! Soulagé et ravi, Léopold lui proposa : « Un petit blanc ? »

Sujet de réflexion

[Introduction] Les œuvres littéraires peuvent être découvertes grâce à l'école ou de manière personnelle. Nous verrons, tout d'abord, ce que ces lectures, imposées ou choisies, nous apportent ; nous expliquerons, ensuite, pour quelles raisons il est toujours important de lire aujourd'hui.

> CONSEIL
> Structure ton texte par des paragraphes bien marqués et emploie un connecteur logique au début de chacune de tes parties.

[La lecture est un enrichissement] Le premier apport de la lecture est sans doute l'enrichissement de sa culture personnelle. Lorsqu'un professeur impose une lecture, c'est qu'il la considère comme riche d'enseignements. Les grandes œuvres, en effet, procurent au lecteur la connaissance d'un monde qui n'est pas le leur. Comment puis-je savoir à quoi ressemblait la vie à Paris sous Louis XIII ? Grâce à la lecture des *Trois mousquetaires* et des aventures de D'Artagnan aux prises avec le cardinal de Richelieu.

[La lecture est un plaisir] C'est toutefois un autre aspect qui me vient à l'esprit en premier lieu quand on parle des apports de la lecture : la notion de plaisir. En effet, si les œuvres littéraires du passé continuent à être lues aujourd'hui, c'est surtout pour les plaisirs qu'elles procurent : plaisir de rêver, de s'identifier aux personnages, de frémir avec eux ; plaisir de la langue également. Le personnage de Léopold, dans l'ouvrage de Marcel Aymé, témoigne du ravissement qu'apportent les œuvres littéraires.

[Il est important de lire aujourd'hui] Mais notre époque tend à détrôner les mots au profit des images. Les œuvres littéraires ont pourtant encore une place aujourd'hui. Les images figent, tandis que les mots suggèrent. La part d'interprétation est plus grande, et le plaisir ressenti plus personnel. Il n'est pas rare d'être déçu par un film adapté d'un livre, lorsqu'on a lu l'ouvrage avant. L'écrit est toujours plus riche que ce que le film nous donne à voir.

[Conclusion] Les œuvres littéraires sont d'une telle richesse qu'elles ne s'épuisent pas. Leur valeur va bien au-delà de l'époque qui les a produites ; mêmes anciennes, elles ont toujours leur place aujourd'hui.

Amérique du Sud • Novembre 2018
100 points

Angoisses d'avenir

DOCUMENT A Texte littéraire

Dans son récit autobiographique Je dirai malgré tout que cette vie fut belle, *Jean d'Ormesson nous fait part des interrogations de sa jeunesse.*

J'imagine que c'est surtout à cause de moi et pour moi que mes parents envisagèrent de revenir à Paris malgré l'occupation allemande. J'avais seize ans. Je n'avais pas la moindre idée de ce que je voulais faire après le baccalauréat. À vrai dire, ce dont j'avais surtout envie, c'était de ne rien faire du tout.

Très attaché à ses convictions, mais libéral et tolérant, mon père nous avait souvent répété à mon frère et à moi qu'il nous laissait libres de choisir notre avenir – à condition, bien entendu, de servir l'État. Je le comparais volontiers au vieux Ford[1] qui proposait à ses acheteurs des voitures automobiles de la couleur qu'ils souhaitaient – à condition qu'elles fussent noires. Ah ! bien sûr. Nous étions libres : nous pouvions devenir diplomate, conseiller d'État, inspecteur des Finances, membre de la Cour des comptes, gouverneur de la Banque de France ou préfet, mais en aucun cas banquier, marchand de biens, artiste peintre, footballeur, chanteur ou producteur de cinéma. Mon père nourrissait une particulière méfiance à l'égard des hommes d'affaires et des comédiens. J'avais un faible pour les acteurs. Il redoutait comme la peste de me voir monter sur les planches ou gagner de l'argent.

Je n'avais aucune envie de devenir banquier ni artiste. J'avais remarqué assez tôt que quand un doux vieillard demandait à une petite fille ce qu'elle voulait faire plus tard, elle répondait volontiers infirmière ou vétérinaire. Les garçons se voulaient plutôt pompier ou pilote de ligne. J'avais un peu honte de constater que je n'avais aucune espèce de préférence. Je le savais en secret mais il m'était impossible d'exprimer ce que je ressentais. La vraie réponse à la terrible question : « Que voudrais-tu faire plus tard ? » était : « Rien. »

Je me souviens, l'été, à Saint-Fargeau, avant et après la guerre, de redoutables promenades à pied autour de la pièce d'eau où mon père me demandait avec une tendre insistance ce que je comptais faire de ma vie. La question roulait en torrent dans ma tête. Et aucune réponse ne me venait à l'esprit.

Un demi-siècle plus tard, je découvrais avec bonheur un texte de François Mauriac. L'auteur du *Bloc-Notes*, de *Thérèse Desqueyroux*, du *Nœud de vipères* et du *Désert de l'amour* assurait qu'à défaut d'une vocation affirmée dès l'enfance un des signes les plus sûrs de la volonté de consacrer sa vie à la littérature était le refus de toute autre activité et de toute autre ambition.

J'aimais ne rien faire. J'aimais rêver – de préférence à rien. J'aimais attendre. Attendre quoi ? Précisément, rien. J'aimais étudier. Je ne tenais pas tellement à vivre. Peut-être, après une enfance très heureuse, redoutais-je l'épreuve de la vie. Je craignais comme la peste de m'engager dans l'une ou l'autre des voies que m'offrait l'existence.

Peut-être aussi avais-je compris obscurément que les études, pour dire les choses en un mot, représentaient la meilleure façon de ne pas travailler. Ou du moins de ne pas choisir un de ces compartiments du travail qui constituaient autant de pièges dont il vous est impossible de sortir dès que vous avez glissé dans l'engrenage l'ombre d'un doigt de pied.

J'aimais beaucoup lire. Ou faire semblant de lire.

Jean d'Ormesson, *Je dirai malgré tout que cette vie fut belle*, 2016,

---

1. Henry Ford, industriel fondateur de la marque automobile Ford.

DOCUMENT B Jean-Baptiste Greuze, *Le Petit Paresseux*, 1755

Musée Fabre, Montpellier.

TRAVAIL SUR LE TEXTE LITTÉRAIRE ET SUR L'IMAGE — 50 POINTS • 1 h 10

Les réponses doivent être entièrement rédigées.

Grammaire et compétences linguistiques

▶ **1.** « Très attaché à ses convictions, mais libéral et tolérant » (l. 6). Quelle est la classe grammaticale du mot souligné ? Quel rapport logique introduit-il ? *(2 points)*

▶ **2.** Réécrivez le passage suivant en remplaçant « je » par « nous », qui désigne le narrateur et son frère. *(10 points)*
« Je me souviens, l'été, à Saint-Fargeau, avant et après la guerre, de redoutables promenades à pied autour de la pièce d'eau où mon père me demandait avec une tendre insistance ce que je comptais faire de ma vie. La question roulait en torrent dans ma tête. Et aucune réponse ne me venait à l'esprit. » (l. 28 à 32)

▶ **3.** Dans le troisième paragraphe (l. 20 à 27), relevez au moins quatre modalisateurs. Quel effet produisent-ils ? *(3 points)*

▶ **4. a)** À qui renvoie le pronom « je » dans le premier paragraphe ? *(1 point)*
b) « J'imagine » (l. 1), « J'avais » (l. 3) : quels sont les temps employés ? Comment comprenez-vous leur usage ? *(4 points)*

Compréhension et compétences d'interprétation

▶ **5.** Dans le deuxième paragraphe (l. 6 à 19), le narrateur énumère les carrières que son père souhaite pour lui. Quel est leur point commun ? *(3 points)*

▶ **6.** Que souhaite faire le narrateur ? Expliquez votre réponse en vous appuyant sur le texte. *(4 points)*

▶ **7.** « Ah ! bien sûr. Nous étions libres » (l. 11-12) : le narrateur pense-t-il ce qu'il écrit ?
Justifiez votre réponse en relevant au moins deux éléments entre les lignes 6 et 19. *(5 points)*

▶ **8.** « La question roulait en torrent dans ma tête » (l. 31).
Identifiez et expliquez l'image que l'auteur emploie dans cette phrase. *(5 points)*

▶ **9.** Quelle représentation de la vie d'adulte le narrateur se fait-il ? Vous vous appuierez plus particulièrement sur votre lecture des derniers paragraphes pour répondre. *(7 points)*

▶ **10.** Le texte et le tableau offrent-ils selon vous une image positive de la paresse ? *(6 points)*

DICTÉE — 10 POINTS • 20 min

Le titre de l'œuvre et le nom de l'auteur sont écrits au tableau.

Jean d'Ormesson
Je dirai malgré tout que cette vie fut belle

Mais ce qui sépare surtout le journaliste de l'écrivain, c'est le mystère du temps. Le temps passe et il dure. Le journaliste est tout entier du côté du temps qui passe. L'écrivain est tout entier du côté du temps qui dure. Il est interdit au journaliste de réclamer si peu de temps que ce soit pour donner à l'article qui doit paraître le soir même plus de force et de tenue. Il est recommandé à l'écrivain de prendre tout son temps – de longues soirées d'hiver, des semaines entières de printemps, parfois des mois et des mois – pour effacer de ses textes la moindre faiblesse et la moindre imperfection.

RÉDACTION 40 POINTS • 1 h 30

Vous traiterez au choix l'un des deux sujets suivants.

Sujet d'imagination

L'été suivant, lors d'un repas de famille, le père du narrateur interroge à nouveau ses fils sur leurs projets d'avenir. Les deux frères affichent des choix radicalement différents.

Imaginez le dialogue animé qui s'ensuit et les réactions des différents personnages présents autour de la table.

Sujet de réflexion

Dans le texte, le narrateur associe le travail à un piège « dont il vous est impossible de sortir » (l. 47-48).

Selon vous, s'engager dans un métier constitue-t-il un piège ou un moyen de s'épanouir ?

Vous répondrez à cette question en prenant appui sur vos connaissances, vos lectures et votre culture personnelle.

LES CLÉS DU SUJET

Les documents

Le texte littéraire (document A)

Jean d'Ormesson (1925-2017) est un écrivain académicien. *Dans Je dirai malgré tout que cette vie fut belle*, l'un de ses derniers livres, il revient, entre autres, sur son enfance et sa jeunesse. Pour le titre de cet ouvrage autobiographique, il emprunte au poète Aragon l'un de ses vers.

L'image (document B)

Jean-Baptiste Greuze (1725-1805) est un peintre français. Son œuvre consiste en scènes de genre et en portraits. Il est considéré comme le peintre de la morale et des sentiments intimes.

■ Rédaction (sujet d'imagination)

Recherche d'idées

• Commence par définir le lieu, le moment et les personnages présents.

• Choisis ensuite les projets d'avenir des deux frères : il s'agit en premier lieu de choix professionnels, mais cela peut être aussi le choix d'un cadre de vie, etc.

• Il s'agit d'un sujet d'imagination : tu peux t'autoriser une certaine fantaisie dans le choix des projets d'avenir.

Conseils de rédaction

Ton texte devra comporter :

– un dialogue, principalement entre le père, le narrateur et son frère, mais aussi avec d'autres membres de la famille ;

– des passages narratifs et descriptifs qui mettront en évidence les réactions des personnages (inquiétude, admiration, colère, indignation, soulagement...).

■ Rédaction (sujet de réflexion)

Recherche d'idées

• Recherche dans tes lectures, les films que tu as vus, dans tes connaissances historiques ou d'actualité des exemples pour appuyer tes idées. Ainsi, pour illustrer les aspects négatifs du travail, tu peux citer : *Germinal* de Zola, qui évoque avec beaucoup de réalisme le travail dans les mines au XIXe siècle ; *Les Temps modernes* de Charlie Chaplin, qui présente une satire du travail à la chaîne ; le poème d'Hugo, *Melancholia*, contre le travail des enfants.

• Recherche aussi des arguments positifs : le travail libère l'homme ; il lui permet de gagner sa vie ; il peut être source d'épanouissement...

Conseils de rédaction

Tu peux organiser ton devoir de la manière suivante :

• Introduction : présentation de la question.

• Première partie : aspects néfastes du travail (exploitation de l'homme, esclavage, tâches absurdes et répétitives, conditions inhumaines...).

• Seconde partie : aspects positifs du travail (autonomie financière, épanouissement, participation active à la société...).

• Conclusion : synthèse des deux parties.

CORRIGÉ 3

TRAVAIL SUR LE TEXTE LITTÉRAIRE ET SUR L'IMAGE

Grammaire et compétences linguistiques

▶ **1.** « Mais » est une conjonction de coordination qui introduit un rapport d'opposition.

> INFO +
> Les conjonctions de coordination sont : *mais, ou, et, donc, or, ni, car.*

▶ **2.** *Les modifications sont en couleur.*

« Nous nous souvenons, l'été, à Saint-Fargeau, avant et après la guerre, de redoutables promenades à pied autour de la pièce d'eau où notre père nous demandait avec une tendre insistance ce que nous comptions faire de notre vie. La question roulait en torrent dans notre tête. Et aucune réponse ne nous venait à l'esprit. »

▶ **3.** Les modalisateurs sont nombreux : « Je n'avais aucune envie », « J'avais remarqué », « J'avais un peu honte de constater que je n'avais aucune espèce de préférence. », « il m'était impossible d'exprimer ce que je ressentais », « de redoutables promenades ». Un modalisateur est un mot ou groupe de mots qui exprime la subjectivité du locuteur : certitude, incertitude, atténuation, probabilité, renforcement de l'énoncé, satisfaction, soulagement, etc.

▶ **4. a)** Le pronom « je » renvoie au narrateur qui n'est autre que l'auteur, puisqu'il s'agit d'un récit autobiographique.

b) Le verbe *imaginer* est conjugué au présent de l'indicatif. C'est un présent d'énonciation, le présent de l'écriture.

Le verbe *avoir* est conjugué à l'imparfait de l'indicatif : c'est le temps du souvenir.

Compréhension et compétences d'interprétation

▶ **5.** Le point commun à toutes ces carrières, c'est qu'il s'agit de carrières de la fonction publique qui consistent à servir l'État.

▶ **6.** Le narrateur souhaite ne rien faire : « À vrai dire, ce dont j'avais surtout envie, c'était de ne rien faire du tout. »

Pour lui, ne rien faire, cela signifie rêver, attendre, lire, étudier, mais ne surtout pas choisir un métier, une carrière.

▶ **7.** Le narrateur ne pense pas ce qu'il écrit : cette remarque est ironique. La liberté de choix que le père laisse à ses fils est très limitée, comme l'indiquent les emplois répétés de « mais » et « à condition de ».

▶ **8.** L'auteur emploie une métaphore. La question de son père sur son avenir envahit sa conscience, obsédante, comme un torrent au flux impétueux qui emporte tout. Il ne peut plus penser à autre chose.

INFO +
Une métaphore est une comparaison qui n'est pas introduite par un outil de comparaison (*comme, tel, ainsi que*…).

▶ **9.** Le narrateur se fait une idée négative et pessimiste de l'âge adulte :

« Peut-être, après une enfance très heureuse, redoutais-je l'épreuve de la vie. » Il pense que si l'enfance est un âge heureux, insouciant et libre, l'âge adulte est fait de contraintes, de choix définitifs, de pièges redoutables qui propulsent vers un destin tout tracé dans lequel l'homme est pris comme dans un « engrenage ».

▶ **10.** Je trouve que le texte offre plutôt une image positive de la paresse ou plutôt de l'art de ne rien faire. En fait, peut-on vraiment parler de paresse ?
Le narrateur ne se montre pas paresseux : il ne rechigne pas devant la lecture ni devant les études. Ce récit serait plutôt, selon moi, un éloge de l'art de rêver, d'imaginer, de penser. Quant au jeune garçon du tableau, si le titre laisse à penser qu'il s'agit d'un petit paresseux qui s'endort sur le livre qu'il devrait lire, ne pourrait-on pas imaginer aussi qu'il est en train de rêver aux aventures merveilleuses qu'il vient de lire ?

DICTÉE

POINT MÉTHODE

1 La lettre *n* devient *m* devant *m*, *b*, *p* : *temps, printemps, imperfection*.

2 Attention à ne pas confondre les homophones suivants :
– *ce* et *se* : *ce* peut être remplacé par *cela* ; *se* par *me, te*…
– *c'est, s'est* ou encore *ses* : *c'est* peut-être remplacé par *cela est* ; *ses* par *mes, tes*…

Mais ce qui sépare surtout le journaliste de l'écrivain, c'est le mystère du temps. Le temps passe et il dure. Le journaliste est tout entier du côté du temps qui passe. L'écrivain est tout entier du côté du temps qui dure. Il est interdit au journaliste de réclamer si peu de temps que ce soit pour donner à l'article qui doit paraître le soir même plus de force et de tenue. Il est recommandé à l'écrivain de prendre tout son temps – de longues soirées d'hiver, des semaines entières de printemps, parfois des mois et des mois – pour effacer de ses textes la moindre faiblesse et la moindre imperfection.

RÉDACTION

Voici un exemple de rédaction sur chacun des deux sujets.
Attention les indications entre crochets ne doivent pas figurer sur ta copie.

Sujet d'imagination

[Circonstances et introduction de la question] L'été suivant, la famille était réunie dans le jardin pour fêter l'anniversaire de grand-mère : mes parents, mon frère, mes grands-parents et une vieille tante complètement sourde. C'était une chaude journée estivale, l'atmosphère était sereine. Le repas touchait à sa fin ; j'espérais avoir échappé à la terrible question rituelle, quand mon père demanda soudain : « Alors, les garçons, quels sont vos projets d'avenir ? »

[Réponse du frère] Mon frère se lança dans une longue tirade sur ses ambitions professionnelles : il hésitait entre politique et diplomatie, mais souhaitait de tout cœur servir l'État. Des murmures approbateurs soulignèrent son discours :

> CONSEIL
> Tu peux alterner discours direct, indirect, indirect libre et discours narrativisé.

« Qu'il parle bien, ce petit, s'extasia ma grand-mère.

– Je suis fier de toi, mon enfant, tu es le digne fils de ton père, lança mon grand-père de sa voix tonitruante. Levons nos verres à ton bel avenir ! »

Ma mère souriait modestement. Elle était fière de son rejeton. De mon côté, je m'enfonçai profondément dans mon siège en osier, avec l'envie de disparaître… « Et toi, mon chéri ? », gazouilla ma grand-mère.

[Réponse du narrateur] Je bredouillai une réponse assez embarrassée : je n'avais pas encore fait de choix, j'étais jeune… Allez leur dire que vous ne voulez rien faire !

« Qu'est-ce qu'il a dit ? », s'inquiéta la tante Rose qui n'avait rien saisi de la conversation.

> CONSEIL
> Pense à varier les verbes de parole : *demander, s'extasier, lancer d'une voix tonitruante, gazouiller, bredouiller…*

Un désir de bravade s'empara de moi :

« J'aimerais bien devenir comédien à la Comédie-Française, tentai-je…

Mon père laissa tomber le cigare qu'il venait d'allumer :

– Comment peux-tu… ? Il n'y aura jamais de saltimbanque dans notre famille, hurla-t-il. Il ne manquerait plus que cela !

– Ou écrivain. J'aimerais bien écrire et, qui sait, entrer à l'Académie française.

– Tu écriras ma biographie quand je serai devenu un grand homme, s'enthousiasma mon frère.

[Conclusion] Toute l'assemblée se mit à rire. Je m'en étais bien sorti, mais ce n'était que partie remise.

Sujet de réflexion

[Introduction] Si l'on considère l'étymologie du mot qui aurait pour origine le nom d'un instrument de torture, le travail serait quelque chose de négatif, longtemps dévalorisé. Mais cette conception n'a-t-elle pas changé ?

[Le travail qui déshumanise] Aux siècles précédents, le travail est souvent dépeint comme ce qui déshumanise l'homme. Sous l'Antiquité, il était dévolu aux esclaves, considérés comme des machines. Une fois l'esclavage aboli, l'homme a continué à être exploité au profit de quelques-uns. Ainsi, lorsque Zola écrit *Germinal*, c'est pour montrer les conditions de travail inhumaines des mineurs. Même les enfants, dès leur plus jeune âge, étaient confrontés à cet enfer, ce dont s'insurge Victor Hugo dans *Melancholia.*

Si les conditions des ouvriers s'améliorent au XXe siècle, certains écrivains et cinéastes comme Céline (*Voyage au bout de la nuit*) et Charlie Chaplin (*Les Temps modernes*) dépeignent le travail à la chaîne comme une nouvelle forme d'esclavage. Lorsque Jean d'Ormesson parle d'« engrenage », comment ne pas penser à Charlot avalé par la machine ?

[Le travail source d'épanouissement] Cependant, toutes ces expériences négatives ne doivent pas nous amener à considérer le travail comme nécessairement nocif. Les conditions de travail et la conception du travail ont beaucoup changé : un métier peut apporter une grande liberté et être source d'épanouissement.

Pour cela, il faut bien sûr qu'il soit librement choisi et qu'il ait du sens. Certains préféreront des tâches manuelles (maçons, mécaniciens, boulangers…) ; d'autres choisiront d'être médecins, journalistes, ou avocats. Certains souhaiteront travailler au cœur de la nature, d'autres préféreront un environnement urbain. L'essentiel est de prendre plaisir à ce qu'on fait et d'avoir le sentiment d'apporter sa pierre à la société.

[Conclusion] Longtemps considéré de manière négative, le travail a été considérablement revalorisé. Certains peuvent craindre d'être enfermés dans un secteur professionnel, mais aucun choix n'est définitif : il est toujours possible de reprendre des études, de partir à l'étranger à la recherche d'expériences nouvelles, ou encore de créer sa propre société.

Centres étrangers • Juin 2018
100 points

Mon père, mon héros

DOCUMENT A Texte littéraire

Il ouvrit toute grande la porte ; une trombe d'eau tiède nous submergea d'un seul coup et je me dis ça y est, c'est là qu'on meurt ! Dehors, c'était chaud, humide, l'orage battait son plein, des éclairs jaillissaient presque sans cesse et le tonnerre semblait tomber un peu partout en provoquant des échos horrifiants. Ça sentait fort quelque chose que j'ignorais encore être de l'ozone, les arbres étaient secoués de bourrasques de pluie, le monde entier était mouillé et la colère du ciel tombait sur nous en vagues enragées et destructrices. Comme si la nature s'était vengée de quelque chose que je ne saisissais pas encore.

« R'garde si c'est beau, Michel ! R'garde ça si c'est beau ! »

Beau ?

Mais c'était la fin du monde !

J'étais tellement terrifié que j'étais convaincu que j'allais d'une seconde à l'autre faire pipi sur la bedaine naissante de mon père.

Il s'assit sur la chaise à bascule de sa mère, me retourna dans ses bras, m'installa sur ses genoux.

« Garde pas les yeux fermés comme ça… Ouvre-les. Pis regarde ça… »

Il se releva aussitôt que j'eus les yeux ouverts et s'approcha de la rambarde du balcon contre laquelle il s'appuya. Il se pencha même un peu au-dessus du vide.

Ça non plus, les arbres, les escaliers extérieurs, les balcons voisins, la rue, je n'avais jamais vu ça d'aussi haut et, au lieu d'avoir peur, les pieds battants au-dessus du gouffre et la tête sous la pluie, je connus un des plus agréables vertiges de mon enfance.

La pluie nous tombait dessus, les éclairs éclataient, suivis du tonnerre qu'on prétendait si dangereux, les arbres étaient secoués par un vent violent et produisaient un bruissement qui aurait dû me terroriser, mais plus rien ne semblait dangereux parce que j'étais à vingt pieds du sol, dans les bras de mon père qui, par la seule force de sa volonté, faisait en sorte que rien ne m'arrive !

Rien ne pouvait m'arriver !

Protégé contre tout mal, rendu invincible par la présence de mon père qui affrontait la tempête au lieu de se cacher, j'étais l'enfant le plus heureux du monde.

Michel Tremblay, « Sturm und Drang[1] », *Bonbons assortis*, 2010.

---

1. *Sturm und Drang* : ce titre signifie « tempête et passion ».

DOCUMENT B **Le Bernin, *Énée, Anchise et Ascagne*, 1618-1619**

Énée porte son père Anchise, âgé et souffrant, sur son épaule. Derrière lui, se trouve son fils Ascagne. Ils fuient la ville de Troie assiégée et incendiée.

Sculpture en marbre, Rome.

TRAVAIL SUR LE TEXTE LITTÉRAIRE ET SUR L'IMAGE

50 POINTS • 1 h 10

Les réponses doivent être entièrement rédigées.

Grammaire et compétences linguistiques

▶ **1.** « Beau ?/Mais c'était la fin du monde ! » (l. 12-13)

a) Quels sont les deux types de phrases employés ? *(1 point)*

b) Quels sentiments sont ainsi exprimés ? *(1 point)*

▶ **2. a)** Quel est le niveau de langue utilisé dans le dialogue ? Relevez deux exemples et expliquez en quoi ils relèvent de ce niveau de langue. *(2 points)*

b) Comment expliquez-vous l'emploi de ce niveau de langue par le père ? *(1 point)*

▶ **3.** « [...] plus rien ne me semblait dangereux parce que j'étais à vingt pieds du sol, dans les bras de mon père [...] » (l. 30-31)

a) Identifiez le connecteur logique et donnez sa classe grammaticale. *(2 points)*

b) Quel rapport logique exprime ce connecteur ? *(1 point)*

c) Quelle conjonction de coordination exprime le même rapport logique ? *(1 point)*

▶ **4.** « Invincible » (l. 34)

a) Analysez la composition de ce mot. *(1 point)*

b) Expliquez son sens. *(1 point)*

c) Donnez sa classe grammaticale. *(1 point)*

▶ **5.** Réécrivez le passage suivant au passé composé. *(10 points)*
« La pluie nous tombait dessus, les éclairs éclataient, suivis du tonnerre qu'on prétendait si dangereux, les arbres étaient secoués par un vent violent et produisaient un bruissement [...] » (l. 27-29).

Compréhension et compétences d'interprétation

▶ **6.** Qu'avez-vous compris de ce texte ? *(2 points)*

▶ **7.** Quel est le point de vue adopté dans ce texte ? Justifiez votre réponse avec au moins trois indices. *(4 points)*

▶ **8. a)** Dans le premier paragraphe, relevez deux figures de style que vous nommerez. *(2 points)*

b) À partir de cette réponse, de quelle manière le narrateur raconte-t-il l'orage ? *(2 points)*

▶ **9. a)** Quels sont les sentiments successifs ressentis par l'enfant ? *(2 points)*

b) Comment expliquez-vous cette succession ? *(2 points)*

▶ **10.** Dans ce récit, quel est le rôle du père ? Expliquez. *(4 points)*

▶ **11.** Selon vous, pour quelles raisons le narrateur décide-t-il de raconter cet épisode ? Vous vous appuierez précisément sur le texte. *(4 points)*

▶ **12.** Quelles ressemblances et quelles différences percevez-vous entre la sculpture et le texte ? Appuyez-vous entre autres sur la disposition des personnages. *(6 points)*

DICTÉE — 10 POINTS • 20 min

Le nom de l'auteur, le titre de l'œuvre, ainsi que « Robertine » et « hockey » sont écrits au tableau.

Michel Tremblay
« Sturm und drang », *Bonbons assortis*, 2010

On n'avait pourtant rien annoncé de particulier pour cette nuit-là, à part une belle pluie d'août qui viendrait enfin dissiper cette horrible et collante humidité que nous avions eue à endurer sans relâche plusieurs semaines de suite. Un front froid s'avançait […]. Toute la maisonnée s'était préparée à cette pluie en soupirs de satisfaction et remarques désobligeantes pour le maudit été trop chaud, trop long, trop collant. Ma grand-mère prétendait soudain détester l'été, ma tante Robertine rêvait au mois d'octobre, mes frères parlaient déjà de hockey. Six mois plus tard, aux premiers frémissements du printemps, ils proféreraient des horreurs semblables au sujet de l'hiver.

RÉDACTION — 40 POINTS • 1 h 30

Vous traiterez au choix l'un des sujets suivants. Votre travail fera au moins deux pages (soit une cinquantaine de lignes).

Sujet d'imagination

Racontez un épisode heureux de votre enfance lors duquel un adulte a joué un rôle déterminant. Vous insisterez sur la succession des sentiments éprouvés. Vous évoquerez la leçon que vous en avez tirée.

Sujet de réflexion

Comment concevez-vous le rôle des parents dans l'éducation de leurs enfants ? Vous répondrez à cette question en développant plusieurs arguments.

LES CLÉS DU SUJET

Les documents

Le texte littéraire (document A)

Bonbons assortis est un recueil de nouvelles du romancier, dramaturge et scénariste québécois Michel Tremblay. Il y raconte des anecdotes sur son enfance. « Sturm und Drang » est la deuxième nouvelle du recueil.

L'image (document B)

L'œuvre en marbre du célèbre sculpteur italien Le Bernin (1598-1680) présente un émouvant trio : Énée, héros de *L'Énéide* de Virgile et fondateur mythique de la cité qui deviendra Rome, fuit Troie incendiée avec son tout jeune fils Ascagne (ou Iule), et son père Anchise, affaibli par l'âge. Ce dernier emporte avec lui les statuettes des Pénates, divinités protectrices de la cité alors qu'Ascagne porte le feu du foyer.

Rédaction (sujet d'imagination)

Recherche d'idées

• Prends le temps de retrouver dans les souvenirs de ton enfance un épisode heureux dans lequel un adulte a tenu un grand rôle. Si tu n'as pas un tel souvenir, tu peux en inventer un. Attache-toi alors à ce qu'il soit crédible et réaliste.

• Puise dans le lexique des sentiments pour exprimer ce que tu as ressenti : *peur*, *excitation*, *étonnement*, *surprise*, *stupéfaction*… pour finir par la *joie*, le *bonheur*, puisqu'il doit s'agir d'un souvenir heureux.

• Demande-toi ce que tu as appris : découverte de la tendresse, de la confiance en soi, d'un talent caché, d'un sport, d'un milieu…

Conseils de rédaction

Tu peux suivre le plan suivant qui t'est proposé dans le sujet : courte introduction ; récit de l'épisode et évocation des sentiments éprouvés ; en conclusion, la leçon que tu en as tirée.

Rédaction (sujet de réflexion)

Recherche d'idées

• Demande-toi ce que signifie pour toi éduquer un enfant. Les parents doivent-ils être sévères ou indulgents ? Un enfant peut-il s'épanouir sans l'amour de ses parents ? N'y a-t-il pas un risque à surprotéger un enfant ?

• Tu peux t'appuyer sur ton propre vécu, en tant qu'enfant, mais aussi t'inspirer de tes lectures (*L'Enfant* de Jules Vallès, *La Promesse de l'aube* de Romain Gary, l'extrait de la nouvelle de Michel Tremblay…), ou encore de films ou de reportages.

Conseils de rédaction

Organise tes arguments en paragraphes distincts. Tu peux les classer par ordre d'importance (*tout d'abord, ensuite, enfin*) ou adopter un plan de type « thèse, antithèse, synthèse » :

– argument 1 : les parents doivent avant tout aimer et protéger leurs enfants ;

– argument 2 : cependant, ils doivent éviter de les surprotéger, au risque de les étouffer.

CORRIGÉ 4

TRAVAIL SUR LE TEXTE LITTÉRAIRE ET SUR L'IMAGE

Grammaire et compétences linguistiques

▶ **1. a)** Les deux types de phrases employés sont la phrase interrogative et la phrase exclamative.

b) Les sentiments ainsi exprimés sont l'incompréhension et la peur, voire la terreur.

INFO +
Il existe quatre types de phrase : déclarative, interrogative, impérative et exclamative.

▶ **2. a)** Le niveau de langue employé est familier, comme en témoignent ces deux exemples tirés du texte : « Garde pas les yeux fermés comme ça » ; « Pis regarde ça… ».

Dans le premier exemple, la syntaxe est incorrecte : il manque la première partie de la négation, *ne*. Le second exemple présente une prononciation incorrecte du mot « puis ».

b) L'emploi de ce langage familier peut s'expliquer peut-être par le contexte social (que l'on ne connaît pas), et aussi par la situation familière dans laquelle se trouvent les deux personnages : un père qui s'adresse à son jeune fils. Il s'agit d'un échange oral sur un ton familier.

▶ **3. a)** Le connecteur logique est la conjonction de subordination « parce que ».

b) Il exprime un rapport de cause.

c) La conjonction de coordination « car » exprime le même rapport logique.

▶ **4. a)** Le mot « invincible » est composé du préfixe *in-* qui permet de créer des antonymes, du radical *-vinc-* et du suffixe *-ible* qui permet de créer des adjectifs.

b) Il signifie « qui ne peut être vaincu ».

c) C'est un adjectif qualificatif.

▶ **5.** *Les modifications sont en couleur.*

« La pluie nous est tombée dessus, les éclairs ont éclaté, suivis du tonnerre qu'on a prétendu si dangereux, les arbres ont été secoués par un vent violent et ont produit un bruissement […] »

> ATTENTION !
> Veille à accorder le participe passé *tombé* avec le sujet (auxiliaire *être*) : *tombée.*

Compréhension et compétences d'interprétation

▶ **6.** Lors d'un orage particulièrement violent, Michel, le narrateur alors tout enfant, va découvrir en son père un héros protecteur entre les bras duquel il peut affronter en toute confiance les dangers les plus terrifiants, et cela le rend heureux.

▶ **7.** Le texte adopte le point de vue interne. Il s'agit du point de vue subjectif du narrateur. Il y a tout d'abord l'emploi de la première personne du singulier et du pluriel : « une trombe d'eau tiède nous submergea d'un seul coup ». Ensuite, nous entrons dans le dialogue intérieur du narrateur : « je me dis ça y est, c'est là qu'on meurt ! ». Enfin, il y a emploi de modalisateurs, de verbes qui expriment le doute, l'incompréhension : « sembler », « ignorer », « ne pas saisir »…

▶ **8. a)** Dans le premier paragraphe, on peut identifier deux figures de style.

Tout d'abord, il y a une comparaison introduite par la locution conjonctive « comme si » : « Comme si la nature s'était vengée […] »

Ensuite, il y a une personnification du ciel et de la nature : « la colère du ciel », « vagues enragées » ; « la nature s'était vengée »

b) La nature, le ciel sont évoqués comme des divinités irascibles et vengeresses prêtes à punir les hommes pour quelque action sacrilège qu'ils auraient commise à leur encontre.

> INFO +
> Une personnification est une figure de style qui consiste à attribuer des propriétés humaines à un animal ou à une chose inanimée (objet concret ou abstraction).

▶ **9. a)** L'enfant ressent tout d'abord de la terreur. Mais cette terreur va se transformer en joie, en bonheur.

b) Cette succession de sentiments s'explique par l'intervention de son père qui va le prendre dans ses bras protecteurs pour lui faire affronter les éléments déchaînés : l'enfant a alors le sentiment que plus rien ne peut lui arriver.

▶ **10.** Dans ce récit, le père aide son fils à affronter ses peurs, ses terreurs d'enfant, pour mieux les surmonter. Il ne cherche pas à le surprotéger, mais à le confronter, sous sa protection, à des événements qui peuvent paraître terrifiants à un enfant. Il fait cela pour l'aider à grandir.

▶ **11.** Le narrateur choisit de raconter cet épisode, car il s'agit d'un des événements les plus marquants de son enfance : « je connus un des plus agréables vertiges de mon enfance. » ; « Protégé contre tout mal, rendu invincible par la présence de mon père qui affrontait la tempête au lieu de se cacher, j'étais l'enfant le plus heureux du monde. » C'est un événement fondateur pour lui : le jour où son père est devenu son héros. En le racontant, il lui rend hommage.

▶ **12.** Le texte comme la sculpture présentent la relation protectrice d'un père vis-à-vis de son enfant. Comme le père du narrateur, Énée protège son fils placé derrière lui et l'entraîne dans sa fuite loin de Troie qui vient d'être prise et mise à sac. Il s'agit de deux figures paternelles héroïques.

Cependant, l'œuvre du Bernin présente une différence importante avec le récit de Michel Tremblay. En effet, la sculpture comporte un troisième personnage : Énée porte sur son épaule son père, Anchise, vieillard affaibli par l'âge. Le héros latin est donc à la fois le protecteur de son fils et de son père.

DICTÉE

POINT MÉTHODE

① Les noms féminins terminés par le son [té] ou [tié] s'écrivent *é*, sauf ceux qui expriment un contenu (*une assiettée, une pelletée*) et certains noms usuels (*dictée, portée, pâtée, jetée, montée*). Attention donc à ne pas mettre de *e* à la fin d'*humidité.*

② Veille à bien accorder les participes passés :

– le participe passé *eue* est employé avec l'auxiliaire *avoir* : il s'accorde avec le COD *que*, qui désigne *cette horrible et collante humidité*, car il est placé avant.

– le participe passé *préparée* est employé avec l'auxiliaire *être* : il s'accorde avec le sujet *toute la maisonnée*.

On n'avait pourtant rien annoncé de particulier pour cette nuit-là, à part une belle pluie d'août qui viendrait enfin dissiper cette horrible et collante humidité que nous avions eue à endurer sans relâche plusieurs semaines de suite. Un front froid s'avançait [...]. Toute la maisonnée s'était préparée à cette pluie en soupirs de satisfaction et remarques désobligeantes pour le maudit été trop chaud, trop long, trop collant. Ma grand-mère prétendait soudain détester l'été, ma tante Robertine rêvait au mois d'octobre, mes frères parlaient déjà de hockey. Six mois plus tard, aux premiers frémissements du printemps, ils proféreraient des horreurs semblables au sujet de l'hiver.

RÉDACTION

Voici un exemple de rédaction sur chacun des deux sujets.
Attention les indications entre crochets ne doivent pas figurer sur ta copie.

Sujet d'imagination

[Introduction] J'étais encore une toute petite fille lorsqu'une expérience d'un soir a changé ma vie.

[Récit de l'épisode] Je passais des vacances chez ma grand-mère. Elle avait l'habitude d'aller au théâtre une fois par mois, assister à la représentation d'une opérette. Je ne sais pas pourquoi, malgré mon très jeune âge, ma mère lui proposa de m'y emmener. Ce qu'elle fit. Je découvris alors la magie du théâtre, à commencer par celle du lieu : le velours rouge des fauteuils et du rideau de scène, le lustre majestueux du plafond qui scintillait de mille feux, les dorures…

[Évocation des sentiments ressentis] Au début, j'étais intimidée, tant ce que je voyais me paraissait somptueux, puis très vite je m'enhardis et partis explorer les lieux avant le début de la représentation. Ce qui me fascinait le plus, c'était la fosse d'orchestre avec tous les musiciens. Parmi eux, j'aimais particulièrement une harpiste.

> CONSEIL
> N'oublie pas de décrire les sentiments successifs que tu as ressentis en employant un lexique varié (*intimidée, m'enhardis, fascinait…*).

Lorsque le rideau se leva, sagement assise sur les genoux de ma grand-mère, je ne bougeai plus et suivis, émerveillée, toute la représentation. C'était si beau ! Je ne comprenais pas tout de l'intrigue, j'étais encore bien petite, mais j'étais subjuguée par les jeux de lumière, le décor, les costumes et la beauté des voix des chanteurs. Je me sentais pleinement heureuse, blottie contre ma grand-mère : c'était comme si elle m'avait transportée dans un univers féerique ; je souhaitais ne jamais en sortir.

[Conclusion] Bien sûr, tout a une fin et les applaudissements me tirèrent de mon rêve éveillé. Je serrai fort la main de ma grand-mère en sortant dans la nuit et me promis que, moi aussi, je monterais sur scène pour retrouver cette magie. Ce fut la naissance d'une vocation.

Sujet de réflexion

[Introduction : présentation de la question] Quel est le rôle des parents dans l'éducation des enfants ? Comment doivent-ils les accompagner dans leur développement jusqu'à l'âge adulte ?

[Aimer et protéger] Un père, une mère doivent apporter à leurs enfants les conditions idéales pour s'épanouir : la tendresse, la protection, la sécurité. En effet, un enfant doit se sentir aimé et protégé pour grandir et s'affirmer de façon équilibrée. Un enfant mal aimé risque de s'étioler, de se renfermer ou de développer de l'agressivité. Il pourrait reproduire plus tard, avec ses propres enfants, le type de relation qu'il a vécue.

[Ne pas surprotéger ni étouffer] Cependant, les parents doivent se garder de surprotéger leurs enfants, de les élever « dans du coton », selon l'expression populaire. Ils doivent aussi éviter de les étouffer, de ne vouloir les garder que pour eux. Sinon, ils risqueraient de leur rogner les ailes et de les empêcher de prendre leur envol.

Il faut au contraire qu'ils leur apprennent à surmonter leurs peurs et à s'affirmer. C'est ce que fait le père du petit Michel dans la nouvelle « Sturm und Drang ».

CONSEIL
N'hésite pas à t'appuyer sur le texte proposé dans le sujet.

[Entre sévérité et indulgence] Les parents doivent aussi trouver le juste équilibre entre sévérité et indulgence. Il ne faut pas tout laisser faire à un enfant au risque d'en faire un petit tyran, mais il ne faut pas non plus tout lui interdire. Un enfant a besoin de liberté pour faire son apprentissage du monde.

[Conclusion : synthèse] Être parent consiste donc à aimer et protéger sans surprotéger ni étouffer ; à être à la fois ferme et indulgent pour amener les enfants à devenir des êtres libres, heureux et prêts à s'affirmer dans le monde qui les entoure.

SUJET

5

Amérique du Nord • Juin 2018
100 points

La poésie du grenier à foin

DOCUMENT A Texte littéraire

Le narrateur évoque avec nostalgie les paysages féériques de campagnes et le grenier à foin dans lequel il jouait enfant. Ce monde est menacé de disparition...

C'est seulement au cinéma qu'on retrouve, aujourd'hui, la magie de ces paysages où les demeures semblent faites des mêmes pierres et du même bois que la montagne. Les fabricants d'effets qui font rêver les enfants – dans la saga du *Hobbit* ou *Le Seigneur des anneaux* – montrent un certain génie pour recréer ces maisons de chaume ou de torchis[1], tonneaux pleins de choux, ces garde-manger pleins de jambons et de bonnes bouteilles. Or ce monde fait pour enchanter la jeunesse du XXIe siècle n'est pas un produit de la fantaisie hollywoodienne. C'est la simple reproduction, un peu stylisée, d'un mode de vie disparu tout récemment, quoique les enfants n'en aient plus la moindre notion depuis que la normalisation économique, administrative et sécuritaire – qui est l'étape ultime de la modernité – étend partout son empire sans faille. Sauf en certains points reculés comme cette ferme où les fromages mûrissent toujours sur leurs égouttoirs ; où le ruisseau sort de la montagne pour s'écouler dans un bac en grès près de l'étable ; où les poules grimpent sur le tas de fumier grassement étalé qui se soucie peu de répondre aux critères de fabrication et de stockage du compost[2].

Rien, toutefois, n'égale pour moi la poésie du grenier à foin, ce grenier du rêve où je grimpe parfois, comme lorsque j'étais enfant, dans les fermes proches du Moulin. Compressé à grands coups de fourche sous la charpente, le fourrage passait l'hiver sans se dessécher dans cet immense espace obscur où il formait des monticules, des tours et des châteaux parfumés prêts pour accueillir nos jeux. J'ai toujours aimé gravir l'escalier de bois puis franchir la trappe qui permet d'accéder à ce royaume enchanté. Les brindilles s'accrochent aux planches, aux poutres, aux solives[3], sous les toiles d'araignée. À côté des monticules d'herbe encore verte et de fleurs des champs traînent quelques vieux chariots, quelques râteaux à foin édentés, quelques journaux jaunis d'avant 1940. Et peut-être ces greniers me font-ils tant rêver parce qu'ils évoquent les secrets de la mémoire, un mystère niché tout là-haut, sous le crâne, où s'accrochent des millions de lambeaux de souvenirs comme ces brindilles sous le toit de la maison.

Il me semble en tout cas que ce mode de vie méritait tout notre intérêt, tel un bien précieux ; que l'État et les communes auraient pu soutenir un modèle de recyclage et de production très ancien, au lieu d'encourager sa disparition. Aujourd'hui plus encore, quand la mondialisation des échanges impose partout une circulation frénétique[4], cette agriculture locale pourrait constituer un idéal prometteur. Rien n'y fait.

Benoît Duteurtre, *Livre pour adultes*, 2016,

---

1. Torchis : mélange de terre grasse et de paille ou de foin utilisé dans la construction d'un mur. 2. Compost : mélange de terre, de fumier et de résidus utilisé comme engrais. 3. Solives : pièces de charpente placées en appui sur les murs ou sur les poutres pour soutenir un plancher. 4. Frénétique : exaltée, ardente, folle.

DOCUMENT B **Photographie de Raymond Depardon, 1992**

Village de Sainte-Eulalie de Cernon (Aveyron).

TRAVAIL SUR LE TEXTE LITTÉRAIRE ET SUR L'IMAGE — 50 POINTS • 1 h 10

Les réponses doivent être entièrement rédigées.

Grammaire et compétences linguistiques

▶ **1.** « Aujourd'hui plus encore, quand la mondialisation des échanges impose partout une circulation frénétique, cette agriculture locale pourrait constituer un idéal prometteur. » (l. 37-40)
Identifiez le temps du verbe souligné et précisez sa valeur dans cette phrase. *(3 points)*

▶ **2.** Réécrivez l'extrait ci-dessous en mettant le groupe souligné au pluriel. Vous ferez toutes les modifications nécessaires. *(10 points)*
« Compressé à grands coups de fourche sous la charpente, le fourrage passait l'hiver sans se dessécher dans cet immense espace obscur où il formait des monticules, des tours et des châteaux parfumés prêts pour accueillir nos jeux. » (l. 21-24)

▶ **3.** « Rien, toutefois, n'égale pour moi la poésie du grenier à foin […] » (l. 19).
Relevez le verbe dans la proposition ci-dessus et indiquez quel est son sujet. *(3 points)*

▶ **4.** « Les brindilles s'accrochent aux planches, aux poutres, aux solives, sous les toiles d'araignée. » (l. 26-27)
Dans cette phrase, relevez un complément de verbe puis un complément de phrase. *(4 points)*

Compréhension et compétences d'interprétation

▶ **5.** Pourquoi le « grenier à foin », évoqué au début du second paragraphe (l. 19), est-il si important pour le narrateur ? *(5 points)*

▶ **6.** Dans le premier paragraphe (l. 1-18), relevez trois éléments qui caractérisent ce « mode de vie disparu » dont parle le narrateur et justifiez votre choix. *(4 points)*

▶ **7.** « […] le fourrage passait l'hiver sans se dessécher dans cet immense espace obscur où il formait des monticules, *des tours et des châteaux parfumés prêts pour accueillir nos jeux.* » (l. 22-24)
a) Quelle est la figure de style utilisée dans le passage en italique ? Quel est l'effet produit ? *(4 points)*
b) Citez d'autres expressions du paragraphe (l. 19-33) qui développent cette image. *(3 points)*

▶ **8.** « Il me semble en tout cas que ce mode de vie méritait tout notre intérêt, tel un bien précieux [...] » (l. 34-35).
Selon vous, en quoi « ce mode vie » évoqué dans le texte peut-il, en effet, constituer « un bien précieux » ? *(7 points)*

▶ **9.** En quoi la photographie et le texte proposent-ils une vision de la campagne comme « un royaume enchanté » ? *(7 points)*

DICTÉE — 10 POINTS • 20 min

Le nom de l'auteur, le titre de l'œuvre ainsi que « 1960 » sont écrits au tableau.

Benoît Duteurtre
Livre pour adultes, 2016
© Éditions Gallimard

Au temps de ma petite enfance, dans les années 1960, les villageois de mon âge avaient encore un air farouche et sauvage. Ils vivaient dans ces fermes perdues et fréquentaient la classe unique de l'école communale où, l'hiver, ils se rendaient à pied dans la neige. Au cours des années suivantes, en pleine période de « croissance », les routes se sont élargies, les supermarchés se sont implantés, le téléphone et la télévision sont arrivés dans la vallée. Les enfants ont grandi et trouvé des emplois en ville. Certains sont devenus ouvriers, d'autres ingénieurs. Les exploitations agricoles ont dépéri avec leurs vieux parents.

RÉDACTION — 40 POINTS • 1 h 30

Vous traiterez au choix l'un des sujets suivants. Votre travail fera au moins deux pages (soit une cinquantaine de lignes).

Sujet d'imagination

Comme Benoît Duteurtre, vous retournez dans un lieu qui a marqué votre enfance.
Vous décrirez les transformations qui ont modifié cet endroit et les souvenirs qui surgissent alors. Vous insisterez sur les sentiments et les sensations associés à ces souvenirs.
Votre texte mêlera récit et description.

Sujet de réflexion

Aux yeux du narrateur, rien « n'égale la poésie du grenier à foin. »
Pensez-vous que l'on puisse trouver aussi de la poésie et du mystère dans les grandes villes modernes ?
Vous répondrez à cette question en vous appuyant sur vos connaissances, vos lectures et votre culture personnelle.

LES CLÉS DU SUJET

Les documents

Le texte littéraire (document A)

Livre pour adultes est un ouvrage mêlant différents types d'écrits : narration de souvenirs personnels, réflexions, épisodes de fiction. Dans cet extrait, les premier et troisième paragraphes présentent des réflexions, tandis que le second évoque avec nostalgie un passé qui semble révolu.

L'image (document B)

Célèbre photographe et réalisateur de films documentaires, Raymond Depardon revendique dans ses images une certaine subjectivité. La photographie présente le face-à-face de deux enfants juchés sur des bottes de foin ; elle date de 1992, mais aurait pu être prise cinquante ans auparavant.

Rédaction (sujet d'imagination)

Recherche d'idées

- Souviens-toi d'un lieu qui a marqué ton enfance : mieux vaut en avoir une idée précise pour donner des détails vraisemblables.
- Les sentiments associés aux souvenirs peuvent être positifs ou négatifs.

Conseils de rédaction

- Commence par raconter les circonstances dans lesquelles tu redécouvres ce lieu. Consacre les paragraphes suivants à la description de cet endroit : tel qu'il était auparavant et tel qu'il est maintenant.
- Emploie un vocabulaire propre à ton ressenti : surprise (*stupéfait*, *ébahi*), joie (*ravi*, *émerveillé*), déception (*chagriné*, *dépité*).

Rédaction (sujet de réflexion)

Recherche d'idées

- Définis les mots « poésie » et « mystère ». Tu peux partir du sens que le texte leur donne (invitation au rêve, lieu propice à l'imagination) ou leur donner un sens plus personnel : beauté, recherche artistique.
- Tu peux rédiger une réponse tranchée ou, au contraire, nuancée : la poésie et le mystère semblent impossibles en ville, pourtant des artistes, par leurs œuvres, réussissent à faire de la ville un lieu poétique.

Conseils de rédaction

- Dresse au brouillon une liste d'exemples à utiliser, tirés de ta vie personnelle (ton expérience des grandes villes), de tes connaissances (mode de vie urbain), de ta culture personnelle (artistes s'inspirant de la ville).
- Si tu optes pour une réponse nuancée, fais en sorte de ne pas te contredire d'une partie sur l'autre.

CORRIGÉ 5

TRAVAIL SUR LE TEXTE LITTÉRAIRE ET SUR L'IMAGE

Grammaire et compétences linguistiques

▶ **1.** Le verbe « pourrait » est conjugué au conditionnel présent. Le conditionnel est le mode de l'imaginaire, de l'hypothèse. Ici, l'action exprimée par le verbe est considérée comme possible dans l'avenir (valeur de potentiel).

> INFO +
> On distingue plusieurs valeurs pour le conditionnel : la supposition, l'atténuation, l'hypothèse (valeurs de potentiel, d'irréel du présent ou d'irréel du passé).

▶ **2.** *Les modifications sont en couleur.*

Compressés à grands coups de fourche sous la charpente, les fourrages passaient l'hiver sans se dessécher dans cet immense espace obscur où ils formaient des monticules, des tours et des châteaux parfumés prêts pour accueillir nos jeux.

▶ **3.** Le verbe « égale » a pour sujet le pronom indéfini « rien ».

▶ **4.** « Aux planches » est un complément de verbe, au même titre que « aux poutres » ou « aux solives ». Il n'y a en revanche qu'un seul complément de phrase : « sous les toiles d'araignée ».

> INFO +
> On repère un complément de phrase à sa place variable dans la phrase : ici, on peut le déplacer en tête de phrase, avant le verbe, après le verbe, en fin de phrase.

Compréhension et compétences d'interprétation

▶ **5.** Le grenier à foin fait référence à un souvenir réel du narrateur, lorsqu'il était enfant et prenait plaisir à pénétrer dans « ce royaume enchanté » où tous les jeux étaient possibles. Adulte, le narrateur se réfugie parfois dans un grenier « du rêve » inspiré de celui où il grimpait enfant. Le grenier à foin est important, car il fonctionne comme un symbole des plaisirs et pouvoirs de l'imagination, et des secrets de la mémoire.

▶ **6.** Le mode de vie disparu dont parle le narrateur se caractérise par la présence d'animaux (« les poules, les oies, les canards et les cochons ») ; la nourriture produite sur place (« tonneaux pleins de choux », « où les fromages mûrissent toujours sur leurs égouttoirs ») ; l'usage de matériaux naturels (« maisons de chaume ou de torchis », « sols en terre battue », récupération de l'eau du ruisseau, « tas de fumier »). Toutes ces notations renvoient à un mode de vie rural et paysan, mis à mal par « la mondialisation des échanges ».

▶ **7. a)** La figure de style utilisée est une métaphore, qui transforme le tas de foin en édifices de contes de fées ; l'effet produit est alors double : insister sur la hauteur des monticules et, en même temps, les faire passer du domaine du réel à celui du rêve et de l'imaginaire.

b) Les expressions « royaume enchanté » (l. 26) et « mystère niché tout là-haut » (l. 31) développent cette image dans la suite du paragraphe.

▶ **8.** Le mode de vie rural et traditionnel évoqué dans le texte peut en effet constituer « un bien précieux » : la modernisation et le désir de rentabilité ont produit des désastres écologiques, qu'un mode de vie plus traditionnel aurait sans doute réussi à limiter. L'utilisation des ressources locales (eau, cultures) et le goût d'une vie plus simple et plus saine pourraient éviter des transports de marchandises coûteux et les problèmes de santé induits par l'utilisation de pesticides.

▶ **9.** La photographie montre deux enfants, debout sur des bottes de foin, au moins aussi grandes qu'eux. Dans cet univers campagnard, le terrain de jeux choisi par les enfants semble très vaste, et correspond à cette image du « royaume enchanté » présente dans le texte de Benoît Duteurtre. L'arche de pierre qui les abrite paraît dater d'une époque révolue, où « les demeures semblent faites des mêmes pierres et du même bois que la montagne ». On pourrait croire que cette photographie a été prise à l'époque de l'enfance du narrateur du texte, si la date ne nous indiquait pas son caractère récent.

DICTÉE

POINT MÉTHODE

1 La dictée compte de nombreux participes passés : employés avec l'auxiliaire *être*, ils s'accordent avec le sujet ; mais ils ne s'accordent pas avec celui-ci s'ils sont employés avec *avoir*.

2 Attention, deux participes passés sont utilisés avec des verbes pronominaux à sens passif : le participe doit alors s'accorder avec le sujet.

3 Retiens ces expressions qui s'écrivent au singulier : *à pied*, *en ville*.

Au temps de ma petite enfance, dans les années 1960, les villageois de mon âge avaient encore un air farouche et sauvage. Ils vivaient dans ces fermes perdues et fréquentaient la classe unique de l'école communale où, l'hiver, ils se rendaient à pied dans la neige. Au cours des années suivantes, en pleine période de « croissance », les routes se sont élargies, les supermarchés se sont implantés, le téléphone et la télévision sont arrivés dans la vallée. Les enfants ont grandi et trouvé des emplois en ville. Certains sont devenus ouvriers, d'autres ingénieurs. Les exploitations agricoles ont dépéri avec leurs vieux parents.

RÉDACTION

Voici un exemple de rédaction sur chacun des deux sujets.
Attention les indications entre crochets ne doivent pas figurer sur ta copie.

Sujet d'imagination

[Mise en place du récit] L'autre jour, avec mes parents, nous sommes passés revoir la demeure qui avait appartenu à mon arrière-grand-mère. Lorsque j'étais petite, on m'y envoyait l'été ; mon arrière-grand-mère vivait seule dans cette grande maison, à la campagne, près de Bordeaux.

[Souvenirs] J'en garde le souvenir d'étés interminables. À la chaleur de l'extérieur s'opposait la fraîcheur de la maison. J'étais seule et m'ennuyais. Je parcourais les pièces innombrables qui ne servaient jamais, inventais des jeux dans ma tête, et cherchais un improbable coffre-fort derrière tous les tableaux. À table, seul le tic-tac de l'horloge se faisait entendre, et les repas étaient longs… Mais les après-midi étaient de vrais moments de plaisir, que je passais dehors, à me rouler dans l'herbe, à poursuivre les chats, à observer les vaches ou à me cacher dans les vignes. Heureusement, la campagne était vaste.

> CONSEIL
> Tu peux faire apparaître le vocabulaire des sentiments et des sensations dans toutes les étapes de ton récit.

[Description] Mais, surprise ! Lorsque nous nous sommes arrêtés devant la maison, je me suis rendu compte des changements opérés : l'autoroute passait désormais à proximité ; on la voyait… et on l'entendait. Des champs et des vaches aux alentours : nulle trace. Horrifiée, j'ai découvert tous les petits pavillons et leurs minuscules jardins qui entouraient désormais la maison, délabrée et anachronique. Partout des voitures, et le bruit constant de l'autoroute. Comment, en l'espace de sept ans, cet endroit avait-il pu changer autant ?

[Conclusion de l'épisode] J'étais abasourdie. Et pourtant, ce n'était pas un lieu auquel je pensais souvent ; mais j'étais écœurée de le voir ainsi dégradé par tous ces changements. C'est alors que sur le seuil de la maison apparut un petit garçon ; agitant sa peluche, il éclata de rire en apercevant un papillon et se mit à le poursuivre, réveillant un peu, pour moi, les joies d'autrefois.

Sujet de réflexion

[Introduction] Benoît Duteurtre associe le grenier à foin des jeux de son enfance au rêve et à l'imagination. Les villes modernes sont-elles totalement dénuées de la poésie et du mystère que l'auteur trouvait dans l'univers campagnard de son enfance ?

[La ville semble incompatible avec la poésie] Les grandes villes se caractérisent par une occupation intense de l'espace. La concentration est forte, les espaces verts sont rares ; les terrains de jeux pour les enfants sont encadrés, délimités, réglementés. Près de chez moi, le petit square où jouent les enfants compte cinq zones de jeux, et cinq panneaux d'interdiction ! Dans cet univers bien strict, les secrets et les mystères semblent improbables.

[La poésie s'invite pourtant en ville] Toutefois, on peut aussi parfois trouver une part de poésie en ville. Certains lieux, qui peuvent paraître à première vue lugubres et déprimants, sont investis par des artistes. Le principe du *street art* n'est-il pas de mettre de la poésie dans un lieu qui en est *a priori* totalement dépourvu, comme a pu le faire l'artiste Banksy ? Plus modestement, les messages des anonymes qui ornent les murs des grandes villes sont parfois aussi des appels à l'imagination.

> GAGNE DES POINTS
> Dynamise ta réflexion par l'usage de types de phrase variés : phrases interrogatives ou exclamatives.

[La poésie ne dépend pas d'un lieu] Enfin, le principe de l'imagination et de la poésie n'est-il pas de permettre de dépasser les limites du réel ? En ce sens, on peut trouver poésie et mystère dans n'importe quel lieu, pour peu que l'esprit soit désireux d'en créer. Certains poètes ont ainsi écrit en prison, comme Verlaine.

[Conclusion] La ville moderne semble incompatible avec la poésie et le mystère. Mais il est possible de faire de l'univers urbain un lieu d'expression artistique et de beauté. En définitive, le pouvoir de l'imagination est tel qu'il peut s'appuyer sur différents lieux.

SUJET 6

Pondichéry • Mai 2018
100 points

Paysage d'enfance

DOCUMENT A **Texte littéraire**

Dans ce récit de Colette, rédigé en collaboration avec Willy, le personnage, Claudine, raconte sa jeunesse.

Je m'appelle Claudine, j'habite Montigny ; j'y suis née en 1884 ; probablement je n'y mourrai pas.

Mon *Manuel de géographie départementale* s'exprime ainsi : « Montigny-en-Fresnois, jolie petite ville de 1 950 habitants, construite en amphithéâtre sur la Thaize ; on y admire une tour sarrasine[1] bien conservée… » Moi, ça ne me dit rien du tout, ces descriptions-là. D'abord, il n'y a pas de Thaize ; je sais bien qu'elle est censée traverser des prés au-dessous du passage à niveau ; mais en aucune saison vous n'y trouveriez de quoi laver les pattes d'un moineau. Montigny construit « en amphithéâtre[2] » ? Non, je ne le vois pas ainsi ; à ma manière, c'est des maisons qui dégringolent, depuis le haut de la colline jusqu'en bas de la vallée ; ça s'étage en escalier au-dessous d'un gros château, rebâti sous Louis XV et déjà plus délabré que la tour sarrasine, épaisse, basse, toute gainée de lierre[3], qui s'effrite par en haut, un petit peu chaque jour. C'est un village, et pas une ville ; les rues, grâce au ciel, ne sont pas pavées ; les averses y roulent en petits torrents, secs au bout de deux heures ; c'est un village, pas très joli même, et que pourtant j'adore.

Le charme, le délice de ce pays fait de collines et de vallées si étroites que quelques-unes sont des ravins, c'est les bois, les bois profonds et envahisseurs, qui moutonnent et ondulent jusque là-bas, aussi loin qu'on peut voir… Des prés verts les trouent par places, de petites cultures aussi, pas grand-chose, les bois superbes dévorant tout. De sorte que cette belle contrée est affreusement pauvre, avec ses quelques fermes disséminées, si peu nombreuses, juste ce qu'il faut de toits rouges pour faire valoir le vert velouté des bois.

Chers bois ! Je les connais tous ; je les ai battus si souvent. Il y a les bois-taillis, des arbustes qui vous agrippent méchamment la figure au passage, ceux-là sont pleins de soleil, de fraises, de muguet, et aussi de serpents. J'y ai tressailli de frayeurs suffocantes à voir glisser devant mes pieds ces atroces petits corps lisses et froids ; vingt fois je me suis arrêtée, haletante, en trouvant sous ma main, près de la « passe-rose »[4], une couleuvre bien sage, roulée en colimaçon[5] régulièrement, sa tête en dessus, ses petits yeux dorés me regardant ; ce n'était pas dangereux, mais quelles terreurs ! Tant pis, je finis toujours par y retourner seule ou avec des camarades ; plutôt seule, parce que ces petites grandes filles m'agacent, ça a peur de se déchirer aux ronces, ça a peur des petites bêtes, des chenilles veloutées et des araignées des bruyères, si jolies, rondes et roses comme des perles, ça crie, c'est fatigué – insupportables enfin.

Colette, *Claudine à l'école*, 1900.

1. Tour sarrasine : tour construite au Moyen Âge à l'époque des conquêtes arabes.
2. Amphithéâtre : lieu de spectacle antique en arc de cercle avec des gradins.
3. Gainée de lierre : entourée du végétal qu'est le lierre.
4. Passe-rose : variété de fleur.
5. En colimaçon : en spirale.

DOCUMENT B Pierre-Auguste Renoir, *Fillette au cerceau*, 1885

Huile sur toile, National Gallery of Art, Washington.

TRAVAIL SUR LE TEXTE LITTÉRAIRE ET SUR L'IMAGE 50 POINTS • 1 h 10

Les réponses doivent être entièrement rédigées.

Grammaire et compétences linguistiques

▶ **1.** Ligne 31 : « ces atroces petits corps lisses et froids ».

a) Que désigne ce groupe nominal ? *(1 point)*

b) Quelle est la classe grammaticale du mot « atroces » ? Quel nom complète-t-il ? Relevez dans ce groupe nominal les autres mots de la même classe grammaticale. *(3 points)*

▶ **2.** Réécriture :

a) « vingt fois je me suis arrêtée, haletante, en trouvant sous ma main, près de la "passe-rose", une couleuvre bien sage, roulée en colimaçon régulièrement, sa tête en dessus, ses petits yeux dorés me regardant. » (l. 31-34)

Réécrivez ce passage en remplaçant « une couleuvre » par « des serpents ». *(5 points)*

b) « C'est un village, et pas une ville ; les rues, grâce au ciel, ne sont pas pavées ; les averses y roulent en petits torrents, secs au bout de deux heures ; c'est un village, pas très joli même, et que pourtant j'adore. » (l. 15-18)

Réécrivez ce passage en mettant les verbes conjugués à l'imparfait de l'indicatif. *(5 points)*

▶ **3.** Ligne 22 : « Des prés verts les trouent par places ». Donnez la fonction de « les ». Quel groupe nominal remplace-t-il ? *(3 points)*

▶ **4.** Justifiez l'orthographe de « battus » (l. 27). *(3 points)*

Compréhension et compétences d'interprétation

▶ **5. a)** Lignes 19 à 26 : quelles sont les caractéristiques attribuées aux bois dans le troisième paragraphe ? *(3 points)*

b) Quels sont les éléments du paysage qui échappent aux « bois superbes dévorant tout » ? *(2 points)*

▶ **6.** Lignes 35 et 36 : « mais quelles terreurs ! Tant pis, je finis toujours par y retourner ». Pour quelles raisons Claudine finit-elle toujours par retourner dans les bois ? *(6 points)*

▶ **7.** Lignes 37 à 40 : « ça a peur de se déchirer [...] fatigué ». Qui le pronom « ça » désigne-t-il ? En quoi ce choix de pronom est-il surprenant ? Pourquoi est-il selon vous employé ? *(6 points)*

▶ **8.** D'après vous, Claudine est-elle heureuse de vivre à Montigny, dans ce « pays fait de collines et de vallées » ? Vous justifierez votre réponse en vous appuyant sur des éléments précis de l'ensemble du texte. *(7 points)*

▶ **9.** Comparez le texte et l'image : les deux documents offrent-ils la même représentation de l'enfance et de ses jeux ? *(6 points)*

DICTÉE — 10 POINTS • 20 min

Le nom de l'auteur, le titre de l'œuvre ainsi que les mots « Montigny » et « Sapinière » sont écrits au tableau. Il est précisé que le « je » est un personnage féminin.

Colette
Claudine à l'école, 1900

Ah ! les bois, les chers bois de Montigny ! À cette heure-ci, je le sais bien, comme ils bourdonnent ! Les guêpes et les mouches qui pompent dans les fleurs des tilleuls et des sureaux font vibrer toute la forêt comme un orgue ; et les oiseaux ne chantent pas, car à midi ils se tiennent debout sur les branches, cherchent l'ombre, lissent leurs plumes, et regardent le sous-bois avec des yeux mobiles et brillants. Je serais couchée, au bord de la Sapinière d'où l'on voit toute la ville, en bas au-dessous de soi, avec le vent chaud sur ma figure, à moitié morte d'aise et de paresse…

RÉDACTION — 40 POINTS • 1 h 30

Vous traiterez au choix l'un des sujets suivants. Votre travail fera au moins deux pages (soit une cinquantaine de lignes).

Sujet d'imagination

Évoquez un lieu de votre enfance qui a représenté pour vous un espace de jeux et de découvertes.
Votre texte mêlera description et narration et cherchera à faire partager les sensations et les sentiments que vous avez alors éprouvés.

Sujet de réflexion

Vivre à la campagne ou vivre en ville : selon vous, où un enfant trouve-t-il le plus de possibilités de jeux et d'aventures ?
Vous répondrez à cette question en vous appuyant sur votre expérience, sur les textes étudiés en classe ainsi que sur votre culture personnelle.

LES CLÉS DU SUJET

■ Les documents

Le texte littéraire (document A)

Colette est l'auteure de la série des *Claudine*, suite de romans d'abord publiés sous le pseudonyme de Willy, son compagnon propriétaire d'une maison d'édition. Elle y raconte ses souvenirs d'enfance.

L'image (document B)

Auguste Renoir (1841-1919) est un célèbre peintre impressionniste. Il est particulièrement connu pour ses portraits féminins qu'il peint avec une grande délicatesse.

■ Rédaction (sujet d'imagination)

Recherche d'idées

• Commence par choisir le lieu que tu vas évoquer, un lieu qui te tient particulièrement à cœur. Tu n'es évidemment pas obligé(e) de choisir un univers champêtre.

• Demande-toi quels étaient les jeux auxquels tu t'y adonnais et les personnes avec qui tu les partageais.

• Prends le temps de visualiser, de recréer, de revivre cet endroit privilégié, et cherche à retrouver les sentiments, les sensations liés à ce lieu : plaisir de la découverte, sensation de liberté, bonheur de partager…

Conseils de rédaction

• Ton texte doit comporter obligatoirement :

– des passages descriptifs (description des lieux) ;

– des passages narratifs (récit des différents jeux pratiqués ou d'un épisode particulier).

• Emploie le lexique des sentiments et des sensations pour montrer combien ce lieu et les souvenirs qui y sont attachés te sont chers : *plaisir*, *bonheur*, *aimer*, *heureux*, *émotion*, *nostalgie*…

■ Rédaction (sujet de réflexion)

Recherche d'idées

• Demande-toi tout d'abord ce que tu préfères entre la ville et la campagne. Où te sens-tu le plus libre, par exemple ? Tu n'es pas obligé(e) de choisir, tu peux trouver des avantages à l'une et à l'autre.

• N'oublie pas, comme te le demande le sujet, de faire des références à des lectures ou des films : les romans de Marcel Pagnol, par exemple.

Conseils de rédaction

Voici une proposition de plan :

- introduction : présentation de la question ;
- les possibilités offertes par la campagne ;
- les possibilités offertes par la ville ;
- conclusion.

CORRIGÉ 6

TRAVAIL SUR LE TEXTE LITTÉRAIRE ET SUR L'IMAGE

Grammaire et compétences linguistiques

▶ **1. a)** Le groupe nominal « ces atroces petits corps lisses et froids » désigne les serpents.

b) Le mot « atroces » est un adjectif qualificatif. Il complète le nom « corps » dont il est épithète. Il est accompagné de trois autres adjectifs épithètes : « petits », « lisses » et « froids ».

▶ **2.** *Les modifications sont en couleur.*

a) « vingt fois je me suis arrêtée, haletante, en trouvant sous ma main, près de la "passe-rose", des serpents bien sages, roulés en colimaçon régulièrement, leur(s) tête(s) en dessus, leurs petits yeux dorés me regardant. »

b) « C'était un village, et pas une ville ; les rues, grâce au ciel, n'étaient pas pavées ; les averses y roulaient en petits torrents, secs au bout de deux heures ; c'était un village, pas très joli même, et que pourtant j'adorais. »

> REMARQUE
> Le GN « leur tête » peut être mis au singulier ou au pluriel : chaque serpent n'a qu'une tête, mais il y a plusieurs têtes puisque plusieurs serpents.

▶ **3.** « Les » est complément d'objet direct (COD) du verbe « trouent ». Il remplace le groupe nominal suivant : « les bois, les bois profonds et envahisseurs ».

▶ **4.** Le participe passé « battus » est employé avec l'auxiliaire avoir. Il s'accorde donc avec le pronom personnel COD « les » mis pour « mes chers bois » (masculin pluriel), puisque ce COD est placé avant le verbe.

> INFO +
> Le COD est construit sans préposition, contrairement au COI. Les pronoms *le*, *la*, *les*, *l'* sont toujours COD.

Compréhension et compétences d'interprétation

▶ **5. a)** Les bois ont des caractéristiques ambiguës : ils sont à la fois charmants, délicieux et inquiétants. Ils sont doux, d'« un vert velouté », mais aussi « profonds et envahisseurs », dévorant la végétation alentour.

b) Les éléments du paysage qui échappent aux « bois superbes dévorant tout », sont les prés, les petites cultures et les quelques fermes disséminées dans le paysage.

▶ **6.** Claudine finit toujours par retourner dans les bois malgré ses terreurs, car elle aime le sentiment de découverte qu'elle ressent en les explorant. C'est comme un jeu : « ce n'était pas dangereux, mais quelles terreurs ! » Claudine joue à se faire peur, s'imagine aventurière dans un univers plein de périls, affrontant des serpents qu'elle sait n'être que d'inoffensives couleuvres.

▶ **7.** Le pronom « ça » désigne les camarades de la narratrice, « ces petites grandes filles » qui ont peur d'aller dans les bois. Ce choix de pronom est surprenant, car il est habituellement employé pour parler de choses et non de personnes. La narratrice l'utilise pour exprimer son mépris vis-à-vis de ces demoiselles effarouchées qui craignent les ronces et les petites bêtes. L'oxymore « ces petites grandes filles » accentue l'expression de ce mépris.

▶ **8.** D'après moi, Claudine est heureuse de vivre à Montigny. Elle aime ce village. Elle y est très attachée : « c'est un village, pas très joli même, et que pourtant *j'adore*. », « *Chers* bois ! ». C'est le paysage de son enfance. Elle y vit dans une grande liberté, en communion avec la nature. Elle peut laisser libre cours à son imagination, se sentir aventurière, exploratrice, tour à tour s'émerveiller de ses découvertes et affronter ses peurs d'enfants.

▶ **9.** Le texte et l'image n'offrent pas la même représentation de l'enfance et des activités ludiques. Claudine nous apparaît comme une jeune sauvageonne laissée libre d'inventer ses jeux. Son terrain de jeu, c'est la nature environnante et en particulier les bois profonds qui gardent leur part de mystère et ne demandent qu'à être explorés.

La petite fille représentée sur le tableau de Renoir est une enfant sage s'adonnant à un jeu sage : le cerceau. Elle est habillée comme une petite fille modèle : socquettes, jolie robe, chaussures vernies… tenue peu adaptée à l'exploration de la forêt ou autres activités salissantes. Elle évoque les « petites grandes filles » dont parle Claudine. Le lieu de ses jeux est un jardin ou un parc, un environnement où la nature est domestiquée.

DICTÉE

POINT MÉTHODE

1 Attention à l'accord des verbes. Nombreux sont ceux qui ont un sujet au pluriel : *bourdonnent* (les bois), *pompent* (les guêpes et les mouches), *chantent*, *se tiennent*, *cherchent*, *lissent*, *regardent* (les oiseaux).

2 Sois attentif au pluriel des noms en *-eau* qui prennent un « x » : *sureaux*, *oiseaux*.

3 Le verbe *serais couchée* est au conditionnel (*-ais*) et non au futur (*-ai*). Claudine s'imagine couchée dans ce paysage champêtre.

Ah ! les bois, les chers bois de Montigny ! À cette heure-ci, je le sais bien, comme ils bourdonnent ! Les guêpes et les mouches qui pompent dans les fleurs des tilleuls et des sureaux font vibrer toute la forêt comme un orgue ; et les oiseaux ne chantent pas, car à midi ils se tiennent debout sur les branches, cherchent l'ombre, lissent leurs plumes, et regardent le sous-bois avec des yeux mobiles et brillants. Je serais couchée, au bord de la Sapinière d'où l'on voit toute la ville, en bas au-dessous de soi, avec le vent chaud sur ma figure, à moitié morte d'aise et de paresse…

RÉDACTION

Voici un exemple de rédaction sur chacun des deux sujets.
Attention les indications entre crochets ne doivent pas figurer sur ta copie.

Sujet d'imagination

[Présentation du lieu] Il est un lieu qui restera à jamais lié aux souvenirs heureux de mon enfance. Il n'avait pourtant, à première vue, rien d'idyllique : c'était un quartier d'immeubles, dans une petite ville, doté de quelques espaces verts et d'un bac à sable. Les enfants aimaient s'y retrouver pour jouer ensemble. À mes yeux, c'était le paradis.

> CONSEIL
> Emploie des termes mélioratifs (*paradis*, *trésors*…) pour exprimer ton attachement au lieu évoqué.

[Évocation des jeux] J'avais environ six ans. Ma mère me laissait m'amuser dans ce quartier avec mes camarades après l'école. Je me rappelle avec délice nos jeux d'alors : cache-cache, marelle dessinée à la craie sur le trottoir, exploration des quelques parcs. Nous partions en expédition et revenions les bras chargés de petits trésors : fleurs et feuillages, cailloux colorés, nids d'oiseaux…

Les jeux changeaient avec les saisons. L'hiver, les flaques d'eau se transformaient en patinoires sous nos yeux émerveillés ; l'été, nous adorions nous faire tremper par le système d'arrosage des pelouses.

Je prenais parfois mon vélo pour aller chez ma meilleure amie qui habitait à quelques rues de chez moi. J'aimais ce sentiment de grande liberté. Ce petit monde nous appartenait.

[Récit d'un épisode particulier] Je me rappelle particulièrement un épisode qui reste vivant dans ma mémoire ; je le revois comme si c'était hier. J'étais allée retrouver deux voisines un peu plus âgées que moi, qui me prenaient sous leur aile. C'était un soir d'orage. Les éclairs zébraient le ciel, le tonnerre grondait. La pluie se mit à tomber violemment. J'avais peur, mais la présence de mes deux amies me réconfortait. Nous courûmes nous réfugier dans la cave de l'immeuble. Mon cœur battait délicieusement. En rentrant chez moi, trempée et frissonnante, j'avais l'impression d'avoir vécu une aventure périlleuse et excitante.

[Conclusion] Lorsque mes parents m'annoncèrent que nous devions déménager, ce fut une déchirure : jamais je n'ai retrouvé ce bonheur tout simple lié à mon enfance.

Sujet de réflexion

[Introduction de la question] Vivre à la campagne ou vivre en ville : quels sont les lieux susceptibles d'offrir à un enfant le plus d'opportunités d'épanouissement ?

[La campagne comme lieu de liberté, de communion avec la nature et d'aventures] La réponse qui vient en premier lieu est que la campagne propose des paysages plus propices aux jeux, au rêve et à l'aventure. La faune et la flore s'offrent librement aux petits curieux qui font l'école buissonnière : on peut se rouler dans l'herbe, observer les insectes, jouer à l'explorateur dans un environnement souvent encore préservé.

On peut parcourir des chemins forestiers à vélo, construire des cabanes dans les arbres, faire de la luge sur les pentes enneigées ou encore se baigner dans des ruisseaux.

Marcel, le jeune narrateur du *Château de ma mère* de Marcel Pagnol, relate avec délice ses escapades avec son jeune ami Lili dans la Provence de ses vacances.

[La ville comme lieu d'exploration et de découvertes] Cependant, la ville peut aussi offrir bien des espaces de jeux aux petits citadins. Joseph Joffo, au début d'*Un sac de billes*, raconte combien il a aimé devenir explorateur dans le dédale des rues du quartier de

> CONSEIL
> Marque le passage d'une partie à l'autre en employant un connecteur logique (ici, *cependant*).

son enfance, le XVIIIe arrondissement de Paris, en compagnie de son frère, Maurice. Zézé, le petit héros brésilien de *Mon bel oranger* de José Mauro de Vasconcelos, transforme par le pouvoir de son imagination les quelques arbres de son jardin en forêt amazonienne, et un tout petit oranger en confident et compagnon de jeu.

Et puis, bien sûr, pour les enfants en panne d'imagination, les villes possèdent souvent des parcs aux attractions toujours plus ludiques ou vertigineuses.

Et n'oublions pas les musées, les monuments qui peuvent devenir des espaces à explorer pour les jeunes citadins en quête d'aventures. Ainsi, comment ne pas se sentir archéologue en parcourant les galeries du Louvre sur les traces des momies de l'Égypte ancienne ?

[Conclusion] Pourquoi devoir choisir entre la ville et la campagne ? Chacune offre son lot de surprises et de découvertes pour les enfants curieux et imaginatifs.

SUJET 7

Sujet zéro • Se raconter, se représenter
100 points

Les débuts d'une amitié

DOCUMENT A Texte littéraire

Dans ce roman en forme d'autobiographie fictive, la narratrice, Geneviève, vient d'entendre en classe de français une autre élève, Sara Keller, réciter un extrait d'une pièce de théâtre.

La maîtresse elle-même semblait émue.

– Mademoiselle Keller – nous dit-elle enfin, après que la récitation fut finie, – nous vous remercions toutes[1]. Avec les dons que vous avez, vous êtes inexcusable de ne pas travailler davantage.

Sara fit une courte révérence[2] ironique, une sorte de pirouette, et rejoignit sa place auprès de moi.

J'étais toute tremblante d'une admiration, d'un enthousiasme que j'eusse voulu lui exprimer, mais il ne me venait à l'esprit que des phrases que je craignais qu'elle ne trouvât ridicules. La classe était près de finir. Vite, je déchirai le bas d'une feuille de mon cahier ; j'écrivis en tremblant sur ce bout de papier : « Je voudrais être votre amie » et glissai vers elle gauchement ce billet.

Je la vis froisser le papier ; le rouler entre ses doigts. J'espérais un regard d'elle, un sourire, mais son visage restait impassible et plus impénétrable que jamais. Je sentis que je ne pourrais supporter son dédain et m'apprêtais à la haïr.

– Déchirez donc ça, – lui dis-je d'une voix contractée. Mais, soudain, elle redéplia le papier, passa sa main dessus pour l'aplanir, et comme ayant pris une résolution… À ce moment, j'entendis mon nom : la maîtresse m'interrogeait. Je dus me lever, je récitai de manière machinale un court poème de Victor Hugo, qu'heureusement je savais fort bien. Dès que rassise, Sara glissa dans ma main le billet au verso duquel elle avait écrit : « Venez chez nous dimanche prochain, à trois heures. » Mon cœur se gonfla de joie et, enhardie :

– Mais je ne sais pas où vous habitez !

Alors elle :

– Passez-moi le papier.

Et tandis que, la classe finie, les élèves rassemblaient leurs affaires et se levaient pour partir, elle écrivit au bas du billet : « Sara Keller, 16 rue Campagne-Première ».

J'ajoutai prudemment :

– Je ne sais pas encore si je pourrai ; il faut que je demande à maman.

Elle ne sourit pas précisément, mais les coins de ses lèvres se relevèrent. Ça pouvait être de la moquerie ; aussi ajoutai-je bien vite :

– Je crains que nous ne soyons déjà invitées.

Habitant dans un tout autre quartier et assez loin du lycée, je devais me séparer de Sara dès la sortie ; d'ordinaire je m'en allais seule et très vite. Ma mère, qui voulait me marquer sa confiance, ne venait pas me chercher, mais elle m'avait fait promettre de rentrer toujours directement et de ne m'attarder point à causer avec les autres élèves. Ce jour-là, je courus durant la moitié du trajet, tant j'étais pressée de lui faire part de la proposition de Sara. […]

Comme j'avais enfin demandé : « Est-ce que tu me permettras d'y aller ? » maman ne répondit pas aussitôt. Je savais qu'elle avait toujours peine à me refuser quelque chose :

– Je voudrais d'abord en savoir un peu plus sur ta nouvelle amie et ses parents. Lui as-tu demandé ce que faisait son père ?

J'avouai que je n'y avais pas songé, et promis de m'en informer. Deux jours nous séparaient encore du dimanche.

– Demain, je viendrai te chercher à la sortie, – ajouta ma mère – tu tâcheras de me présenter cette enfant ; je voudrais la connaître.

André Gide, *Geneviève ou la Confidence inachevée*, 1936,
in *L'École des femmes* suivi de *Robert* et de *Geneviève* © Éditions Gallimard.

---

1. À l'époque où se déroule l'action (1913), les lycées n'étaient pas mixtes, et la classe est donc entièrement composée de filles.
2. Révérence : mouvement du corps que l'on fait pour saluer.

DOCUMENT B **Raphaël, *Autoportrait avec un ami*, 1518-1520**

Département des peintures du musée du Louvre, Paris.

TRAVAIL SUR LE TEXTE LITTÉRAIRE ET SUR L'IMAGE

50 POINTS • 1 h 10

Les réponses doivent être entièrement rédigées.

Grammaire et compétences linguistiques

▶ **1.** « son visage restait [...] plus impénétrable que jamais. » (l. 14-15)
Étudiez la composition du mot souligné et dites quel est son sens dans la phrase. *(4 points)*

▶ **2.** « Mais, soudain, elle redéplia le papier, passa sa main dessus pour l'aplanir, et comme ayant pris une résolution... À ce moment, j'entendis mon nom : la maîtresse m'interrogeait. Je dus me lever, je récitai de manière machinale un court poème de Victor Hugo, qu'heureusement je savais fort bien. » (l. 17 à 22)
Réécrivez ce passage en inversant les personnes : « Mais soudain, je... À ce moment, elle... » *(10 points)*

▶ **3.** « Demain, je viendrai te chercher à la sortie, – ajouta ma mère – tu tâcheras de me présenter cette enfant ; je voudrais la connaître. » (l. 51-52)

a) Identifiez et justifiez le temps du verbe « ajouter ». *(2 points)*

b) « je viendrai » ; « je voudrais » : expliquez la différence d'orthographe. *(2 points)*

Compréhension et compétences d'interprétation

▶ **4.** De quel personnage vous sentez-vous le plus proche ? Pourquoi ? *(4 points)*

▶ **5.** Lignes 7 à 25 :

a) Quels sont les émotions et les sentiments ressentis par Geneviève au fil de ce passage ? *(4 points)*

b) Comment expliquez-vous leur variation ? *(4 points)*

▶ **6. a)** Que peut-on savoir des sentiments et émotions de Sara ? *(3 points)*

b) Pour quelle raison le lecteur la connaît-il moins bien que Geneviève ? *(3 points)*

▶ **7.** Quel rôle joue à la fin du texte la mère de Geneviève ? *(4 points)*

▶ **8.** Quels sont les éléments qui, dans ce texte, vous paraissent dater d'un autre temps ? Qu'est-ce qui, en revanche, vous paraît encore actuel ? *(4 points)*

▶ **9.** Quels sont les éléments qui permettent au spectateur de voir dans le tableau de Raphaël, une représentation de l'amitié ? *(6 points)*

DICTÉE 10 POINTS • 20 min

Le nom de l'auteur et le titre de l'œuvre sont écrits au tableau.

François Mauriac
Le jeune homme, 1925

La camaraderie mène à l'amitié : deux garçons découvrent entre eux une ressemblance : « Moi aussi… C'est comme moi… » tels sont les mots qui d'abord les lient. Le coup de foudre est de règle en amitié. Voilà leur semblable enfin, avec qui s'entendre à demi-mot. Sensibilités accordées ! Les mêmes choses les blessent et les mêmes les enchantent. Mais c'est aussi par leurs différences qu'ils s'accordent : chacun admire dans son ami la vertu dont il souffrait d'être privé. […] Dans l'amitié véritable, tout est clair, tout est paisible ; les paroles ont un même sens pour les deux amis.

RÉDACTION

40 POINTS • 1 h 30

Vous traiterez au choix l'un des deux sujets suivants.

Sujet d'imagination

Rédigez la suite du texte, en racontant la scène de présentation de Sara à la mère de Geneviève. Votre récit sera en cohérence avec ce que le texte de Gide vous a appris des intentions et des caractères des personnages.

Sujet de réflexion

Pourquoi est-il important d'avoir des amis ? Vous répondrez à cette question en développant plusieurs arguments.

LES CLÉS DU SUJET

Les documents

Le texte littéraire (document A)

Le roman *Geneviève ou la Confidence inachevée* se présente comme une autobiographie fictive : Geneviève X demande à André Gide (1869-1951) d'écrire le récit de souvenirs personnels. C'est le troisième tome d'une trilogie : le premier ouvrage se présentait comme le journal de la mère de Geneviève ; le deuxième comme celui du père.

L'image (document B)

Dans cet *Autoportrait avec un ami*, le peintre Raphaël (1483-1520) s'est représenté au second plan ; l'ami semble désigner les spectateurs à l'attention du peintre. La barbe, la moustache, les habits sont identiques chez les deux personnages.

Rédaction (sujet d'imagination)

Recherche d'idées

- Reprends les indications données dans le texte de départ concernant le caractère des personnages : Geneviève a toujours peur que Sara la dédaigne, et cette dernière semble plus indépendante, autonome et moins respectueuse de l'autorité que Geneviève.
- Commence par évoquer la scène de présentation à la sortie du lycée, et termine en précisant si Geneviève a finalement reçu l'autorisation de fréquenter Sara.

Conseils de rédaction

• Alterne des passages narratifs, où Geneviève fait part de ses sentiments, et des passages dialogués, où la mère interroge Sara sur sa famille.

• N'hésite pas à mentionner les émotions contradictoires qui agitent Geneviève : joie, espoir, honte, dépit, etc.

■ Rédaction (sujet de réflexion)

Recherche d'idées

Tu ne dois pas discuter du bien-fondé de l'affirmation, mais simplement démontrer sa véracité. Réfléchis à ce qui fait l'importance des relations que tu entretiens avec tes amis. Tu peux ainsi parler de la similitude de goûts qui vous unit et de l'aide que vous vous apportez mutuellement.

Conseils de rédaction

• Pour éviter d'employer tout le temps le mot « amitié », cherche des synonymes et des périphrases : « estime », « attachement », « relation privilégiée », « communion de caractère et de sentiments », etc.

• Tu peux, pour terminer ton devoir, établir un parallèle avec l'autre grand sentiment qui rapproche les êtres, l'amour, en soulignant ce qui peut faire la supériorité de l'amitié.

CORRIGÉ 7

TRAVAIL SUR LE TEXTE LITTÉRAIRE ET SUR L'IMAGE

Grammaire et compétences linguistiques

▶ **1.** L'adjectif « impénétrable » est formé par dérivation : au radical *pénètr-* ont été ajoutés le préfixe *im-*, qui signifie « le contraire de », et le suffixe *-able* qui sert à former l'adjectif. Le mot qualifie quelque chose qu'on ne peut pas pénétrer, c'est-à-dire quelque chose qu'on ne peut pas déchiffrer, pas comprendre.

> INFO +
> Un mot est construit par dérivation lorsqu'on ajoute au radical un préfixe et/ou un suffixe, et par composition lorsqu'il est formé de plusieurs radicaux (ex. : « portefeuille »).

▶ **2.** *Les modifications sont en couleur.*

« Mais, soudain, je redépliai le papier, passai ma main dessus pour l'aplanir, et comme ayant pris une résolution… À ce moment, elle entendit son nom : la maîtresse l'interrogeait. Elle dut se lever, elle récita de manière machinale un court poème de Victor Hugo, qu'heureusement elle savait fort bien. »

▶ **3. a)** Le verbe est conjugué au passé simple. Cette proposition incise précisant qui parle fait partie de la narration, il est donc normal qu'il s'agisse d'un temps du passé, temps des actions de premier plan, utilisé pour les verbes qui font avancer l'histoire.

b) « je viendrai » est conjugué au futur, tandis que « je voudrais » est conjugué au conditionnel présent. Seul le -*s* permet, à la 1ᵉ personne du singulier, de différencier ces deux temps.

> REMARQUE
> Le futur exprime une action à venir, relativement certaine.
> Le conditionnel sert ici à atténuer, par politesse, l'expression d'une volonté.

Compréhension et compétences d'interprétation

▶ **4.** Le texte est raconté à la 1ʳᵉ personne : c'est donc le point de vue de Geneviève qui est adopté dans cet extrait. Le lecteur peut facilement s'identifier à ce personnage, et comprendre ses craintes et ses espoirs. Sara reste plus énigmatique, il est moins aisé de se sentir proche de ce personnage.

▶ **5. a)** Geneviève ressent successivement de l'admiration et de la crainte de paraître ridicule ; puis de l'espoir et une certaine tension quand elle pense être l'objet du dédain de sa camarade, puis enfin de la joie.

b) Ces sentiments varient à mesure qu'elle attend de savoir quelle va être la réaction de sa camarade à son offre d'amitié. Elle est donc partagée entre des sentiments positifs (l'enthousiasme, l'admiration) et négatifs (la crainte, le ressentiment).

▶ **6. a)** Il n'est pas facile de savoir ce que ressent Sara ; d'après les observations de Geneviève, on comprend qu'elle semble plus mûre et plus indépendante d'esprit que l'autre jeune fille, puisqu'elle fait « une courte révérence ironique » à son professeur.

b) On ne sait de Sara que ce que la narratrice en dit ; et cette dernière insiste sur la difficulté qu'il y a à déchiffrer les pensées, les sentiments et le caractère de Sara : « impassible », « impénétrable », « ça pouvait être de la moquerie ». Sara reste, par conséquent, assez mystérieuse pour le lecteur.

▶ **7.** La mère de Geneviève rappelle sa fille à la réalité. Elle a, et c'est habituel à cette époque, son mot à dire sur les fréquentations de sa fille, et veut connaître Sara et la profession de son père, c'est-à-dire son milieu social, avant d'autoriser sa fille à la fréquenter.

▶ **8.** Le texte évoque une époque différente de la nôtre, où les lycées ne sont pas mixtes, où les élèves se vouvoient entre elles et où les parents doivent donner leur aval aux camaraderies scolaires. Mais cet extrait évoque aussi le désir d'amitié, la crainte de déplaire à des gens que l'on admire, sentiments qui bien évidemment se rencontrent toujours aujourd'hui.

▶ **9.** Dans ce tableau de Raphaël, deux hommes sont représentés : celui de gauche regarde droit dans les yeux le spectateur et porte une main protectrice sur l'épaule de l'autre. Ce second personnage a le regard tourné vers son ami et semble le vouloir pour guide. La proximité physique, la ressemblance physique, ainsi que la complémentarité des caractères correspondent bien à une représentation de l'amitié, où l'un peut guider l'autre ou le protéger.

DICTÉE

POINT MÉTHODE

1 Attention aux noms féminins qui ne prennent pas de *-e* : c'est le cas du mot « vertu » et des mots terminés par *-té* ou *-tié* (sauf les mots indiquant une quantité, ou des exceptions comme… dictée).

2 Ne confonds pas les homonymes *son*, déterminant possessif que l'on peut remplacer par un autre déterminant (*mon*, *ton*, *un*, etc.), et *sont*, 3e personne du pluriel du présent du verbe *être*, que l'on peut remplacer par *étaient*.

3 Souviens-toi que certains mots contiennent des consonnes doubles : *ressembler*, *accorder*, *blesser*, *différences*, *souffrir*.

La camaraderie mène à l'amitié : deux garçons découvrent entre eux une ressemblance : « Moi aussi… C'est comme moi… » tels sont les mots qui d'abord les lient. Le coup de foudre est de règle en amitié. Voilà leur semblable enfin, avec qui s'entendre à demi-mot. Sensibilités accordées ! Les mêmes choses les blessent et les mêmes les enchantent. Mais c'est aussi par leurs différences qu'ils s'accordent : chacun admire dans son ami la vertu dont il souffrait d'être privé. […] Dans l'amitié véritable, tout est clair, tout est paisible ; les paroles ont un même sens pour les deux amis.

RÉDACTION

Voici un exemple de rédaction sur chacun des deux sujets.
Attention les indications entre crochets ne doivent pas figurer sur ta copie.

Sujet d'imagination

[À la sortie du lycée] Le lendemain, je n'osai dire à Sara que ma mère viendrait spécialement à la sortie du lycée pour la voir. En sortant, je feignis donc la surprise en apercevant ma mère :

« Tiens, ma mère est là ! Venez, Sara, je vais vous la présenter. »

Je la vis baisser la tête, pour dissimuler un sourire peut-être, mais elle me suivit docilement.

[Présentations] Très rouge, consciente que mon ton manquait de naturel, je fis ensuite les présentations :

« Maman, je te présente mon amie Sara Keller.

– Je suis ravie de vous connaître, Madame, déclara distinctement Sara en regardant ma mère droit dans les yeux.

– Enchantée de faire votre connaissance, mademoiselle. Geneviève m'a dit quelle brillante interprète vous avez été hier, en récitant cet extrait de théâtre. Aimez-vous la littérature ?

– Je suis une lectrice enthousiaste, mais ce qu'on nous enseigne au lycée n'a rien à voir avec la littérature, remarqua Sara. Notre professeur a le chic pour rendre ennuyeux les textes les plus passionnés, c'est vraiment regrettable. »

Ce qui me semblait vraiment regrettable, à moi, c'est que Sara osât s'exprimer face à ma mère avec autant d'aplomb, mettant en péril nos futures relations.

« Vous êtes bien sûre de vous pour une jeune personne, reprit ma mère. Geneviève m'a dit que vous l'aviez conviée chez vous, dimanche ? Vos parents ne seront-ils pas trop pris par leurs occupations ? »

Saisissant l'allusion, Sara répondit aussitôt :

« Mon père devra sans doute consacrer une partie de l'après-midi à ses affaires : il est attaché de cabinet au ministère de l'Intérieur, et il est fréquent que le ministre fasse appel à lui, même le dimanche. Mais ma mère sera ravie d'accueillir Geneviève pour l'après-midi. »

> CONSEIL
> Pense à varier les verbes de parole dans le dialogue : *ajouter*, *avouer*, *confier*, *affirmer*, *gronder*, *soupirer*, *suggérer*…

[Retour à la narration] Un ministre ! L'affaire était définitivement gagnée ! Mais alors qu'elle s'éloignait pour rentrer chez elle après avoir salué ma mère, elle se retourna vers moi. Ses lèvres se relevèrent, affichant un sourire espiègle et elle me fit un clin d'œil. Un ministre, vraiment ?

Sujet de réflexion

[Introduction] L'amitié occupe une place essentielle dans la vie, dès le plus jeune âge. Pourquoi est-ce si important de développer des relations privilégiées avec certaines personnes ?

[Un ami nous apporte son soutien] Tout d'abord, les amis peuvent offrir une aide précieuse. Dans certaines circonstances, il n'est pas facile de prendre seul une décision. Quelqu'un en qui nous avons confiance peut nous aider à surmonter des problèmes. Ainsi, je connais un élève qui a été victime de racket sur le chemin du collège. Il n'arrivait pas à en parler à ses parents, tant il était terrifié. C'est à son meilleur ami qu'il s'est finalement confié. Celui-ci a pu le convaincre d'agir. Il lui a indiqué à qui s'adresser et l'a accompagné dans cette démarche.

> CONSEIL
> Pense à employer des connecteurs : *tout d'abord*, *ensuite*, *enfin*, pour introduire les arguments ; *ainsi*, *en effet*, pour les exemples ; *donc*, *c'est pourquoi*, pour la conclusion.

[Un ami est une personne avec qui partager] D'autre part, cultiver une bonne entente avec d'autres, c'est partager des moments heureux. Ce partage permet de décupler la joie que nous ressentons alors. Nous pouvons nous sentir très bien tout seul, mais nous sommes rarement aussi joyeux qu'en passant du temps avec des amis. Avoir les mêmes goûts, rire des mêmes choses, partager des espoirs, des rêves, nous offre à vivre de très bons moments.

[Un ami nous aide à nous améliorer] Enfin, les amis possèdent parfois des qualités qui nous font défaut. Si on les fréquente, c'est qu'ils nous apportent quelque chose. Ils nous sont parfois complémentaires et nous permettent d'améliorer notre comportement. Ainsi, si j'ai parfois tendance à juger les gens trop vite, d'après leur apparence, ma meilleure amie me reprend : ce n'est pas parce que tel élève a un sourire de travers et des lunettes aux verres épais qu'il ne mérite pas que l'on s'intéresse à lui.

[Conclusion] L'amitié n'est donc pas une relation anodine : les amis nous aident, nous rendent heureux, nous rendent meilleurs. Au même titre que l'amour, l'amitié tient une place importante dans nos vies, et dure parfois bien plus longtemps.

SUJET

8

D'après Pondichéry • Mai 2017
100 points

Une liberté nouvelle

DOCUMENT A **Texte littéraire**

Simone de Beauvoir vient d'avoir vingt ans : en s'installant à Paris, dans une pension tenue par sa grand-mère, elle obtient enfin la liberté dont elle avait tant rêvé pendant ses années d'études... Elle raconte cette installation au deuxième tome de son œuvre autobiographique.

Ce qui me grisa lorsque je rentrai à Paris, en septembre 1929, ce fut d'abord ma liberté. J'y avais rêvé dès l'enfance, quand je jouais avec ma sœur à « la grande jeune fille ». Étudiante, j'ai dit avec quelle passion je l'appelai. Soudain, je l'avais ; à chacun de mes gestes, je m'émerveillais de ma légèreté. Le matin, dès que j'ouvrais les yeux, je m'ébrouais, je jubilais. Aux environs de mes douze ans, j'avais souffert de ne pas posséder à la maison un coin à moi. Lisant dans *Mon journal*[1] l'histoire d'une collégienne anglaise, j'avais contemplé avec nostalgie le chromo[2] qui représentait sa chambre : un pupitre, un divan, des rayons couverts de livres ; entre ces murs aux couleurs vives, elle travaillait, lisait, buvait du thé, sans témoin : comme je l'enviai ! J'avais entrevu pour la première fois une existence plus favorisée que la mienne. Voilà qu'enfin moi aussi j'étais chez moi ! Ma grand-mère avait débarrassé son salon de tous ses fauteuils, guéridons, bibelots. J'avais acheté des meubles en bois blanc que ma sœur m'avait aidée à badigeonner d'un vernis marron. J'avais une table, deux chaises, un grand coffre qui servait de siège et de fourre-tout, des rayons pour mettre mes livres, un divan assorti au papier orange dont j'avais fait tendre les murs. De mon balcon, au cinquième étage, je dominais les platanes de la rue Denfert-Rochereau et le lion de Belfort. Je me chauffais avec un poêle à pétrole rouge et qui sentait très mauvais : il me semblait que cette odeur défendait ma solitude et je l'aimais. Quelle joie de pouvoir fermer ma porte et passer mes journées à l'abri de tous les regards ! Je suis très longtemps restée indifférente au décor dans lequel je vivais ; à cause, peut-être, de l'image de *Mon journal* je préférais les chambres qui m'offraient un divan, des rayonnages ; mais je m'accommodais de n'importe quel réduit : il me suffisait encore de pouvoir fermer ma porte pour me sentir comblée. Je payais un loyer à ma grand-mère et elle me traitait avec autant de discrétion que ses autres pensionnaires ; personne ne contrôlait mes allées et venues. Je pouvais rentrer à l'aube ou lire au lit toute la nuit, dormir en plein midi, rester claquemurée vingt-quatre heures de suite, descendre brusquement dans la rue. Je déjeunais d'un *bortsch* chez Dominique[3], je dînais à la Coupole d'une tasse de chocolat. J'aimais le chocolat, le *bortsch*, les longues siestes et les nuits sans sommeil, mais j'aimais surtout mon caprice. Presque rien ne le contrariait. Je constatai joyeusement que le « sérieux de l'existence », dont les adultes m'avaient rebattu les oreilles, en vérité ne pesait pas lourd. Passer mes examens, ça n'avait pas été de la plaisanterie ; j'avais durement peiné, j'avais eu peur d'échouer, je butais contre des obstacles et je me fatiguais. Maintenant, nulle part je ne rencontrais de résistances, je me sentais en vacances, et pour toujours.

Simone de Beauvoir, *La Force de l'Âge*, 1960,

---

1. *Mon journal* : mensuel de l'époque, pour filles et garçons de cinq à dix ans.
2. Chromo : illustration en couleur.
3. Dominique : restaurant russe qui servait entre autres choses le bortsch, un potage traditionnel de l'Est.

DOCUMENT B **Vittorio Matteo Corcos, *Rêves*, 1896**

ph © DeAgostini/Leemage

TRAVAIL SUR LE TEXTE LITTÉRAIRE ET SUR L'IMAGE

50 POINTS • 1 H 10

Les réponses doivent être entièrement rédigées.

Grammaire et compétences linguistiques

▶ **1.** « j'y avais rêvé dès l'enfance » (ligne 2)
Dans cette proposition, à quel temps le verbe est-il conjugué ? Expliquez son emploi. *(4 points)*

▶ **2.** « j'avais durement peiné, j'avais eu peur d'échouer, je butais contre des obstacles et je me fatiguais. Maintenant, nulle part je ne rencontrais de résistances, je me sentais en vacances, et pour toujours. » (lignes 40 à 43)
a) Quel est le rapport logique entre ces deux phrases ? *(2 points)*
b) Transformez ces deux phrases en une phrase complexe contenant une proposition subordonnée. *(2 points)*

▶ **3.** « Je suis très longtemps restée indifférente au décor dans lequel je vivais ; à cause, peut-être, de l'image de *Mon journal* je préférais les chambres qui m'offraient un divan, des rayonnages ; mais je m'accommodais de n'importe quel réduit […] » (l. 24-28)
Réécrivez ce passage en remplaçant la 1re personne du singulier (« je ») par la 1re personne du pluriel (« nous ») désignant la narratrice et sa sœur. Vous ferez toutes les modifications nécessaires. *(10 points)*

Compréhension et compétences d'interprétation

▶ **4.** Lignes 1 à 6 : relevez trois mots qui illustrent le sentiment dominant de ce passage. Quelle en est la cause ? *(4 points)*

▶ **5.** « J'aimais le chocolat, le *bortsch*, les longues siestes et les nuits sans sommeil, mais j'aimais surtout mon caprice. » (lignes 35 à 37)
Quels sont les goûts évoqués par la narratrice dans cette phrase ? Lequel est mis en avant et comment ? *(6 points)*

▶ **6.** Que représente la nouvelle chambre dans la vie de la narratrice ? Vous développerez au moins deux idées. *(7 points)*

▶ **7.** Quelle est la place de la lecture dans la liberté nouvelle de la narratrice ? Justifiez en citant le texte. *(7 points)*

▶ **8.** Décrivez l'attitude de la jeune femme dans ce tableau. Quelle image particulière de la lectrice introduit-il ? Cette vision rejoint-elle celle que propose le texte ? *(8 points)*

DICTÉE — 10 POINTS • 20 MIN

Le nom de l'auteur, le titre de l'œuvre, ainsi que le nom « Herbaud » sont écrits au tableau au début de la dictée.

Simone de Beauvoir
Mémoires d'une jeune fille rangée

Voilà pourquoi en rencontrant Herbaud j'eus l'impression de me trouver moi-même : il m'indiquait mon avenir. Ce n'était ni un bien-pensant, ni un rat de bibliothèque, ni un pilier de bar ; il prouvait par son exemple qu'on peut se bâtir, en dehors des vieux cadres, une vie orgueilleuse, joyeuse et réfléchie : telle exactement que je la souhaitais. Cette fraîche amitié exaltait les gaietés du printemps. Un seul printemps dans l'année, me disais-je, et dans la vie une seule jeunesse : il ne faut rien laisser perdre des printemps de ma jeunesse.

RÉDACTION 40 POINTS • 1 H 30

Vous traiterez au choix l'un des deux sujets.

Sujet de réflexion

En quoi la lecture peut-elle être selon vous une source de liberté ?
Vous répondrez à cette question en envisageant notamment différentes pratiques ou différents supports de la lecture.
Votre rédaction sera d'une longueur minimale d'une soixantaine de lignes (300 mots environ).

Sujet d'imagination

La narratrice rencontre sa grand-mère dans la pension : cette dernière exprime ses sentiments face à la liberté et au bonheur de sa petite fille. Elle lui raconte ce qu'était sa vie au même âge.
Votre rédaction sera d'une longueur minimale d'une soixantaine de lignes (300 mots environ) et mêlera dialogue et narration.

LES CLÉS DU SUJET

■ Les documents

Le texte littéraire (document A)

Simone de Beauvoir, philosophe et romancière, fut une femme engagée, célèbre pour ses écrits féministes. Dans le deuxième tome de son autobiographie, *La Force de l'Âge*, elle commence par raconter les premiers temps de sa vie de femme active et indépendante, dans les années 1930, lorsqu'elle quitte le domicile familial.

L'image (document B)

Le tableau de Vittorio Matteo Corcos évoque, par son rendu, les photographies de l'époque. Il fit sensation la première fois qu'il fut exposé : la femme représentée semble revendiquer indépendance et liberté d'esprit.

■ Rédaction (sujet de réflexion)

Recherche d'idées

Tu dois montrer que la lecture est une source de liberté. Pars de tes propres pratiques de lecteur. Que lis-tu : romans imposés par l'école, livres proches de tes intérêts personnels, documentaires ? Comment lis-tu : des heures d'affilée, quelques minutes par jour, sur des supports imprimés ou numériques ? Pourquoi lis-tu : pour te distraire, t'informer ? À partir de tes réponses à ces questions, réfléchis à ce que cette activité peut apporter.

Conseils de rédaction

Voici un déroulement possible pour ton devoir :

1. La lecture offre une évasion dans l'imaginaire.
2. La lecture représente une ouverture aux autres et au monde.
3. La lecture permet d'accéder au savoir.

■ Rédaction (sujet d'imagination)

Recherche d'idées

Commence ton devoir par un passage narratif pour évoquer la rencontre entre la narratrice et sa grand-mère. La jeunesse de la grand-mère se situe vraisemblablement dans la seconde moitié du XIXe siècle. Imagine ce qu'était la vie d'une jeune fille de bonne famille à cette époque : pouvait-elle vivre seule et exercer une activité professionnelle ?

Conseils de rédaction

• Comme le texte de départ, ton devoir sera rédigé à la 1re personne : c'est la narratrice qui s'exprimera dans tous les passages narratifs. Dans le dialogue, les interventions de la grand-mère seront les plus longues.

• Tu dois utiliser le vocabulaire des sentiments et des émotions, exprimant au choix : l'envie, la fierté, le regret ou la réprobation.

CORRIGÉ 8

TRAVAIL SUR LE TEXTE LITTERAIRE ET SUR L'IMAGE

Grammaire et compétences linguistiques

▶ **1.** Le verbe est conjugué au plus-que-parfait. Ce temps est utilisé pour les actions antérieures (« dès l'enfance ») à celles exprimées au passé simple (« ce qui me grisa ») et à l'imparfait (« je m'émerveillais »).

▶ **2. a)** C'est une relation logique d'opposition qui unit ces deux phrases, entre un avant marqué par la difficulté (« j'avais durement peiné ») et un « maintenant » empreint de facilité (« je me sentais en vacances »).

b) « J'avais durement peiné, j'avais eu peur d'échouer, je butais contre des obstacles et je me fatiguais, alors que maintenant, nulle part je ne rencontrais de résistances, je me sentais en vacances, et pour toujours. »

ATTENTION !
L'utilisation de *mais* est impossible : tu aurais une proposition indépendante coordonnée et non une subordonnée.

▶ **3.** *Les modifications sont mises en couleur.*
« Nous sommes très longtemps restées indifférentes au décor dans lequel nous vivions ; à cause, peut-être, de l'image de *Mon journal* nous préférions les chambres qui nous offraient un divan, des rayonnages ; mais nous nous accommodions de n'importe quel réduit. »

Compréhension et compétences d'interprétation

▶ **4.** La joie est le sentiment dominant. Plusieurs mots l'illustrent : « ce qui me grisa, je m'émerveillais, je jubilais, passion ». La liberté d'action nouvellement acquise par la narratrice en est à l'origine.

▶ **5.** La narratrice évoque d'abord son goût de la nourriture et du sommeil. Mais sa préférence va avant tout à son « caprice », c'est-à-dire la liberté de faire ce qu'elle veut. Le mot est mis en avant par l'adverbe d'insistance « surtout » et par la construction de la phrase : à l'énumération des goûts physiologiques succède une proposition indépendante coordonnée marquée par un lien logique d'opposition fort (« mais »).

▶ **6.** La nouvelle chambre représente d'abord l'indépendance, pour celle qui a longtemps souffert « de ne pas posséder à la maison un coin à [elle] ». Elle peut ainsi s'isoler, et surtout ne rendre de compte à personne : « Quelle joie de pouvoir fermer ma porte et passer mes journées à l'abri de tous les regards ! » Cet isolement lui permet alors d'obéir à son « caprice », à ses envies.

▶ **7.** La lecture occupe une place primordiale dans la vie de la narratrice. Elle lui permet d'entrevoir ce qu'elle désire dès l'âge de douze ans : une chambre avec « des rayons couverts de livres ». L'accession à l'indépendance est très importante, car elle lui permet d'assouvir ce plaisir intellectuel qu'est la lecture, sans règles ni témoins.

> INFO +
> Virginia Woolf a écrit un livre, *Une chambre à soi*, pour dire qu'un espace à soi est essentiel pour une femme si elle veut acquérir autonomie et indépendance.

▶ **8.** La jeune femme du tableau est élégamment habillée. Sa robe, ses gants, son ombrelle laissent penser qu'elle appartient à une classe sociale aisée. Assise sur un banc, seule, des livres posés à côté d'elle, elle regarde d'un œil absent le spectateur, sans sourire. Cette représentation introduit une image particulière de la lecture : activité ouverte aux femmes, et activité intellectuelle qui se prolonge par des rêveries.

Le texte présente aussi la lecture comme une activité importante et intense. En revanche, la notion de plaisir extrême qui ressort du texte (« je jubilais ») n'est pas visible sur le tableau. On note enfin une différence dans l'espace dévolu à la lecture : lieu intime dans le texte (la chambre), lieu public (une rue, un jardin) dans le tableau.

DICTÉE

POINT MÉTHODE

1 Dans ce texte, le temps dominant est l'imparfait que l'on trouve conjugué soit à la 1re personne, soit à la 3e personne. On trouve également un verbe au passé simple et deux verbes au présent.

2 Attention à l'adjectif **tel(s), telle(s)** : il faut identifier le nom auquel il se rapporte pour choisir les marques d'accord correspondantes.

3 Certains mots ont une **orthographe difficile** : *orgueilleuses, gaietés* (une autre orthographe existe : *gaîté*).

Voilà pourquoi en rencontrant Herbaud j'eus l'impression de me trouver moi-même : il m'indiquait mon avenir. Ce n'était ni un bien-pensant, ni un rat de bibliothèque, ni un pilier de bar ; il prouvait par son exemple qu'on peut se bâtir, en dehors des vieux cadres, une vie **orgueilleuse**, joyeuse et réfléchie : **telle** exactement que je la souhaitais.

Cette **fraîche** amitié exaltait les **gaietés** du printemps. Un seul printemps dans l'année, me disais-je, et dans la vie une seule jeunesse : il ne faut rien laisser perdre des printemps de ma jeunesse.

RÉDACTION

Voici un exemple de rédaction sur chacun des deux sujets.

Attention les indications entre crochets ne doivent pas figurer sur ta copie.

Sujet de réflexion

[Introduction] Pour Simone de Beauvoir, la lecture est synonyme de liberté. Certains pourront la considérer comme une activité contraignante. En quoi pourtant la lecture peut-elle être une source de liberté ? Nous verrons qu'elle offre une évasion dans l'imaginaire, qu'elle apporte une ouverture sur le monde, et qu'elle procure un accès au savoir.

> CONSEIL
> Annonce le plan de ton devoir à la fin de l'introduction ; puis commence chaque partie avec un connecteur logique permettant de se repérer dans ton devoir.

[Une évasion] Tout d'abord, la lecture peut offrir un moment d'évasion : lire des romans permet de s'extraire du quotidien. Dans son autobiographie, Nathalie Sarraute raconte ainsi à quel point la lecture de *Rocambole* la plongeait dans un autre univers. L'imagination étant sans limite, la lecture est bien synonyme de grande liberté.

[Une ouverture sur le monde] Ensuite, la lecture est une porte ouverte sur le monde. On peut lire des romans se déroulant à des périodes ou dans des régions de la planète dont on ignore tout. Pour un coût très modeste, la lecture nous fait voyager dans le temps et dans l'espace, et nous offre ainsi une forme de liberté.

[Un accès au savoir] Enfin, la lecture offre un accès au savoir, de surcroît facilité par les supports numériques. Ils sont connectés et permettent de lire n'importe où des textes extrêmement variés. Ainsi, après avoir entendu mon professeur parler d'un roman dont le thème m'intéressait, j'ai pu, en attendant le bus, lire une brève présentation de l'auteur sur mon smartphone. De lien en lien, j'ai découvert le travail d'un peintre qui m'a fortement impressionné. Quelle liberté que d'avoir accès aux connaissances du monde entier par la lecture !

[Conclusion] La lecture peut donc être considérée comme une source de liberté. Aujourd'hui, les supports numériques amplifient ce sentiment de liberté.

Sujet d'imagination

[Mise en situation] Un après-midi, alors que je sortais de ma chambre après avoir passé vingt-quatre heures enfermée à lire, je croisai ma grand-mère. Je vis bien qu'elle s'inquiétait de me voir vivre au rythme d'horaires aussi fantasques.

« Ma petite Simone, est-ce que tout va bien ? J'ai l'impression parfois que tu te réfugies dans ta chambre et que tu ne veux pas en sortir.

– Ne vous inquiétez pas, je vous assure que je n'ai jamais été aussi heureuse. J'ai toujours rêvé d'avoir un espace à moi, dans lequel je peux, si je le désire, m'isoler et lire tant que je veux.

[Sentiments de la grand-mère face au bonheur de sa petite-fille] – Eh bien, soupira-t-elle, tu me rassures. Je suis contente de savoir que tu vis exactement comme tu le souhaites. Quel bonheur de pouvoir faire cela, à ton âge ! Avoir une liberté de mouvement, une indépendance financière et vivre comme tu l'entends. Comme je t'envie… »

> ATTENTION !
> Tirets et guillemets ont des rôles précis : les guillemets sont employés au début et à la fin du dialogue, tandis que les tirets signalent un changement d'interlocuteur.

Ce qu'elle m'avouait ne m'étonna pas. J'étais tellement heureuse à cette époque qu'il me semblait naturel que tout le monde enviât mon bonheur.

[Vie de la grand-mère au même âge] « Je n'ai pas eu cette chance, reprit-elle, toute à ses souvenirs. Lorsque j'avais vingt ans, il me fallait passer mes journées dans le salon familial, à recevoir les visiteurs en compagnie de ma mère, en ayant toujours quelque travail de couture dans les mains. Mes parents priaient pour qu'un jeune homme convenable se présente enfin, et que mon avenir soit assuré. Le plaisir, il n'en était pas question. J'aurais aimé étudier, la médecine notamment ; mais pour mon père il était impensable que sa fille entreprenne des études. Et puis, où aurais-je étudié ? Je n'avais pas de chambre rien qu'à moi, où réfléchir et étudier… » Sa voix se mit à trembler, mais elle se reprit très vite.

« Je t'ai dit que je t'enviais, mais je suis heureuse de te savoir comblée, et fière, également : fière de te voir choisir la voie qui te convient, fière de ton indépendance et de ton intelligence. »

[Conclusion de l'épisode : retour à la narration] Ces mots me touchèrent et donnèrent par la suite un sens plus profond à mes actes. C'est aussi pour toutes ces femmes qui n'avaient pas pu choisir, qui n'avaient pas pu connaître ce bonheur qui était le mien, qu'il fallait que j'en profite.

SUJET

9

D'après Polynésie française • Juin 2017

100 points

Une inégale répartition des tâches

DOCUMENT A Texte littéraire

Elle a trente ans, elle est professeur, mariée à un « cadre », mère de deux enfants. Elle habite un appartement agréable. Pourtant, c'est une femme gelée. C'est-à-dire que, comme des milliers d'autres femmes, elle a senti l'élan, la curiosité, toute une force heureuse présente en elle se figer au fil des jours entre les courses, le dîner à préparer, le bain des enfants, son travail d'enseignante. Tout ce que l'on dit être la condition « normale » d'une femme.

Un mois, trois mois que nous sommes mariés, nous retournons à la fac, je donne des cours de latin. Le soir descend plus tôt, on travaille ensemble dans la grande salle. Comme nous sommes sérieux et fragiles, l'image attendrissante du jeune couple moderno-intellectuel. Qui pourrait encore m'attendrir si je me laissais faire, si je ne voulais pas chercher comment on s'enlise, doucettement. En y consentant lâchement. D'accord je travaille La Bruyère ou Verlaine dans la même pièce que lui, à deux mètres l'un de l'autre. La cocotte-minute, cadeau de mariage si utile vous verrez, chantonne sur le gaz. Unis, pareils. Sonnerie stridente du compte-minutes, autre cadeau. Finie la ressemblance. L'un des deux se lève, arrête la flamme sous la cocotte, attend que la toupie folle ralentisse, ouvre la cocotte, passe le potage et revient à ses bouquins en se demandant où il en était resté. Moi. Elle avait démarré, la différence. Par la dînette. Le restau universitaire fermait l'été. Midi et soir je suis seule devant les casseroles. Je ne savais pas plus que lui préparer un repas, juste les escalopes panées, la mousse au chocolat, de l'extra, pas du courant. Aucun passé d'aide-culinaire dans les jupes de maman ni l'un ni l'autre. Pourquoi de nous deux suis-je la seule à me plonger dans un livre de cuisine, à éplucher des carottes, laver la vaisselle en récompense du dîner, pendant qu'il bossera son droit constitutionnel. Au nom de quelle supériorité. Je revoyais mon père dans la cuisine. Il se marre, « non mais tu m'imagines avec un tablier peut-être ! Le genre de ton père, pas le mien ! ».

Je suis humiliée. Mes parents, l'aberration, le couple bouffon. Non je n'en ai pas vu beaucoup d'hommes peler des patates. Mon modèle à moi n'est pas le bon, il me le fait sentir. Le sien commence à monter à l'horizon, monsieur père laisse son épouse s'occuper de tout dans la maison, lui si disert, cultivé, en train de balayer, ça serait cocasse, délirant, un point c'est tout. À toi d'apprendre ma vieille. Des moments d'angoisse et de découragement devant le buffet jaune canari du meublé, des œufs, des pâtes, des endives, toute la bouffe est là, qu'il faut manipuler, cuire. Fini la nourriture-décor de mon enfance, les boîtes de conserve en quinconce, les bocaux multicolores, la nourriture surprise des petits restaurants chinois bon marché du temps d'avant. Maintenant, c'est la nourriture corvée.

Annie Ernaux, *La femme gelée*, 1981,

DOCUMENT B **Publicité Moulinex, 1959**

Coll. Kharbine-Tapabor

TRAVAIL SUR LE TEXTE LITTÉRAIRE ET SUR L'IMAGE

50 POINTS • 1 H 10

Les réponses doivent être entièrement rédigées.

Grammaire et compétences linguistiques

▶ **1.** Quel est le temps employé majoritairement dans le texte ? Quelle est sa valeur ? Quel effet cet emploi produit-il sur le lecteur ? *(3 points)*

▶ **2.** « La cocotte-minute, cadeau de mariage si utile vous verrez, chantonne sur le gaz. » (l. 8-9).

a) Précisez la classe grammaticale et la fonction du pronom souligné. *(2 points)*

b) Qui désigne-t-il selon vous ? *(1 point)*

c) A quel type de message cette phrase vous fait-elle penser ? *(2 points)*

▶ **3.** « Je suis humiliée. Mes parents, l'aberration, le couple bouffon. Non je n'en ai pas vu beaucoup d'hommes peler des patates. Mon modèle à moi n'est pas le bon, il me le fait sentir. » (l. 24-26)
Réécrivez ce passage en remplaçant « je » par « nous » (en conservant le genre féminin). Vous procéderez à toutes les transformations nécessaires. *(9 points)*

Compréhension et compétences d'interprétation

▶ **4.** Quelle est la situation des deux personnages du texte ? Relevez deux citations pour appuyer votre réponse. *(2 points)*

▶ **5.** « jeune couple moderno-intellectuel » (l. 4) : expliquez le sens de cette expression en vous reportant au portrait du couple dans le texte. *(4 points)*

▶ **6.** À quelle personne le texte est-il rédigé ? Quelle indication cela vous donne-t-il sur le genre du texte ? *(3 points)*

▶ **7.** « Elle avait démarré, la différence. » (l. 14). De quelle différence s'agit-il ? Commentez ce propos de la narratrice en faisant un parallèle avec le propos cité plus haut (l. 10-11) : « Finie la ressemblance. » *(6 points)*

▶ **8.** « À toi d'apprendre ma vieille. […] toute la bouffe est là […]. » (l. 29-32). À quel niveau de langue appartiennent les mots soulignés ? Justifiez leur emploi dans le texte. *(4 points)*

▶ **9.** Pourquoi peut-on dire que la narratrice est une « femme gelée », ainsi que l'annonce le titre de l'œuvre ? Relevez trois éléments dans le texte pour appuyer votre réponse. *(6 points)*

▶ **10.** Quels sont les éléments qui rapprochent l'image et le texte ? *(4 points)*

▶ **11.** Cette publicité pourrait-elle, selon vous, être encore utilisée à notre époque ? *(4 points)*

DICTÉE 10 POINTS • 20 MIN

Le nom de l'auteur et le titre de l'œuvre sont écrits au tableau au début de la dictée.

Simone de Beauvoir
Le Deuxième Sexe, tome II, 1949

Dans les romans d'aventures ce sont les garçons qui font le tour du monde, qui voyagent comme marins sur des bateaux, qui se nourrissent dans la jungle du fruit de l'arbre à pain. Tous les événements importants arrivent par les hommes. La réalité confirme ces romans et ces légendes. Si la fillette lit les journaux, si elle écoute la conversation des grandes personnes, elle constate qu'aujourd'hui comme autrefois les hommes mènent le monde. Les chefs d'État, les généraux, les explorateurs, les musiciens, les peintres qu'elle admire sont des hommes ; ce sont des hommes qui font battre son cœur d'enthousiasme.

RÉDACTION 40 POINTS • 1 H 30

Vous traiterez au choix l'un des deux sujets. Votre rédaction sera d'une longueur minimale de deux pages.

Sujet de réflexion

Selon vous, est-il facile aujourd'hui pour une femme de concilier vie familiale et vie professionnelle ?

Sujet d'imagination

À la suite d'un accident, la jeune enseignante doit se reposer. Son mari la remplace dans la maison.
Vous imaginerez la suite du récit en montrant que le mari se rend compte progressivement de l'inégalité qui existait entre eux.

LES CLÉS DU SUJET

■ Les documents

Le texte littéraire (document A)

Il s'agit d'un roman d'inspiration autobiographique, comme la plupart des œuvres d'Annie Ernaux. Elle y évoque le thème de la condition féminine et fait part de son expérience, de ses interrogations et de ses révoltes.

L'image (document B)

Cette image publicitaire de la fin des années 1950 pour des appareils électroménagers de la marque Moulinex présente l'image du couple telle qu'elle était valorisée à l'époque : l'homme qui travaille, la femme au foyer.

■ Rédaction (sujet de réflexion)

Recherche d'idées

• Commence par choisir la thèse que tu vas développer : oui (ou non) il est (ou il n'est pas) plus facile aujourd'hui pour une femme de concilier vie professionnelle et vie familiale.

• Appuie-toi sur ce que tu as pu observer dans ta famille sur la répartition des tâches. Tu peux comparer la vie de ta mère à celle de tes grands-mères.

Conseils de rédaction

Voici une proposition de plan si tu optes pour la thèse : « Il est plus facile aujourd'hui pour une femme de concilier vie professionnelle et vie familiale. »

• **Argument n° 1** : les mentalités ont changé, les hommes sont moins réticents à prendre en charge une partie des tâches ménagères.

• **Argument n° 2** : le développement des crèches et des aides sociales permet aux femmes de faire plus facilement garder leurs enfants.

• **Contre-argument n° 1** : les préjugés ont la vie dure.

• **Contre-argument n° 2** : l'inégalité face à l'emploi subsiste entre les hommes et les femmes.

• **Synthèse** : les mentalités ont bien évolué, mais il reste du chemin à parcourir pour plus d'égalité.

■ Rédaction (sujet d'imagination)

Recherche d'idées

Tout d'abord, imagine rapidement l'accident. Prends le temps ensuite d'envisager toutes les tâches ménagères qui peuvent s'accumuler dans une maison : cuisine, vaisselle, lessive... Enfin, prends en compte les réticences du mari, sa maladresse et son manque d'habitude...

Conseils de rédaction

Il s'agit d'une suite de texte. N'oublie pas d'en respecter la forme :

– récit à la première personne (la narratrice = la femme) ;

– emploi majoritairement du présent.

Tu peux garder la simplicité du style (phrases courtes, souvent non-verbales). Évite cependant d'utiliser un lexique familier.

CORRIGÉ 9

TRAVAIL SUR LE TEXTE LITTERAIRE ET SUR L'IMAGE

Grammaire et compétences linguistiques

▶ **1.** Le temps employé majoritairement est le présent de l'indicatif. Il a une valeur de présent d'habitude, de répétition. Cela donne une impression d'uniformité, d'ennui, de routine.

> ZOOM
> Le présent peut avoir plusieurs valeurs : présent de l'énonciation, présent de narration, présent de répétition, présent de vérité générale.

▶ **2.** « La cocotte-minute, cadeau de mariage si utile vous verrez, chantonne sur le gaz. »

a) Il s'agit d'un pronom personnel sujet.

b) Il désigne les lecteurs.

c) Cette phrase peut faire penser à un message publicitaire.

▶ **3.** *Les modifications sont mises en couleur.*

« Nous sommes humiliées. Nos parents, l'aberration, le couple bouffon. Non nous n'en avons pas vu beaucoup d'hommes peler des patates. Notre modèle à nous n'est pas le bon, il nous le fait sentir. »

Compréhension et compétences d'interprétation

▶ **4.** Ils sont mari et femme et encore étudiants. La narratrice assure aussi un emploi d'enseignante : « Un mois, trois mois que nous sommes mariés, nous retournons à la fac, je donne des cours de latin. »

▶ **5.** Les deux personnages semblent former un « jeune couple moderno-intellectuel ».

Tout d'abord, ils travaillent tous les deux, d'où l'idée de couple moderne. Ensuite, ils poursuivent des études, de lettres pour elle, de droit pour lui, d'où l'idée de couple intellectuel.

▶ **6.** Ce texte est rédigé à la première personne. Cela peut laisser penser à une autobiographie, une œuvre dans laquelle l'auteur raconte, à la première personne, sa propre vie.

▶ **7.** « Elle avait démarré, la différence. »

La narratrice entend par là que l'égalité dans le couple s'arrête à ces moments d'étude partagés. En effet, il n'est nullement question de se répartir équitablement les tâches ménagères qui toutes incombent à la jeune femme. Son mari considère que ce ne sont pas des tâches dignes d'un homme. Il fait preuve de machisme.

> INFO +
> Le machisme est une idéologie fondée sur l'idée que l'homme domine socialement la femme.

▶ **8.** Les mots « (ma) vieille » et « bouffe » appartiennent au niveau de langage familier. Ils sont employés dans une sorte de dialogue intérieur qui mêle les réflexions du mari et celles que la narratrice se fait à elle-même. Ce registre de langue met en évidence l'autodénigrement de la jeune femme face au manque de considération de son époux et la banalité, la trivialité de son quotidien.

▶ **9.** On peut dire que la narratrice est « une femme gelée », comme l'indique le titre de l'œuvre, car à travers cette image métaphorique, on entrevoit combien la vie qui l'attend va être différente de celle à laquelle elle aspirait. Le gel évoque à la fois quelque chose qui emprisonne et quelque chose qui glace, qui chasse toute chaleur, tout désir, tout élan, toute résistance. La jeune femme se voit coincée, figée dans un quotidien déprimant fait de corvées ménagères répétitives dans lequel « on s'enlise, doucettement », « en y consentant lâchement. » Elle perd peu à peu sa joie de vivre, sa fantaisie, sa combativité, engluée dans des « moments d'angoisse et de découragement ».

▶ **10.** Le texte et la publicité évoquent tous les deux la même image de la femme : celle de la bonne ménagère à laquelle incombe le devoir de confectionner de « bons petits plats » pour son mari. Tous deux mettent en scène les appareils ménagers, considérés comme les cadeaux idéaux pour la maîtresse de maison : la cocotte-minute, le compte-minutes... La publicité valorise cette image (l'épouse semble rayonnante et comblée) contrairement au texte qui se montre critique face à une telle conception de la femme.

▶ **11.** Une telle publicité ne serait plus possible de nos jours : l'image de la femme et du couple a profondément changé. Les femmes ont livré de nombreux combats pour faire évoluer leur condition et réclament toujours plus d'égalité entre les sexes. Une telle affiche serait accusée de sexisme.

DICTÉE

POINT MÉTHODE

❶ Attention à ne pas confondre ce pronom démonstratif et se pronom personnel réfléchi. On peut remplacer *ce* par *cela* et *se* par *me* ou *te*.

❷ Il y a trois noms qui ont un pluriel en *x* : un bateau/des bateaux, un journal/des journaux, un général/des généraux.

Dans les romans d'aventures ce sont les garçons qui font le tour du monde, qui voyagent comme marins sur des bateaux, qui se nourrissent dans la jungle du fruit de l'arbre à pain. Tous les événements importants arrivent par les hommes. La réalité confirme ces romans et ces légendes. Si la fillette lit les journaux, si elle écoute la conversation des grandes personnes, elle constate qu'aujourd'hui comme autrefois les hommes mènent le monde. Les chefs d'État, les généraux, les explorateurs, les musiciens, les peintres qu'elle admire sont des hommes ; ce sont des hommes qui font battre son cœur d'enthousiasme.

RÉDACTION

Voici un exemple de rédaction sur chacun des deux sujets. Attention les indications entre crochets ne doivent pas figurer sur ta copie.

Sujet de réflexion

[Présentation de la thèse] De nos jours, il est sans doute plus facile pour une femme de concilier vie familiale et vie professionnelle.

[Argument] En effet, les mentalités ont changé. Les hommes considèrent de moins en moins les tâches ménagères et l'éducation des enfants comme réservées aux femmes ; ils assument leur part, apprennent à changer les couches et aiment cuisiner. Les femmes revendiquent de leur côté le droit à une vie professionnelle et se sont décomplexées.

CONSEIL
Pense à aller à la ligne à chaque nouvel argument et à les introduire au moyen d'un connecteur logique.

De plus, les parents peuvent bénéficier d'une aide pour faire garder leurs enfants. L'offre, si elle est encore insuffisante, est variée : crèches, assistantes maternelles... Décidément, la vie de nos mères ne ressemble pas à celle de nos grands-mères.

[Contre-arguments] Cependant, il reste bien des résistances. Les mentalités peinent à évoluer. Les enquêtes et sondages montrent que ce sont encore les femmes qui doivent prendre en charge la plus grande partie des tâches ménagères. Si un certain nombre d'hommes aiment cuisiner le week-end, la cuisine-corvée de tous les jours est majoritairement réservée aux femmes.

Par ailleurs, les femmes sont souvent freinées dans leur carrière par leur vie familiale : certaines entreprises sont réticentes à embaucher des femmes prétextant qu'elles risquent de s'absenter lorsqu'elles seront enceintes ou pour garder leurs enfants lorsqu'ils seront malades. Cela dépend évidemment du milieu social. Il est plus facile de concilier vie familiale et vie professionnelle dans les milieux aisés ; c'est beaucoup plus compliqué dans les milieux défavorisés.

[Conclusion] Pour conclure, si les choses ont évolué, il y a encore du chemin à faire dans les mentalités pour que le partage des tâches soit équitable et que les femmes ne soient plus écartelées entre vie professionnelle et vie de famille. Pourquoi ne pas commencer par expliquer aux garçons que l'entretien de la maison et l'éducation des enfants ne sont pas réservés aux filles ?

Sujet d'imagination

[L'accident] Il m'est arrivé un petit accident providentiel : je me suis cassé le bras en tombant dans l'escalier. Le bras droit, bien évidemment. Et, cerise sur le gâteau, foulé le poignet gauche. Me voilà dans l'incapacité de faire la cuisine, le ménage, la lessive, le repassage. Sur le moment, j'ai été prise de panique, mais ensuite je me suis dit que c'était l'occasion de faire évoluer les choses.

[Les étapes de la prise de conscience] Le premier jour, mon mari me propose d'aller au restaurant. Cela lui semble plus simple. C'est agréable, mais je sais que nos finances ne nous permettront pas de le faire tous les jours.

> CONSEIL
> Pour montrer l'évolution de la situation, tu peux employer des compléments circonstanciels de temps : *au début, deux jours plus tard*, etc.

Le deuxième jour, en pestant dans sa barbe, il se met à la recherche d'une boîte de conserve. Encore lui faut-il trouver l'ouvre-boîtes. Le résultat de l'opération se révèle peu concluant : les petits pois ont brûlé au fond de la casserole ; ils sont immangeables.

Le lendemain matin, il constate avec mauvaise humeur qu'il n'y a plus que des chaussettes dépareillées au fond du tiroir de la commode et que sa chemise n'est pas repassée.

Le soir, lorsqu'il ouvre le réfrigérateur, force lui est de constater qu'il n'y a plus ni œufs, ni fromage, ni pizza surgelée. Il doit courir jusqu'à l'épicerie du coin en espérant qu'elle ne soit pas déjà fermée. De retour, il s'acharne sur la cocotte-minute : « comment ça marche, ce machin ? ! » J'ai un peu pitié de lui, mais je trouve l'expérience assez drôle.

Le cinquième jour, il a des cernes sous les yeux. « Je me demande bien ce que je vais faire à manger, soupire-t-il. Une soupe, ça ira ? »

À la fin de la semaine, la vaisselle s'entasse dans l'évier, le panier de linge sale déborde et le congélateur est désespérément vide. Mon mari semble déboussolé, débordé. J'ai presque envie de le consoler, de le réconforter. Il a troqué son costume-cravate contre l'infamant tablier de la ménagère et sa cuisine s'améliore : il semble fier des petits plats qu'il nous concocte.

[Conclusion : une nouvelle répartition des tâches] À la fin du mois, lorsqu'on me retire mon plâtre, il reconnaît qu'il avait des idées fausses sur le rôle des hommes et des femmes, et qu'il n'avait pas conscience de tous les travaux que j'avais à assumer dans la maison. Il me promet d'être moins égoïste et me propose une nouvelle répartition des tâches : à lui la cuisine et la vaisselle, à moi la lessive et le repassage.

SUJET 10

Amérique du Nord • Juin 2019
100 points

Des mots et des maux

DÉNONCER

DOCUMENT A Texte littéraire

Jeunes gens, prenez garde aux choses que vous dites.
Tout peut sortir d'un mot qu'en passant vous perdîtes.
Tout, la haine et le deuil ! – Et ne m'objectez[1] pas
Que vos amis sont sûrs et que vous parlez bas… –
Écoutez bien ceci :
Tête-à-tête, en pantoufle,
Portes closes, chez vous, sans un témoin qui souffle,
Vous dites à l'oreille au plus mystérieux
De vos amis de cœur, ou, si vous l'aimez mieux,
Vous murmurez tout seul, croyant presque vous taire,
Dans le fond d'une cave à trente pieds sous terre,
Un mot désagréable à quelque individu[2] ;
Ce mot que vous croyez qu'on n'a pas entendu,
Que vous disiez si bas dans un lieu sourd et sombre,
Court à peine lâché, part, bondit, sort de l'ombre !
Tenez, il est dehors ! Il connaît son chemin.
Il marche, il a deux pieds, un bâton à la main,
De bons souliers ferrés, un passeport en règle ;
– Au besoin, il prendrait des ailes comme l'aigle ! –
Il vous échappe, il fuit, rien ne l'arrêtera.
Il suit le quai, franchit la place, *et cætera*[3],
Passe l'eau sans bateau dans la saison des crues,
Et va, tout à travers un dédale de rues,
Droit chez l'individu dont vous avez parlé.
Il sait le numéro, l'étage ; il a la clé,
Il monte l'escalier, ouvre la porte, passe,

Entre, arrive, et, railleur[4], regardant l'homme en face,
Dit : – Me voilà ! je sors de la bouche d'un tel[5]. –

Et c'est fait. Vous avez un ennemi mortel.

Victor Hugo, *Toute la Lyre*, III, XXI, 1888.

1. Objecter : formuler une objection, opposer un argument.
2. Un mot désagréable à quelque individu : un mot désagréable à propos de quelque individu.
3. *Et cætera* : locution latine abrégée généralement en français par *etc.*, qu'on emploie au terme d'une énumération et qui signifie « et ainsi de suite ».
4. Railleur : moqueur, ironique.
5. Un tel : désigne ici la personne qui a parlé.

DOCUMENT B **Norman Rockwell, *The Gossips* (*Les Commérages*), 1948**

Peinture pour une couverture du *Saturday Evening* (6 mars 1948), huile sur toile, collection privée.

Vous pouvez visionner cette peinture sur la page : bit.ly/Rockwell_Gossips

TRAVAIL SUR LE TEXTE LITTÉRAIRE ET SUR L'IMAGE

50 POINTS • 1 h 10

Les réponses doivent être entièrement rédigées.

Grammaire et compétences linguistiques

▶ **1. a)** Donnez le mode et le temps de : « prenez » (vers 1), « objectez » (vers 3), « Écoutez » (vers 5). (*2 points*)

b) Pourquoi ce mode est-il utilisé ? (*2 points*)

▶ **2.** Vers 1 à 3 : relevez les déterminants contenus dans les trois premières phrases du texte. (*2 points*)

▶ **3.** Réécrivez le passage suivant en remplaçant « il » par « ils ». Faites toutes les modifications nécessaires. (*10 points*)

« Il vous échappe, il fuit, rien ne l'arrêtera.
Il suit le quai, franchit la place, *et cætera*,
Passe l'eau sans bateau dans la saison des crues,
Et va, tout à travers un dédale de rues,
Droit chez l'individu dont vous avez parlé. » (vers 20 à 24)

▶ **4.** « Et ne m'objectez pas/Que vos amis sont sûrs […] » (vers 3 et 4).

a) Quelle est la nature de « que » ? (*2 points*)

b) Justifiez votre réponse. (*2 points*)

Compréhension et compétences d'interprétation

▶ **5.** Expliquez les conséquences qu'entraîne, selon ce texte, le fait de prononcer un « mot désagréable » (vers 11).
Justifiez votre réponse en vous appuyant sur deux éléments du texte. (*4 points*)

▶ **6.** Vers 3 à 11 : quelles sont les précautions que les « jeunes gens » peuvent estimer avoir prises pour éviter que leurs paroles ne soient rapportées ? Citez au moins deux éléments en prenant appui sur le texte. (*4 points*)

▶ **7.** Vers 12 à 27 :
a) À quel terme renvoie le pronom « il » ? (*2 points*)
b) Quelle figure de style est ici utilisée ? (*2 points*)
c) Quel effet cette figure de style produit-elle ? (*2 points*)

▶ **8.** Vers 13 : « Que vous disiez si bas dans un lieu sourd et sombre ».
a) Quel effet sonore remarquez-vous dans ce vers ? (*2 points*)
b) Pourquoi le poète l'emploie-t-il ? (*3 points*)

▶ **9.** Quel conseil le poète souhaite-t-il adresser aux « jeunes gens » dans ce texte ? Selon vous, quel passage l'illustre avec le plus de force ? Expliquez pourquoi. (*5 points*)

▶ **10. a)** Dans le tableau de Norman Rockwell, pourquoi chaque personnage est-il représenté deux fois ? (*2 points*)
b) Comparez le texte et le tableau de Norman Rockwell. Dans les deux documents, comment la parole prononcée se retourne-t-elle contre son locuteur ? (*4 points*)

DICTÉE — 10 POINTS • 20 min

Le nom « la Croix-de-Colbas », ainsi que le nom de l'auteur et le titre de l'œuvre sont écrits au tableau.

Victor Hugo
Les Misérables, 1862

L'homme baissa la tête, ramassa le sac qu'il avait déposé à terre, et s'en alla.

Il prit la grande rue. Il marchait devant lui au hasard, rasant de près les maisons comme un homme humilié et triste. Il ne se retourna pas une seule fois. S'il s'était retourné, il aurait vu l'aubergiste de la Croix-de-Colbas sur le seuil de sa porte, entouré de tous les voyageurs de son auberge et de tous les passants de la rue, parlant vivement et le désignant du doigt ; et, aux regards de défiance et d'effroi du groupe, il aurait deviné qu'avant peu son arrivée serait l'événement de toute la ville.

Il ne vit rien de tout cela. Les gens accablés ne regardent pas derrière eux. Ils ne savent que trop que le mauvais sort les suit.

RÉDACTION 40 POINTS • 1 h 30

Vous traiterez au choix le sujet d'imagination ou le sujet de réflexion.

Sujet d'imagination

Dans votre quartier, les habitants s'interrogent sur la soudaine fortune d'un voisin.
Les rumeurs les plus extravagantes circulent.
Imaginez les conversations qui s'ensuivent, jusqu'à ce que la vérité éclate.
Vous veillerez à caractériser les personnages et à mêler récit et dialogue.
Votre texte produira un effet comique.

Sujet de réflexion

« Jeunes gens, prenez garde aux choses que vous dites. » (vers 1)
Selon vous, faut-il redouter, rechercher ou même désirer le pouvoir de la parole ?
Vous répondrez à cette question en vous appuyant sur votre expérience, sur les textes étudiés en classe ainsi que sur votre culture personnelle.

LES CLÉS DU SUJET

■ Les documents

Le texte littéraire (document A)

Auteur majeur, Victor Hugo a pratiqué tous les genres littéraires : roman, théâtre, littérature d'idées, poésie. Le poème en alexandrins se présente ici comme un conseil donné aux jeunes gens : évitez les médisances.

L'image (document B)

Norman Rockwell est un peintre américain dont les tableaux possèdent un rendu photographique. L'œuvre présentée possède une tonalité comique, proche de la caricature : la diffusion des commérages est ainsi illustrée par une série de visages très expressifs, jusqu'à revenir à la figure de celle qui en est à l'origine.

Rédaction (sujet d'imagination)

Recherche d'idées

• La fortune du voisin est aussi soudaine qu'inattendue ; imagine les causes plausibles d'un tel événement : héritage, promotion professionnelle ou vente d'un bien.

• Formule ensuite les explications les plus extravagantes à cette fortune : meurtre, chantage, trafic, détournement de fonds, découverte d'un trésor… Chaque habitant mentionnera une hypothèse proche de ses préoccupations : le détournement de fonds pour un banquier, le trésor pour un jeune garçon féru d'aventures romanesques, etc.

Conseils de rédaction

• Le sujet n'impose pas une situation d'énonciation précise : tu peux écrire un récit à la première comme à la troisième personne.

• Les conversations et rumeurs occupent une place importante dans le devoir. Efforce-toi de varier les manières de rapporter les paroles : discours direct, indirect, indirect libre.

Rédaction (sujet de réflexion)

Recherche d'idées

• Pars du constat souligné par le sujet : le pouvoir de la parole. Réfléchis aux cas où la puissance des mots est dangereuse : pense aux discours de certains dictateurs qui ont su obtenir l'adhésion des foules.

• Trouve ensuite des situations où il serait souhaitable d'utiliser le pouvoir de la parole, comme lorsqu'on veut défendre une cause qui nous est chère.

Conseils de rédaction

• Tu peux répondre à la question posée de manière univoque : il faut redouter (ou au contraire rechercher) le pouvoir de la parole ; mais tu peux aussi proposer une réponse nuancée.

• Illustre tes arguments par des exemples tirés de tes lectures (textes contre la peine de mort), de ta culture (discours d'Hitler), de tes expériences (désir de convaincre un ami).

CORRIGÉ 10

TRAVAIL SUR LE TEXTE LITTÉRAIRE ET SUR L'IMAGE

Grammaire et compétences linguistiques

▶ **1. a)** Les trois verbes sont conjugués à l'impératif présent.

b) L'impératif est le mode de l'ordre. Le poète utilise ce mode pour s'adresser aux « jeunes gens » : il leur donne des conseils ayant valeur d'injonctions.

▶ **2.** Les déterminants présents dans les trois premiers vers sont « aux (choses) », « un (mot) », « la (haine) », « le (deuil) ».

INFO +
« Aux » est la contraction de la préposition « à » et du déterminant défini « les ».

▶ **3.** *Les modifications sont en couleur.*

« Ils vous échappent, ils fuient, rien ne les arrêtera.
Ils suivent le quai, franchissent la place, *et cætera*,
Passent l'eau sans bateau dans la saison des crues,
Et vont, tout à travers un dédale de rues,
Droit chez l'individu dont vous avez parlé. »

ATTENTION !
Le mot « droit » n'est pas un adjectif ici, mais un adverbe, que l'on reconnaît en le remplaçant par « directement ». Il reste donc invariable.

▶ **4. a)** Le mot « que » est une conjonction de subordination.

b) La proposition principale « Et ne m'objectez pas » est en effet suivie d'une proposition subordonnée conjonctive « que vos amis sont sûrs », qui a une fonction essentielle dans la phrase : COD du verbe « objecter ».

Compréhension et compétences d'interprétation

▶ **5.** Le fait de prononcer un « mot désagréable » entraîne des conséquences. Même prononcé en secret, le mot se propagera : il « court à peine lâché, part, bondit, sort de l'ombre ». On ne pourra pas le ravaler : « il vous échappe », et parviendra forcément aux oreilles de l'intéressé, qui vous en tiendra rigueur : « Vous avez un ennemi mortel. »

▶ **6.** Les jeunes gens peuvent prendre certaines précautions. Ils peuvent chuchoter (« parler bas, à l'oreille, murmurez »), dans un lieu privé (« portes closes, chez vous, dans le fond d'une cave à trente pieds sous terre »), ne s'adresser qu'à une personne de confiance (« au plus mystérieux de vos amis de cœur »), voire même être seul (« tout seul »). Mais la médisance se propagera pourtant malgré ces précautions.

▶ **7. a)** Le pronom « il » désigne le mot désagréable prononcé au sujet de quelque individu.

b) Ce mot désagréable possède des caractéristiques propres à un être humain : « marche, un bâton à la main, il a la clé, ouvre la porte… ». Il s'agit ici d'une personnification.

c) La figure de style souligne l'idée que le mot, une fois lâché, a une existence autonome et échappe au contrôle de celui qui l'a prononcé.

▶ **8. a)** Le vers 13 est marqué par de nombreuses répétions de sons. On relève ainsi une allitération en *s* : « si, sourd, sombre ».

b) L'allitération en *s* met en valeur les mots qui évoquent le secret et la dissimulation. Le son lui-même évoque celui que ferait le secret susurré à l'oreille.

INFO +
Le vers présente aussi des allitérations en *d*, *b* et *z*, et une assonance en *i*.

▶ **9.** Le poète conseille aux jeunes gens d'éviter de médire d'un individu. Quelles que soient les circonstances dans lesquelles les paroles seront prononcées, elles parviendront aux oreilles de l'intéressé.

Ce conseil de sagesse est illustré avec force dans le dernier vers de l'extrait : « Et c'est fait. Vous avez un ennemi mortel. » Le commérage anodin du début a pris de l'ampleur et accouche d'une haine véritable. Cette dernière phrase fonctionne comme une chute, à la fois brutale et inattendue, ce qui est souligné par l'espace qui isole ce vers des précédents.

▶ **10. a)** Chaque personnage est représenté une fois quand il entend le commérage et une autre fois lorsqu'il le répète.

b) Dans les deux documents, la parole une fois prononcée se propage vite (la personnification de « il marche » dans le poème ou le téléphone dans l'image), et parvient à la personne visée. Contrairement à tous les intermédiaires, cette parole ne l'amuse pas : « l'ennemi mortel » dont parle le texte se reconnaît dans le dernier personnage masculin du tableau, dont la colère et la rancune envers la femme à l'origine du commérage sont manifestes.

DICTÉE

POINT MÉTHODE

1 Plusieurs verbes du 1er groupe sont conjugués à la 3e personne du singulier au passé simple, dont la terminaison est *–a*.

2 Le participe passé employé avec *être* s'accorde avec le sujet. Avec *avoir*, il ne s'accorde qu'avec le COD si celui-ci précède le verbe. Employé sans auxiliaire, il fonctionne comme un adjectif.

3 Sois attentif au mot *tout*. Suivi d'un groupe nominal ou d'un pronom, il en prend les caractéristiques de genre et de nombre : *tout le monde, tous les gens, toutes celles*.

L'homme baissa la tête, ramassa le sac qu'il avait déposé à terre, et s'en alla.

Il prit la grande rue. Il marchait devant lui au hasard, rasant de près les maisons comme un homme humilié et triste. Il ne se retourna pas une seule fois. S'il s'était retourné, il aurait vu l'aubergiste de la Croix-de-Colbas sur le seuil de sa porte, entouré de tous les voyageurs de son auberge et de tous les passants de la rue, parlant vivement et le désignant du doigt ; et, aux regards de défiance et d'effroi du groupe, il aurait deviné qu'avant peu son arrivée serait l'événement de toute la ville.

Il ne vit rien de tout cela. Les gens accablés ne regardent pas derrière eux. Ils ne savent que trop que le mauvais sort les suit.

RÉDACTION

Sujet d'imagination

[Une richesse inexpliquée] Un vendredi, alors que je rentrais de l'école avec mon frère, une Ferrari nous dépassa, faisant rugir son moteur, et se gara un peu plus loin : rouge, étincelante, et décapotable ! Au comble de la stupeur, nous vîmes M. Blancar en sortir pour pénétrer dans son petit pavillon, tout semblable au nôtre. M. Blancar était professeur d'histoire au lycée voisin ; nous l'apercevions toujours plongé dans les livres.

> INFO +
> L'abréviation de « Monsieur » est « M. », et non « Mr. » qui correspond à l'abréviation du terme anglais *Mister*.

[Des suppositions fantasques] « Ça alors ! Mais ça vaut une fortune ! dis-je

– Ce n'est pas normal ! Je n'ai jamais vu un prof posséder une voiture pareille, reprit Mathis.

– Peut-être qu'il l'a volée ? » suggérai-je plein d'espoir.

Le soir à table, M. Blancar fut l'unique sujet de conversation :

« C'est bizarre, affirma mon père. À mon avis, il y a quelque chose de pas net dans cette affaire. En plus, il a toujours été du genre sournois...

– Il a dû vendre des sujets d'examen ! Les sujets du bac, ça doit en faire des gens prêts à payer pour les connaître à l'avance, lança mon frère, qui était en classe de première. Est-ce que l'année prochaine... » Ma mère l'obligea alors à se taire.

Les jours suivants, on ne parla que de ça. Boris, qui travaillait au garage, racontait que c'était l'argent de la drogue : plus jeune, il avait fait quelques bêtises et fréquenté des revendeurs, alors depuis, il savait les reconnaître, ça oui ! La mère de ma copine Marie faisait des suppositions plus noires encore :

« Il a été marié autrefois. Je parie qu'il a tué son ex-femme, qui venait d'une grande famille et qui n'avait pas modifié son testament. Il a réussi à faire croire à un accident, mais il a dû laisser un indice et il se fera prendre, forcément. » Forcément, car c'était une grande lectrice de romans policiers.

[L'explication] La vérité nous parvint peu après, lorsque mon frère alla lui demander effrontément d'où lui venait tout cet argent.

Amusé, M. Blancar répondit : « Des livres. »

Devant l'air interloqué de mon frère, il ajouta :

« J'écris, sous pseudonyme, des récits de science-fiction. J'ai toujours eu des lecteurs fidèles, mais jamais de grand succès. Récemment, un producteur de cinéma a lu mon dernier roman et en a acheté les droits.

Et toi l'école, ça marche bien ? »

Sujet de réflexion

> CONSEIL
> Évite les répétitions en remplaçant « le pouvoir de la parole » par des substituts : *l'éloquence, l'art oratoire, la force de conviction*, etc.

[Introduction] Dans l'Antiquité, l'art de l'éloquence était enseigné selon des règles précises. Si cet enseignement n'est plus vraiment dispensé aujourd'hui, tout le monde reconnaît le pouvoir de la parole. On peut le trouver effrayant, mais aussi utile ou séduisant.

[Le danger d'une parole puissante] La parole publique est souvent faite pour convaincre les auditeurs. Les hommes politiques travaillent leurs qualités d'orateurs et s'efforcent en prononçant leurs discours de se montrer persuasifs. Ils y parviennent parfois très bien, ce qui peut représenter un danger, si la parole est mise au service d'idées périlleuses. On s'accorde en effet à dire que Hitler était un très bon orateur, qui savait susciter l'adhésion des foules…

[L'utilité d'une parole puissante] Pourtant, maîtriser l'art de la parole peut se révéler indispensable dans certains cas. Qui ne s'est jamais retrouvé dans une situation où il devait défendre efficacement son opinion, mobilisé par des enjeux importants ? Dans la sphère privée, il faut savoir se montrer convaincant pour dissuader un proche de commettre une action que l'on estime mauvaise. De même, la peine de mort n'aurait peut-être pas été abolie, si certains hommes maîtrisant le pouvoir de la parole ne s'étaient pas exprimés pour son abolition. Les œuvres de Victor Hugo ou les discours de Robert Badinter révèlent leur grande maîtrise de l'art oratoire.

[Conclusion] La parole est une arme, qu'il peut être nécessaire d'utiliser ; mais il faut savoir aussi s'en méfier, quand elle sert à véhiculer des idées dangereuses. Maîtriser l'art oratoire permet alors d'être moins subjugué par l'éloquence de certains.

SUJET 11

D'après Polynésie française • Septembre 2017
100 points

Deux tempêtes dévastatrices

DOCUMENT A **Texte littéraire**

À dix années de distance, les deux catastrophes ont emprunté le même chemin. Le 26 décembre 1999, quand la tempête baptisée Martin a déferlé sur l'Europe, je venais tout juste d'emménager dans La Jeanne-Marcelle, une sorte de manoir bâti deux siècles plus tôt sur les ruines d'un château incendié lors des troubles révolutionnaires. Je dormais dans l'une des chambres refaites, sous les combles, lorsque les premières bourrasques avaient fait grincer la charpente, et je m'étais laissé un moment bercer par ce qui, dans mes songes, s'apparentait au travail du bois d'un navire chahuté par les flots. Un craquement de naufrage m'avait jeté hors du lit. Je m'étais précipité vers la fenêtre pour voir le faîte d'un orme[1] tomber au milieu du mail[2] bordé d'arbres centenaires qui menait à la grille. Le vent imprimait ses marques sur le paysage, comme une main gigantesque agitant une chevelure. Une rafale d'une force inouïe s'était soudain frayé un passage dans cette nature mouvante, courbant tout ce qui acceptait de se soumettre, détruisant la moindre résistance. En une seconde, plus rien ne subsistait de cette allée majestueuse, qu'un enchevêtrement de branches maîtresses, au sol, d'où émergeaient les blessures blafardes des troncs brisés. Un cimetière, sous la lune.

Dix ans plus tard, les paulownias[1] qui ont remplacé les ormes meurtris n'ont eu à subir aucune attaque, et le déferlement rageur de Xynthia, en février 2009, les a simplement débarrassés de leurs bois morts. Le danger, cette fois, n'a pas pris la forme impalpable des airs mais celle tout aussi imparable des eaux. La tempête s'est alliée aux grandes marées, au vent de mer, pour bousculer les obstacles que la patience humaine avait disposés pour protéger ses refuges. Les flots venus de l'océan ont envahi l'embouchure des fleuves, des rivières, emportant tout sur leur passage, barques, baraques sur pilotis, matériel ostréicole, pierraille arrachée aux digues... Des corps aussi, par dizaines. [...] Deux heures plus tard, quand les éléments avaient fini par se calmer, j'étais allé me coucher dans mon manoir transformé en île.

Didier Daeninckx, « Cimetière d'Afrique »,
in *L'Espoir en contrebande*, 2003.

1. Orme, paulownias : arbres qui poussent en France métropolitaine.
2. Mail : chemin de promenade public.

DOCUMENT B **Lasserpe, dessin publié dans *Sud-Ouest.fr***

TRAVAIL SUR LE TEXTE LITTÉRAIRE ET SUR L'IMAGE — 50 POINTS • 1 H 10

Les réponses doivent être entièrement rédigées.

Grammaire et compétences linguistiques

▶ **1.** « impalpable », « imparable » : comment ces mots sont-ils formés ? Quel avertissement apportent-ils sur la suite de l'histoire ? *(4 points)*

▶ **2.** « Un cimetière, sous la lune » : quelle particularité présente cette phrase ? Quel événement tragique du deuxième paragraphe annonce le terme « cimetière » ? Développez votre réponse. *(4 points)*

▶ **3.** « Les flots venus de l'océan ont envahi l'embouchure des fleuves, des rivières, emportant tout sur leur passage, barques, baraques sur pilotis, matériel ostréicole, pierraille arrachée aux digues… Des corps aussi, par dizaines. » (l. 26-30)
a) Donnez la classe grammaticale et la fonction du mot « tout ». *(2 points)*
b) Par quoi est-il ensuite développé ? *(2 points)*
c) Quelle est l'impression produite ? *(2 points)*

▶ **4.** « La tempête s'est alliée aux grandes marées, au vent de mer, pour bousculer les obstacles que la patience humaine avait disposés pour protéger ses refuges. » (l. 24-26)
Réécrivez ce passage en remplaçant respectivement « La tempête » par « Les ouragans », « les obstacles » par « les constructions », « la patience humaine » par « les hommes ». Procédez à toutes les transformations nécessaires. *(10 points)*

Compréhension et compétences d'interprétation

▶ **5.** Qu'évoque ce texte à deux reprises ? Détaillez votre réponse. *(4 points)*

▶ **6.** Quel point de vue est employé dans ce récit ? Justifiez. Pourquoi l'auteur a-t-il choisi ce point de vue ? *(3 points)*

▶ **7.** Quels sont les deux sens avec lesquels le héros-narrateur perçoit les événements dans le premier paragraphe ? Justifiez votre réponse en relevant dans le texte des termes précis. *(3 points)*

▶ **8.** « les blessures blafardes des troncs brisés » (l. 19), « les ormes meurtris » (l. 20-21), « le déferlement rageur de Xynthia » (l. 21-22), « La tempête s'est alliée aux grandes marées » (l. 24-25) :
a) Comment appelle-t-on la figure de style employée ? *(2 points)*
b) Quel effet permet-elle dans ce texte ? *(2 points)*

▶ **9.** Expliquez la comparaison finale du manoir avec une « île ». *(2 points)*

▶ **10.** Selon son étymologie grecque, « catastrophe » signifie « bouleversement ». En quoi les événements vécus par le héros-narrateur constituent-ils un bouleversement pour lui ? *(2 points)*

▶ **11.** Que montre le dessin ? Répondez en détail et mettez en relation les éléments décrits. *(4 points)*

▶ **12.** Quel rapport établissez-vous avec le texte ? Quel ton l'artiste emploie-t-il dans son dessin et quel est son but ? Justifiez. *(4 points)*

DICTÉE 10 POINTS • 20 MIN

Les chiffres simples (en un mot) doivent être écrits en toutes lettres.
Les mots suivants sont écrits au tableau : « Alan », « îles Sous-le-Vent », « Huahine », « Tahiti », « Météo France », « Polynésie », « El Niño ».

Article publié dans *La Dépêche du Midi*
27 avril 1998

La dépression Alan qui a frappé au cours du week-end les îles Sous-le-Vent, a fait au moins huit morts, un disparu, une vingtaine de blessés et a causé d'importants dégâts.

L'île de Huahine a été balayée dans la nuit de samedi à dimanche par des vents forts et des pluies abondantes provoqués par la dépression Alan. Hier matin, la dépression a repris sa progression est-sud-est et se trouvait à une centaine de kilomètres au nord de l'île de Tahiti. Météo France prévoit pour la journée de fortes pluies et des vents violents ; les mêmes consignes de sécurité que pour la population des îles Sous-le-Vent ont été données aux habitants de Tahiti.

La Polynésie aura payé un très lourd tribut au phénomène El Niño et à la saison cyclonique qu'il a provoquée : depuis le mois de novembre 97, cinq dépressions ou tempêtes tropicales ont entraîné la mort de 26 personnes dont de nombreux enfants, totalement ravagé deux îles, et causé des millions de dégâts.

RÉDACTION 40 POINTS • 1 H 30

Vous traiterez au choix l'un des sujets suivants. Votre texte comportera au moins deux pages.

Sujet d'imagination

Imaginez que vous vous retrouviez au sein d'une catastrophe naturelle ; racontez comment elle se déroule, du début jusqu'à la fin. Vous décrirez ses conséquences et vos réactions face à cet événement exceptionnel.

Sujet de réflexion

Vous êtes un scientifique de renommée mondiale et on fait appel à vous lors d'une réunion à l'ONU pour présenter un projet de sauvegarde de la planète. Dans un premier temps, vous soulignerez les problèmes actuels afin de sensibiliser votre auditoire au réchauffement climatique et ses conséquences ; dans un second temps, vous chercherez à convaincre les responsables gouvernementaux d'entreprendre des actions précises qui permettront, selon vous, de répondre aux problèmes exposés auparavant. Vous rédigerez ce discours dans un développement argumenté et organisé.

LES CLÉS DU SUJET

■ Les documents

Le texte littéraire (document A)

Didier Daeninckx est un auteur de romans noirs, de littérature pour la jeunesse et de nouvelles qui décrivent le quotidien sous un jour tantôt tragique, tantôt ironique. Le texte est un extrait de « Cimetière d'Afrique » qui se trouve dans le recueil *L'Espoir en contrebande*, prix Goncourt de la nouvelle en 2012. Les deux tempêtes évoquées ont dévasté une partie de la France en 1999 et 2009.

L'image (document B)

Il s'agit d'un dessin de presse satirique du dessinateur Lasserpe. Il est paru sur le site Internet du journal *Sud-Ouest* en 2009, après le passage de la tempête dévastatrice Xynthia et du raz de marée qui a submergé principalement les côtes vendéennes.

■ Rédaction (sujet d'imagination)

Recherche d'idées

• Commence par choisir le type de catastrophe naturelle que tu vas affronter : séisme, éruption volcanique, tsunami, ouragan, crue... Essaie de te remémorer les reportages ou les articles que tu as pu voir ou lire sur ces sujets.

• Choisis le lieu de la catastrophe : en France ou dans un autre pays ? Sois crédible : par exemple, il ne peut pas y avoir d'éruption volcanique à Paris, mais une crue catastrophique de la Seine est envisageable.

Conseils de rédaction

En introduction, précise les circonstances de l'événement : où te trouves-tu ? avec qui ? pourquoi ? Tu peux ensuite organiser ton récit en deux parties :

1. Les signes avant-coureurs de la catastrophe, puis son déchaînement.
2. Tes réactions successives : impressions, sentiments, actions...

Pour conclure, décris les lieux après le passage de la catastrophe. Exprime tes sentiments : cet événement a-t-il changé ta manière de voir la vie, le monde qui t'entoure ?

Rédaction (sujet de réflexion)

Recherche d'idées

• Interroge-toi sur les conséquences du réchauffement climatique : fonte des glaces, montée du niveau de la mer, disparition d'espèces animales… Appuie-toi sur ce que tu as pu étudier en cours, voir dans des reportages ou lire dans les journaux.

• Livre-toi aussi à une réflexion personnelle sur ce que les gouvernements et tout un chacun pourraient faire pour lutter contre la pollution, principale cause du réchauffement du climat de notre planète.

Conseils de rédaction

Commence par une formule d'introduction et n'oublie pas de te présenter (tu es un grand scientifique mondialement reconnu !). Respecte le plan qui t'est proposé dans le sujet lui-même : présente d'abord les conséquences du réchauffement climatique, puis les actions à mettre en œuvre pour protéger la planète. N'oublie pas de conclure.

CORRIGÉ 11

TRAVAIL SUR LE TEXTE LITTÉRAIRE ET SUR L'IMAGE

Grammaire et compétences linguistiques

▶ **1.** Les mots « impalpable » et « imparable » sont formés selon le même modèle : le préfixe *im-* qui indique le contraire et le suffixe *-able* qui permet de former des adjectifs encadrent le radical (*palp* et *par*). Ces deux adjectifs annoncent la catastrophe à venir comme quelque chose d'imprévisible et d'inéluctable auquel il est impossible de résister.

▶ **2.** « Un cimetière, sous la lune » : il s'agit d'une phrase nominale (ou non verbale). Le terme « cimetière » annonce un événement tragique du deuxième paragraphe : ce ne sont pas seulement des éléments matériels qui sont emportés par les flots, mais des « corps aussi, par dizaines ». La tempête Xynthia a été meurtrière, elle a tué des hommes.

▶ **3. a)** « Tout » est un pronom indéfini. Il est complément d'objet direct du verbe « emporter ».

b) Il est suivi d'une énumération de cinq noms ou groupes nominaux COD : « barques, baraques sur pilotis, matériel ostréicole, pierraille arrachée aux digues… Des corps aussi, par dizaines. »

c) Cela donne l'impression d'un flux irrépressible d'éléments hétérogènes emportés par la puissance des flots. Il s'agit d'une gradation : l'énumération se termine par la vision tragique de corps sans vie charriés par la crue.

▶ **4.** *Les modifications sont en couleur.*

« Les ouragans se sont alliés aux grandes marées, au vent de mer, pour bousculer les constructions que les hommes avaient disposées pour protéger leurs refuges. »

> REMARQUE
> Le participe passé *disposées* est employé avec l'auxiliaire *avoir* et s'accorde avec le COD placé devant *que*, mis pour *les constructions*.

Compréhension et compétences d'interprétation

▶ **5.** Le texte évoque deux catastrophes naturelles subies par le narrateur dans son manoir : les tempêtes Martin (1999) et Xynthia (2009).

▶ **6.** Le point de vue employé par l'auteur est le point de vue interne. C'est un récit à la 1re personne du singulier (« Je »). Il s'agit d'un témoignage vécu.

> INFO +
> Il existe trois points de vue : interne, externe et omniscient.

▶ **7.** Tout d'abord, le narrateur perçoit les événements au moyen de l'ouïe, puisqu'il est couché. Ce sont les bruits qui l'alertent : « les premières bourrasques avaient fait grincer la charpente », « je m'étais laissé un moment bercer par ce qui, dans mes songes, s'apparentait au travail du bois d'un navire chahuté par les flots. Un craquement de naufrage m'avait jeté hors du lit. »

Ensuite, c'est la vue qui prend le relais : « Je m'étais précipité vers la fenêtre pour voir le faîte d'un orme tomber au milieu du mail. »

▶ **8. a)** La figure de style employée est la personnification.

b) Les personnifications apportent une plus grande dramatisation des faits. La tempête prend vie : elle est évoquée comme une armée en furie, s'alliant à d'autres ennemis pour venir tout dévaster avant de se calmer. Les arbres sont décrits comme des victimes, des soldats « blessés », « meurtris » après le passage de l'armée ennemie.

> INFO +
> La personnification est une figure de style qui consiste à attribuer des propriétés humaines à une chose inanimée ou abstraite.

▶ **9.** Le manoir est comparé à une île, car il est entouré d'eau : toutes les terres environnantes ont été submergées par les flots.

▶ **10.** Les événements vécus par le narrateur ont été particulièrement traumatisants, comme pourrait l'être une guerre. Il a vécu deux cataclysmes. La violence des vents et des flots a dévasté son univers et laissé des images indélébiles d'arbres brisés, mais aussi et surtout de corps humains sans vie.

▶ **11.** Le dessin de presse de Lasserpe montre un homme réfugié sur le toit de sa maison et son chat juché sur la cime d'un arbre. Tout autour, le paysage a disparu sous les eaux. Au-dessus de l'image, une légende évoque le coût financier de la tempête Xynthia. Le personnage, sonné et anéanti par l'expérience traumatisante qu'il est en train de vivre, s'adresse au lecteur et à l'État pour leur demander une aide financière.

▶ **12.** Le dessin correspond parfaitement à la situation du narrateur prisonnier de son manoir transformé en île, isolé par les flots. Le dessinateur de presse, Lasserpe, utilise l'humour et joue avec les mots pour dénoncer l'urgence de la situation : le mot « liquide » employé ici pour parler de l'argent, des espèces – billets de banque et pièces de monnaie – résonne ironiquement et prend un double sens, par association d'idées avec la crue meurtrière.

DICTÉE

POINT MÉTHODE

1 Attention à l'accord du participe passé employé avec *avoir* : il s'accorde avec le COD uniquement s'il est placé avant. Dans la dictée, tous les COD sauf un sont placés après, le participe passé ne s'accorde donc pas (*frappé*, *causé*…). Seule exception, le participe passé *provoquée* s'accorde avec le COD placé avant *qu'* mis pour *la saison cyclonique*.

2 Le participe passé employé avec *être* s'accorde avec le sujet. Ainsi *balayée* s'accorde avec le sujet *L'île de Huahine* et *données* avec *les mêmes consignes de sécurité*.

La dépression Alan qui a frappé au cours du week-end les îles Sous-le-Vent, a fait au moins huit morts, un disparu, une vingtaine de blessés et a causé d'importants dégâts.

L'île de Huahine a été balayée dans la nuit de samedi à dimanche par des vents forts et des pluies abondantes provoqués par la dépression Alan. Hier matin, la dépression a repris sa progression est-sud-est et se trouvait à une centaine de kilomètres au nord de l'île de Tahiti. Météo France prévoit pour la journée de fortes pluies et des vents violents ; les mêmes consignes de sécurité que pour la population des îles Sous-le-Vent ont été données aux habitants de Tahiti.

La Polynésie aura payé un très lourd tribut au phénomène El Niño et à la saison cyclonique qu'il a provoquée : depuis le mois de novembre 97, cinq dépressions ou tempêtes tropicales ont entraîné la mort de 26 personnes dont de nombreux enfants, totalement ravagé deux îles, et causé des millions de dégâts.

RÉDACTION

Voici un exemple de rédaction sur chacun des deux sujets.
Attention les indications entre crochets ne doivent pas figurer sur ta copie.

Sujet d'imagination

[Introduction] J'étais en vacances avec deux amis en Indonésie. Nous étions dans notre chambre d'hôtel, au cinquième et dernier étage, et nous nous apprêtions à nous rendre à la piscine.

[Récit de la catastrophe naturelle] Soudain, un étrange silence s'est fait : nous nous sommes approchés de la fenêtre et avons d'abord remarqué que les vacanciers présents sur la plage regardaient fixement un point à l'horizon, comme stupéfaits, paralysés par la surprise. C'est alors que nous l'avons vue : une vague gigantesque déferlait vers nous à la vitesse d'un cheval au galop. C'était un spectacle à la fois stupéfiant et terrifiant. On aurait dit une armée de cavaliers fonçant pour nous anéantir, envahisseurs venus d'ailleurs pour tout ravager sur leur passage.

> CONSEIL
> Tu peux imaginer, à la manière de Didier Daeninckx, des comparaisons, métaphores ou personnifications pour donner plus de force à ton texte.

Déjà les fragiles embarcations de pêcheurs étaient avalées par la vague géante qui se ruait vers nous. Le bruit était devenu assourdissant et couvrait le cri des baigneurs qui avaient commencé à fuir en désordre vers l'hôtel à la recherche d'un refuge. La vague a envahi la plage désertée et a submergé les constructions les plus basses. Les vacanciers, paniqués, cherchaient à s'agripper à tout ce qu'ils pouvaient pour éviter d'être emportés par les eaux : arbres, balcons…

[Conséquences et réactions] De notre étage élevé, nous avons vu la mer envahir l'hôtel. Nous étions tétanisés par l'horreur de la situation. De crainte de voir les eaux monter encore, nous avons grimpé sur le toit. De là, nous dominions un paysage méconnaissable, dévasté : ce qui avait été un lieu paradisiaque n'était plus qu'une immense étendue liquide. Ci et là, quelques rescapés surnageaient accrochés à des branches d'arbres ou à des objets divers, attendant les secours qui n'allaient pas tarder à s'organiser, du moins l'espérions-nous.

[Conclusion] Ce n'est qu'après que nous avons mis le mot « tsunami » sur la catastrophe. Nous avons terminé notre séjour en participant à l'aide humanitaire mise en place. Cette expérience traumatisante nous a profondément et durablement changés.

Sujet de réflexion

Mesdames et Messieurs,

[Introduction] Je suis extrêmement flatté(e) d'avoir été convié(e) en tant que scientifique, à l'ONU, pour vous parler d'un combat qui nous concerne tous : sauver la planète des terribles périls que lui fait courir le réchauffement climatique.

[Les conséquences du réchauffement climatique] J'aimerais en premier lieu vous rappeler quelques-unes des conséquences dramatiques du réchauffement climatique pour notre planète. Tout d'abord, celui-ci entraîne la fonte des glaces et provoque par là même une hausse du niveau de la mer. Certains territoires pourraient être submergés par les eaux, et des îles entières disparaître. Ensuite, le réchauffement des mers génère une multiplication de phénomènes climatiques extrêmes, voire dévastateurs : tempêtes tropicales, ouragans qui se succèdent et donnent lieu à bien des tragédies humaines. Et, pour ne citer qu'un dernier exemple des nombreux dangers qui nous guettent, évoquons enfin l'érosion de la biodiversité qui provoquerait l'extinction d'espèces animales.

> CONSEIL
> Marque bien tes différentes parties au moyen de connecteurs argumentatifs : *dans un premier temps*, *dans un second temps*, *tout d'abord*, *ensuite*…

[Les mesures à prendre] En second lieu, je voudrais vous convaincre, vous tous qui avez le pouvoir d'agir, ministres et responsables gouvernementaux, d'œuvrer ensemble et d'unir vos forces pour remédier à ce qui menace de plus en plus notre belle planète. Quels moyens mettre en œuvre ? Il nous faut de toute urgence renoncer à toutes les énergies polluantes pour nous tourner vers les énergies renouvelables, celles du futur que sont le solaire et l'éolien. Développons des moyens de transport propres et écologiques. Changeons nos habitudes de consommation : choisissons plutôt des produits de proximité, qui ne sont pas acheminés par avion depuis des pays lointains. Cela limitera d'autant la pollution atmosphérique.

[Conclusion] Il est urgent d'agir ! Nous sommes en train de dépasser le seuil de l'irréversible et bientôt, il sera trop tard. Nous risquons de laisser aux générations futures une planète dévastée. C'est pourquoi nous devons tout mettre en œuvre dès maintenant pour sauvegarder notre terre et protéger les espèces qui la peuplent.

SUJET 12

D'après France métropolitaine • Juin 2017

100 points

La vie urbaine

DOCUMENT A **Texte littéraire**

Giono a décidé de vivre à la campagne, au plus près de la nature. Néanmoins, il va parfois à Paris. Il évoque ici son expérience de la ville.

Quand le soir vient, je monte du côté de Belleville[1]. À l'angle de la rue de Belleville et de la rue déserte, blême et tordue, dans laquelle se trouve *La Bellevilloise*[2], je connais un petit restaurant où je prends mon repas du soir. Je vais à pied. Je me sens tout dépaysé par la dureté du trottoir et le balancement des hanches qu'il faut avoir pour éviter ceux qui vous frôlent. Je marche vite et je dépasse les gens qui vont dans ma direction ; mais quand je les ai dépassés, je ne sais plus que faire, ni pourquoi je les ai dépassés, car c'est exactement la même foule, la même gêne, les mêmes gens toujours à dépasser sans jamais trouver devant moi d'espaces libres. Alors, je romps mon pas et je reste nonchalant[3] dans la foule. Mais ce qui vient d'elle à moi n'est pas sympathique. Je suis en présence d'une anonyme création des forces déséquilibrées de l'homme. Cette foule n'est emportée par rien d'unanime. Elle est un conglomérat de mille soucis, de peines, de joies, de fatigues, de désirs extrêmement personnels. Ce n'est pas un corps organisé, c'est un entassement, il ne peut y avoir aucune amitié entre elle, collective, et moi. Il ne peut y avoir d'amitié qu'entre des parties d'elle-même et moi, des morceaux de cette foule, des hommes ou des femmes. Mais alors, j'ai avantage à les rencontrer seuls et cette foule est là seulement pour me gêner. Le premier geste qu'on aurait si on rencontrait un ami serait de le tirer de là jusqu'à la rive, jusqu'à la terrasse du café, l'encoignure de la porte, pour avoir enfin la joie de véritablement le rencontrer.

[…]

De tous ces gens-là qui m'entourent, m'emportent, me heurtent et me poussent, de cette foule parisienne qui coule, me contenant sur les trottoirs devant *La Samaritaine*[4], combien seraient capables de recommencer les gestes essentiels de la vie s'ils se trouvaient demain à l'aube dans un monde nu ?

Qui saurait orienter son foyer en plein air et faire du feu ?

Qui saurait reconnaître et trier parmi les plantes vénéneuses les nourricières comme l'épinard sauvage, la carotte sauvage, le navet des montagnes, le chou des pâturages ?

Qui saurait tisser l'étoffe ?

Qui saurait trouver les sucs pour faire le cuir ?

Qui saurait écorcher un chevreau ?

Qui saurait tanner la peau ?

Qui saurait vivre ?

Ah ! c'est maintenant que le mot désigne enfin la chose ! Je vois ce qu'ils savent faire : ils savent prendre l'autobus et le métro. Ils savent arrêter un taxi, traverser une rue, commander un garçon de café ; ils le font là tout autour de moi avec une aisance qui me déconcerte et m'effraie.

Jean Giono, *Les Vraies Richesses*, 1936.

---

1. Belleville : quartier parisien dans l'Est de la ville. 2. *La Bellevilloise* : coopérative ouvrière qui permettait aux ouvriers d'acheter des produits de consommation moins chers. C'est aussi, en 1936, un lieu culturel très connu. 3. Nonchalant : lent et indifférent. 4. *La Samaritaine* : grand magasin parisien, fondé en 1870.

DOCUMENT B **Jean-Pierre Stora, « Allées piétonnières »**

Lavis encre de chine, 64 × 50, 1995.

TRAVAIL SUR LE TEXTE LITTÉRAIRE ET SUR L'IMAGE 50 POINTS • 1 H 10

Les réponses aux questions doivent être entièrement rédigées.

Grammaire et compétences linguistiques

▶ **1. a)** Quel est ici le sens du mot « entassement » (l. 16) ? Trouvez un synonyme de ce nom dans les lignes qui précèdent. *(3 points)*
b) « Elle est… personnels. » (l. 14-15) : quel est le procédé d'écriture utilisé dans cette phrase ? *(2 points)*
c) En vous appuyant sur vos deux réponses précédentes, expliquez comment le narrateur perçoit la foule. *(2 points)*

▶ **2.** « Le premier geste qu'on aurait si on rencontrait un ami serait de le tirer de là jusqu'à la rive » (l. 20-22)
a) Quel est le temps et le mode des verbes soulignés ? *(2 points)*
b) Justifiez son emploi. *(2 points)*

▶ **3.** « […] je connais un petit restaurant où je prends mon repas du soir. Je vais à pied. Je me sens tout dépaysé par la dureté du trottoir et le balancement des hanches qu'il faut avoir pour éviter ceux qui vous frôlent. » (l. 3-6)
Réécrivez ce passage en remplaçant « je » par « nous » et en mettant les verbes conjugués à l'imparfait. *(10 points)*

Compréhension et compétences d'interprétation

▶ **4.** En vous appuyant sur le premier paragraphe, expliquez la formule du narrateur (l. 4) : « Je me sens tout dépaysé ». *(4 points)*

▶ **5.** Lignes 30 à 38 :
a) Quelles remarques pouvez-vous faire sur la disposition et les procédés d'écriture dans ce passage ? Trois remarques au moins sont attendues. *(5 points)*
b) Quel est, selon vous, l'effet recherché par le narrateur dans ce passage ? Développez votre réponse. *(2 points)*

▶ **6.** Dans le dernier paragraphe, pourquoi le narrateur est-il déconcerté et effrayé (l. 42-43) ? Justifiez votre réponse en vous appuyant sur le texte. *(4 points)*

▶ **7.** Ce texte est extrait d'un livre intitulé *Les Vraies Richesses*. Quelles sont, selon vous, les « vraies richesses » auxquelles pense l'auteur ? Rédigez une réponse construite et argumentée. *(6 points)*

▶ **8.** Que ressentez-vous en regardant l'œuvre de Jean-Pierre Stora (document B) ? Expliquez votre réponse. *(4 points)*

▶ **9.** Cette œuvre (document B) peut-elle illustrer la manière dont le narrateur perçoit la foule dans le texte de Jean Giono (document A) ? Développez votre réponse. *(4 points)*

DICTÉE — 10 POINTS • 20 MIN

Le nom de l'auteur et le titre de l'œuvre sont écrits au tableau au début de la dictée.

Jean Giono
Les Vraies Richesses, 1936

De temps en temps, je m'arrête, je tourne la tête et je regarde vers le bas de la rue où Paris s'entasse : des foyers éclatants et des taches de ténèbres piquetées de points d'or. Des flammes blanches ou rouges flambent d'en bas comme d'une vallée nocturne où s'est arrêtée la caravane des nomades. Et le bruit : bruit de fleuve ou de foule. Mais les flammes sont fausses et froides comme celles de l'enfer. En bas, dans un de ces parages sombres est ma rue du Dragon, mon hôtel du Dragon. Quel ordre sournois, le soir déjà lointain de ma première arrivée, m'a fait mystérieusement choisir cette rue, cet hôtel au nom dévorant et enflammé ? Il me serait facile, d'ici, d'imaginer le monstre aux écailles de feu.

RÉDACTION — 40 POINTS • 1 H 30

Vous traiterez au choix l'un des deux sujets. Votre rédaction sera d'une longueur minimale d'une soixantaine de lignes (300 mots environ).

Sujet de réflexion

Pensez-vous comme Jean Giono que la ville soit un lieu hostile ? Vous proposerez une réflexion organisée et argumentée en vous appuyant sur vos lectures et vos connaissances personnelles.

Sujet d'imagination

Vous vous sentez vous aussi « dépaysé(e) » en arrivant dans une ville. Racontez cette expérience. Vous décrivez les lieux que vous découvrez, vous évoquez vos impressions et vos émotions.
Vous ne signerez pas votre texte de votre nom.

LES CLÉS DU SUJET

Les documents

Le texte littéraire (document A)

Dans *Les Vraies Richesses*, Jean Giono dénonce la vanité de la vie citadine et chante la gloire de la campagne et d'une vie plus proche de la nature. L'extrait présenté ici se situe au début de l'ouvrage.

L'image (document B)

Jean-Pierre Stora s'est passionné pour les foules qui déambulent dans des centres commerciaux ou des aéroports. Nombre de ses œuvres soulignent l'absurdité de certains comportements dans ces lieux.

Rédaction (sujet de réflexion)

Recherche d'idées

- Pour appuyer la thèse de Jean Giono, reprends des idées présentes dans le texte : l'anonymat de la foule, le rythme de vie trop rapide, la perte de sens et le dédain des vraies richesses.
- Pour terminer ton devoir, en guise d'ouverture, tu peux introduire la notion d'espace périurbain : désormais la différence entre ville et campagne n'est plus aussi nette qu'avant.

Conseils de rédaction

- Tu peux répondre positivement ou négativement à la question posée ; tu peux aussi choisir une réflexion opposant les deux thèses : la ville perçue comme hostile ; puis la ville considérée comme accueillante et agréable.
- Utilise des expressions comme *existence citadine* ou *mode de vie urbain* pour éviter de trop répéter le mot *ville*.

Rédaction (sujet d'imagination)

Recherche d'idées

- Tu peux choisir d'évoquer une grande ville réelle connue de tous, une ville réelle de taille plus modeste, ou encore une ville fictive.
- Le sentiment d'étrangeté ressenti en arrivant dans cette ville peut avoir plusieurs causes : une différence avec ta région d'origine, ou un décalage par rapport à tes attentes concernant cette ville.

Conseils de rédaction

- Rédige le texte à la première personne. Tu peux consacrer un premier paragraphe à la description de la ville, et un second à tes impressions ; ou bien mêler description et récit des émotions ressenties.
- Exprime la surprise (*stupéfait, ébahi, ahuri*...), la fascination (*émerveillé, enthousiaste, enchanté*...) ou le rejet (*malaise, répugnance*...).

CORRIGÉ 12

TRAVAIL SUR LE TEXTE LITTERAIRE ET SUR L'IMAGE

Grammaire et compétences linguistiques

▶ **1. a)** Le mot *entassement* désigne un amas d'éléments rassemblés en tas ou en pile. Dans le texte, le synonyme *conglomérat* est employé.

b) Le procédé employé est une énumération.

c) La foule est vue comme un rapprochement d'éléments disparates, étrangers les uns aux autres. Cette foule est perçue négativement, comme hostile : « Mais ce qui vient d'elle à moi n'est pas sympathique. »

▶ **2. a)** Les deux verbes sont conjugués au conditionnel présent.

b) Le conditionnel exprime ici l'irréel du présent, et fonctionne en association avec la conditionnelle introduite par « si ».

▶ **3.** *Les modifications sont mises en couleur.*

« Nous connaissions un petit restaurant où nous prenions notre repas du soir. Nous allions à pied. Nous nous sentions tout dépaysés par la dureté du trottoir et le balancement des hanches qu'il fallait avoir pour éviter ceux qui vous frôlaient. »

> ATTENTION !
> Le mot « tout » ne s'accorde pas, car c'est ici un adverbe : il peut être remplacé par « très » ou « absolument ».

Compréhension et compétences d'interprétation

▶ **4.** À Paris, le narrateur, qui habituellement vit à la campagne, se sent hors de son habitat naturel : il a du mal à s'adapter aux trottoirs, à la foule, aux habitudes urbaines.

▶ **5. a)** Ces lignes sont construites selon un même modèle : une succession de phrases interrogatives, où l'on relève à chaque fois une anaphore (« qui saurait ») et un parallélisme de construction (qui + verbe au conditionnel + verbe à l'infinitif + COD). Chaque interrogation est précédée d'un alinéa : la mise en page crée ainsi une rupture avec le reste du texte.

b) Ces questions sont des interrogations oratoires : la réponse évidente qu'elles supposent, « personne », souligne l'incapacité des hommes modernes à accomplir les tâches essentielles qui ont permis la survie de l'espèce humaine à travers les siècles (s'orienter, faire du feu, se nourrir…). Le mode de vie urbain est donc complètement dissocié de la nature. L'accumulation de questions, comme une démonstration implacable, aboutit à la conclusion finale : personne ne saurait plus vivre.

> ZOOM
> Les interrogations oratoires (ou rhétoriques) sont des questions qui n'attendent pas de réponse, car celle-ci est évidente.

DÉNONCER

▶ **6.** Le narrateur est déconcerté de voir à quel point les talents de l'homme moderne sont vains ; il constate que les gens se contentent d'exécuter des gestes futiles, comme « arrêter un taxi » ou « commander un garçon de café », et il est effrayé de voir qu'ils se sentent à l'aise dans ce monde qui n'a pas grand sens, alors même qu'ils ne connaissent plus les gestes essentiels à la survie.

▶ **7.** Les « vraies richesses » dont parle Giono n'ont rien à voir avec ce que savent faire les citadins. L'expression désigne les savoir-faire utiles et concrets dont l'homme a besoin quand il vit en harmonie avec la nature (*faire du feu, tisser l'étoffe, vivre*), mais aussi les rencontres individuelles, à l'écart de la foule (« le premier geste qu'on aurait si on rencontrait un ami serait de le tirer de là jusqu'à la rive, […] pour avoir enfin la joie de véritablement le rencontrer »).

▶ **8.** L'œuvre présente une série d'allées séparées dans lesquelles des gens se pressent et avancent : tous sont en mouvement, personne ne s'arrête, chacun marche seul.

Les silhouettes humaines, isolées mais toutes identiques, sont semblables à des robots qui défilent sans fin, sans que l'on ne connaisse ni l'origine ni le but du déplacement.

Le comportement humain apparaît donc sous un jour très négatif : tristesse et pessimisme l'emportent lorsqu'on regarde cette image.

▶ **9.** Les points communs sont nombreux entre les deux documents. On ne peut identifier sur le lavis les individus dans la foule : tous se ressemblent, sans distinction d'âge ou de sexe, ce qu'accentue l'usage du noir et blanc. Ils sont obligés d'avancer, au sein d'une foule indifférente. De même Jean Giono parlait d'un « entassement », d'« une anonyme création ». De plus, cette vision de la foule est triste, angoissante, ou ainsi que le disait Giono, « pas sympathique ». Cette œuvre peut donc illustrer le texte.

DICTÉE

POINT MÉTHODE

❶ Deux phrases présentent des sujets inversés ; identifie-les avec précision pour accorder correctement les verbes : […] *où s'est arrêtée la caravane des nomades* ; […] *est ma rue du Dragon*.

❷ Attention aux homophones *ou* (= ou bien) et *où*, présents à quatre reprises dans le texte.

❸ Veille à l'accord des adjectifs au pluriel : *éclatants, piquetées, sombres*… Attention au nom *ténèbres* qui est féminin pluriel.

De temps en temps, je m'arrête, je tourne la tête et je regarde vers le bas de la rue où Paris s'entasse : des foyers éclatants et des taches de ténèbres piquetées de points d'or. Des flammes blanches ou rouges flambent d'en bas comme d'une vallée nocturne où s'est arrêtée la caravane des nomades. Et le bruit : bruit de fleuve ou de foule. Mais les flammes sont fausses et froides comme celles de l'enfer. En bas, dans un de ces parages sombres est ma rue du Dragon, mon hôtel du Dragon. Quel ordre sournois, le soir déjà lointain de ma première arrivée, m'a fait mystérieusement choisir cette rue, cet hôtel au nom dévorant et enflammé ? Il me serait facile, d'ici, d'imaginer le monstre aux écailles de feu.

RÉDACTION

Voici un exemple de rédaction sur chacun des deux sujets. Attention les indications entre crochets ne doivent pas figurer sur ta copie.

Sujet de réflexion

[Introduction] Dans son ouvrage *Les Vraies Richesses*, Jean Giono présente la ville comme un lieu hostile qui ne permet pas les rencontres individuelles. La ville est-elle réellement un lieu désagréable et nuisible ? Nous nous demanderons d'abord pour quelles raisons la ville est un environnement parfois néfaste pour l'homme ; nous verrons ensuite que la ville peut aussi être synonyme d'épanouissement personnel.

[Un lieu hostile] La vie urbaine n'est pas toujours agréable, pour plusieurs raisons. Tout d'abord, les citadins vivent entassés : les logements en appartements offrent souvent peu d'espace et les déplacements se font dans la foule et la promiscuité. Dans cet environnement anonyme, personne ne se préoccupe de savoir qui nous sommes vraiment. Ensuite, comme Jean Giono le fait remarquer, la vie en ville éloigne l'homme de la nature et des connaissances indispensables à sa survie : nul citadin ne sait plus aujourd'hui allumer un feu en pleine nature sans briquet ni allumettes.

[Un lieu d'épanouissement] Néanmoins, le mode de vie urbain a quelques conséquences positives. En effet, la ville favorise de multiples rencontres, ce qui n'est pas le cas de l'environnement rural. Nombre de jeunes gens sont ravis de s'installer en ville pour suivre leurs études : ils nouent de nouvelles relations, avec des gens ayant les mêmes centres d'intérêt. Par ailleurs, la vie citadine, en concentrant les activités humaines, offre un accès privilégié à la culture et aux savoirs : les formations et les expositions ne sont jamais aussi nombreuses qu'en ville.

[Conclusion] La ville est désagréable par certains aspects et éloigne l'homme de la nature, elle peut pour cela être considérée comme hostile. Mais elle permet également de multiplier les rencontres, ce qui en fait un lieu d'épanouissement. Aujourd'hui toutefois, la distinction entre ville et campagne n'est plus aussi marquée qu'auparavant : ainsi, les espaces périurbains présentent en même temps les caractéristiques de la ville et celles de la campagne.

Sujet d'imagination

[Circonstances] Un matin, lorsque j'étais enfant, ma mère m'annonça qu'à Pâques nous nous rendrions à Nice pour une réunion de famille chez le parrain de mon frère, dont je n'avais absolument aucun souvenir. Je n'étais pas ravie à l'idée de m'éloigner de mes amis durant les vacances. Je n'imaginais pas alors à quel point j'allais être dépaysée en arrivant là-bas.

[Découvertes et émotions] Lorsque le train s'arrêta en gare de Nice, je crus arriver dans un pays étranger. La chaleur, la lumière, la décontraction des passants me semblèrent d'emblée à mille lieues de ma Normandie natale. Chez moi, quand il ne pleut pas, le ciel est souvent couvert, l'herbe est verte et l'humidité omniprésente. Mais là, je découvrais une autre France. C'était la ville certes, mais pas la ville grise : une ville orange, une ville lumineuse, une ville aérée. Que de couleurs ! Et les odeurs…

> CONSEIL
> Pense à solliciter tous les sens dans ta description : vue, ouïe, odorat…

Notre chemin nous fit passer devant un grand parc, et la profusion de fleurs odorantes, dont je me souviens encore, me bouleversa : la nature, bien que cadenassée entre les grilles d'un parc, réussissait à imposer sa force et sa beauté. Je fus immédiatement séduite par cet environnement et n'eus qu'une envie : voir la mer qui bordait cette cité. Je dus attendre le lendemain pour l'apercevoir, mais je ne fus pas déçue : elle était grandiose et se faisait entendre avant même d'être vue.

[Bilan] Frappée d'une évidence, je compris à cet instant que mon univers ne se bornait pas à ce que je connaissais et que ce sentiment de dépaysement que je ressentais alors était d'une richesse infinie.

SUJET

13

D'après Centres étrangers • Juin 2017
100 points

Une fuite dans l'imaginaire

DÉNONCER

DOCUMENT A **Texte littéraire**

Emma Bovary est l'épouse de Charles, un homme avec lequel elle n'est pas heureuse. Déçue par sa vie monotone, elle rêve de mener une vie mondaine comme les princesses ou les actrices des romans et des magazines qu'elle lit.

Comment était-ce Paris ? Quel nom démesuré ! Elle se le répétait à demi-voix, pour se faire plaisir ; il sonnait à ses oreilles comme un bourdon de cathédrale, il flamboyait à ses yeux jusque sur l'étiquette de ses pots de pommade. […]

Elle s'acheta un plan de Paris, et, du bout de son doigt, sur la carte, elle faisait des courses dans la capitale. Elle remontait les boulevards, s'arrêtant à chaque angle, entre les lignes des rues, devant les carrés blancs qui figurent les maisons. Les yeux fatigués à la fin, elle fermait ses paupières, et elle voyait dans les ténèbres se tordre au vent des becs de gaz[1], avec des marche-pieds de calèches, qui se déployaient à grand fracas devant le péristyle des théâtres.

Elle s'abonna à *la Corbeille,* journal des femmes, et au *Sylphe des salons.* Elle dévorait, sans en rien passer, tous les comptes rendus de premières représentations, de courses et de soirées, s'intéressait au début d'une chanteuse, à l'ouverture d'un magasin. Elle savait les modes nouvelles, l'adresse des bons tailleurs, les jours de Bois ou d'Opéra. Elle étudia, dans Eugène Sue, les descriptions d'ameublements ; elle lut Balzac et George Sand[2], y cherchant des assouvissements[3] imaginaires pour ses convoitises personnelles. À table même, elle apportait son livre, et elle tournait les feuillets, pendant que Charles mangeait en lui parlant.

Paris, plus vague que l'Océan, miroitait donc aux yeux d'Emma dans une atmosphère vermeille. La vie nombreuse qui s'agitait en ce tumulte[4] y était cependant divisée par parties, classée en tableaux distincts. Emma n'en apercevait que deux ou trois qui lui cachaient tous les autres, et représentaient à eux seuls l'humanité complète. Le monde des ambassadeurs marchait sur des parquets luisants, dans des salons lambrissés de miroirs, autour de tables ovales couvertes d'un tapis de velours à crépines d'or[5]. Il y avait là des robes à queue, de grands mystères, des angoisses dissimulées sous des sourires. [...] Dans les cabinets de restaurant où l'on soupe après minuit riait, à la clarté des bougies, la foule bigarrée des gens de lettres et des actrices. Ils étaient, ceux-là, prodigues[6] comme des rois, pleins d'ambitions idéales et de délires fantastiques. C'était une existence au-dessus des autres, entre ciel et terre, dans les orages, quelque chose de sublime.

Gustave Flaubert, *Madame Bovary*, 1857.

---

1. Becs de gaz : éclairage public au XIXe siècle.
2. Eugène Sue, Balzac, George Sand : romanciers célèbres du XIXe qui ont décrit Paris.
3. Assouvissements : satisfactions.
4. Tumulte : foule débordante d'énergie.
5. Flaubert décrit ici des intérieurs très luxueux.
6. Prodigues : dépensiers.

DOCUMENT B **Publicité pour la marque Chanel, 1982**

TRAVAIL SUR LE TEXTE LITTÉRAIRE ET SUR L'IMAGE

50 POINTS • 1 H 10

Les réponses doivent être entièrement rédigées.

Grammaire et compétences linguistiques

▶ **1.** « Miroitait » (l. 22) :

a) Trouvez un mot de la même famille. *(1 point)*

b) Par quel synonyme pourriez-vous remplacer le mot « miroitait » dans la phrase ? *(1 point)*

c) Comment interprétez-vous le choix du verbe « miroitait » ? *(4 points)*

▶ **2.** « À table même, elle apportait son livre, et elle tournait les feuillets, pendant que Charles mangeait en lui parlant » (l. 19-21).

a) Identifiez le temps et le mode utilisés dans cette phrase. *(2 points)*

b) Justifiez leur emploi. *(2 points)*

▶ **3.** « Elle étudia, dans Eugène Sue, des descriptions d'ameublements ; elle lut Balzac et George Sand, y cherchant des assouvissements imaginaires pour ses convoitises personnelles. À table même, elle apportait son livre, […] tournait les feuillets, pendant que Charles mangeait en lui parlant. » (l. 17-21)

Réécrivez ce passage en remplaçant « elle » par « je ». Vous ferez toutes les transformations qui en découlent. *(10 points)*

Compréhension et compétences d'interprétation

▶ **4.** Emma s'est-elle déjà rendue à Paris ? Justifiez votre réponse. *(3 points)*

▶ **5.** Que ressent Emma pour Paris ?

❑ de la crainte ❑ de la fascination ❑ de la curiosité.

a) Recopiez la bonne réponse sur votre copie. *(1 point)*

b) Justifiez votre choix en citant au moins deux éléments. *(2 points)*

▶ **6.** Quel est le quotidien d'Emma ? Vous vous appuierez sur le texte pour justifier votre réponse. *(4 points)*

▶ **7.** D'après le dernier paragraphe, quelle vie Emma rêve-t-elle de vivre ? *(4 points)*

▶ **8.** Quels travers de la société Flaubert dénonce-t-il ? *(4 points)*

▶ **9.** Selon vous, cette critique est-elle encore d'actualité ? *(4 points)*

▶ **10.** Regardez le document B. Commentez la façon dont cette femme tient le tableau de *La Joconde*. *(2 points)*

▶ **11.** En vous appuyant sur le document iconographique et sur le texte, dites quelle image de la femme française est ici véhiculée. *(6 points)*

DICTÉE 10 POINTS • 20 MIN

Le nom de l'auteur, le titre de l'ouvrage, ainsi que « Bérénice » sont écrits au tableau au début de la dictée.

Louis Aragon
Aurélien, 1945

Brusquement la ville s'ouvrait sur une perspective, et Bérénice sortait de cet univers qui l'effrayait et l'attirait [...]. Que c'est beau, Paris ! Là même où les voies sont droites, et pures, que de tournants... Nulle part à la campagne, le paysage ne change si vite ; nulle part, même dans les Alpes ou sur les bords de la mer ; il n'y a de si forts aliments pour le rêve d'une jeune femme désœuvrée, et ravie de l'être, et libre, libre de penser à sa guise, sans se surveiller, sans craindre de trahir sur son visage le fond de son cœur, de laisser échapper une phrase qu'elle regretterait parce qu'elle aurait fait du mal à quelqu'un...

RÉDACTION 40 POINTS • 1 H 30

Vous traiterez au choix l'un des deux sujets. Votre travail fera au moins deux pages (soit une cinquantaine de lignes).

Sujet d'imagination

Vous êtes journaliste et vous devez rédiger un article invitant à découvrir un lieu qui vous semble digne d'intérêt. Dans votre texte, vous présenterez les atouts géographiques et culturels de cet endroit. Vous veillerez à ne pas signer votre article.

Sujet de réflexion

« Il y avait là des robes à queue, de grands mystères, des angoisses dissimulées sous des sourires. » (l. 29-30) Pourquoi, selon vous, la vie des stars et des personnes célèbres fascine-t-elle toujours autant ?
Vous répondrez à cette question dans un développement argumenté et organisé en vous appuyant sur votre expérience, vos lectures, votre culture personnelle et les connaissances acquises dans l'ensemble des disciplines.

LES CLÉS DU SUJET

Les documents

Le texte littéraire (document A)

Madame Bovary raconte le destin d'une jeune fille de province, d'origine paysanne mais élevée en « demoiselle », qui croit échapper à sa condition par son mariage ; très vite pourtant elle délaissera ses illusions. Couverte de dettes, abandonnée par ses amants, désespérée, elle se suicide.

L'image (document B)

Cette publicité pour la célèbre marque de haute couture met en scène une parisienne élégamment vêtue. L'effet de surprise provient du tableau de Léonard de Vinci qu'elle tient négligemment dans la main, comme s'il s'agissait d'un achat anodin.

Rédaction (sujet d'imagination)

Recherche d'idées

- Pense à un lieu que tu connais et que tu apprécies ; il te sera plus simple ainsi de trouver ses atouts.
- Le lieu à présenter peut être un quartier, une ville, une région, un pays.

Conseils de rédaction

- Choisis un titre pour ton article : court, il doit attirer l'attention ; tu peux l'accompagner d'un sous-titre, apportant des informations complémentaires.
- Écris ensuite le chapeau : un texte court qui résume l'essentiel de l'information et permet d'accrocher l'attention du lecteur.
- Rédige enfin l'article, que tu peux émailler d'intertitres. Termine par une phrase de conclusion.

Rédaction (sujet de réflexion)

Recherche d'idées

- Le sujet ne demande pas de juger si cette fascination est légitime, mais simplement d'essayer de comprendre les raisons de cette fascination.
- Pour comprendre ce comportement, essaye d'analyser tes propres agissements : y a-t-il des célébrités que tu admires ? Pour quelles raisons ?

Conseils de rédaction

- Tu veilleras, dans ton introduction, à reprendre ou à reformuler la question posée dans le sujet, qui te servira de problématique.
- Les exemples doivent seulement servir à illustrer ton propos : tu ne dois donc pas raconter en détail toutes les mésaventures arrivées à telle ou telle star de la chanson.

CORRIGÉ 13

TRAVAIL SUR LE TEXTE LITTERAIRE ET SUR L'IMAGE

Grammaire et compétences linguistiques

▶ **1. a)** « Miroir » est un mot de la même famille que « miroitait ».

b) Le verbe peut être remplacé par ses synonymes, « scintillait » ou « brillait ».

c) Le verbe « miroitait » indique que Paris est pour Emma une image brillante, mais aussi inaccessible. Or, comme le reflet du miroir, cette image est sans doute imparfaite et trompeuse.

> INFO +
> Faire miroiter quelque chose à quelqu'un, c'est lui promettre un avantage, qu'il n'a en réalité aucune certitude d'obtenir.

▶ **2. a)** Les verbes « apportait, tournait, mangeait » sont conjugués à l'imparfait de l'indicatif.

b) L'imparfait est utilisé pour décrire une action qui se répète, une habitude.

▶ **3.** *Les modifications sont mises en couleur.*

« J'étudiai, dans Eugène Sue, des descriptions d'ameublements ; je lus Balzac et George Sand, y cherchant des assouvissements imaginaires pour mes convoitises personnelles. À table même, j'apportais mon livre, [...] tournais les feuillets, pendant que Charles mangeait en me parlant. »

Compréhension et compétences d'interprétation

▶ **4.** Emma ne s'est jamais rendue à Paris. La phrase interrogative par laquelle débute le texte traduit les pensées d'Emma, qui s'interroge sur l'aspect de la capitale qu'elle n'a jamais vue : « Comment était-ce, Paris ? »

▶ **5. a)** Emma ressent avant tout de la fascination pour cette ville.

b) Plusieurs éléments du texte témoignent de cette fascination. Ainsi l'héroïne se « répétait à demi-voix [le nom de Paris] pour se faire plaisir ». Ce nom « sonnait à ses oreilles » et « flamboyait à ses yeux ». L'admiration passionnée d'Emma se lit également dans la phrase : « Paris, plus vaste que l'Océan, miroitait donc aux yeux d'Emma dans une atmosphère vermeille. »

▶ **6.** La vie d'Emma semble monotone, ordinaire et banale : elle reste chez elle, dîne avec son mari le soir. Seule la lecture (d'un plan ou de gazettes) et l'imagination lui permettent d'échapper à ce quotidien qu'elle juge ennuyeux.

▶ **7.** Emma rêve de vivre une existence bouillonnante (« vie nombreuse », « tumulte ») et luxueuse (comme le montre la description des salons des ambassadeurs), mais également mondaine, joyeuse et fantaisiste, où elle côtoierait des artistes (« riait [...] la foule bigarrée des gens de lettres », « pleins d'ambitions idéales et de délires fantastiques »).

▶ **8.** Au travers du personnage d'Emma, Flaubert semble dénoncer ici la tendance à se montrer insatisfait de ce que l'on a, pour se complaire dans des rêves de richesse et d'existence brillante. Toutefois, on peut également supposer que l'auteur déplore la vie solitaire et étriquée à laquelle est condamnée Emma.

▶ **9.** Aujourd'hui encore, beaucoup de magazines ou d'émissions mettent en avant la vie luxueuse, ou tumultueuse, des têtes couronnées et des célébrités ; ce qui peut pousser les lecteurs à rêver de cet univers brillant, et à s'imaginer côtoyant des vedettes. Cette critique est donc encore d'actualité.

▶ **10.** La femme sur la photographie tient le tableau de *La Joconde* de manière très désinvolte, la tête en bas, sans soin particulier. De son autre main elle semble héler un taxi, rabaissant ainsi le célèbre tableau de Léonard de Vinci au statut d'emplette faite par une femme aisée de la capitale.

▶ **11.** Les deux documents mettent en avant des images de femmes attirées par le luxe et la vie mondaine et parisienne. L'art lui-même n'est qu'une manière d'assouvir cette soif de richesses : Emma lit les grands romanciers du XIXe siècle, mais uniquement pour s'imaginer dans les univers luxueux qu'ils décrivent ; *La Joconde* n'est plus le tableau le plus célèbre au monde, mais un objet de consommation qu'il est possible de s'offrir négligemment.

DÉNONCER

DICTÉE

POINT MÉTHODE

1 Sois vigilant avec les déterminants *cet* et *nulle*, qui s'accordent avec le nom qu'ils déterminent : *univers* (masculin) et *part* (féminin).

2 Ne confonds pas les homophones employés dans le texte : *où/ou* (= ou bien), *son/sont* (= étaient), et bien sûr *voix/voie* (= routes).

3 Attention à l'accord des adjectifs : *droites* et *pures* qualifient les *voies* ; *désœuvrée* et *ravie* s'accordent avec *jeune femme*.

Brusquement la ville s'ouvrait sur une perspective, et Bérénice sortait de cet univers qui l'effrayait et l'attirait [...]. Que c'est beau, Paris ! Là même où les voies sont droites, et pures, que de tournants... Nulle part à la campagne, le paysage ne change si vite ; nulle part, même dans les Alpes ou sur les bords de la mer ; il n'y a de si forts aliments pour le rêve d'une jeune femme désœuvrée, et ravie de l'être, et libre, libre de penser à sa guise, sans se surveiller, sans craindre de trahir sur son visage le fond de son cœur, de laisser échapper une phrase qu'elle regretterait parce qu'elle aurait fait du mal à quelqu'un…

RÉDACTION

Voici un exemple de rédaction sur chacun des deux sujets.
Attention les indications entre crochets ne doivent pas figurer sur ta copie.

Sujet d'imagination

[Titre] **Une destination corsée**

[Chapeau] La Corse, cette île qui se situe au large de la côte d'Azur, est réputée pour sa beauté. Pourtant, les visiteurs passent souvent à côté de ce qui fait le charme unique de cette terre si particulière : la variété de ses paysages et l'indépendance d'esprit de ses habitants.

> INFO +
> Le titre de cet article consacré à la Corse joue ici sur sa proximité phonique avec le nom de l'île : *corsé* signifie consistant, puissant, voire complexe.

[Développement] La Corse séduit grâce à ses plages qui rappellent les Caraïbes. C'est cet atout majeur qui fait de l'île une destination de choix pour les vacances estivales. Les amateurs d'activités aquatiques peuvent pratiquer le *windsurf*, la plongée, la pêche ou encore le canoë. Mais la Corse présente d'autres atouts non négligeables.

Ainsi le relief montagneux offre des randonnées magnifiques et sauvages dans l'intérieur des terres, randonnées qui peuvent être pratiquées toute l'année, et non plus seulement l'été. De même, l'atmosphère qui règne dans les petits villages rendus déserts par le soleil trop fort, est d'une séduction évidente : les odeurs des plantes et les silhouettes de chats, seules rencontres possibles, laissent une impression merveilleuse.

Parallèlement, plane sur l'île l'ombre de Napoléon, dont le souvenir est vivace et dont de nombreux lieux portent la trace. Les Corses sont ainsi familiers du grand empereur, et agissent parfois avec cette majesté impériale qui fascine ou indigne le pauvre touriste. Le restaurateur d'un petit village est ainsi célèbre pour n'ouvrir son restaurant que lorsque cela lui chante : pour y manger, le visiteur de passage devra compter sur la chance ! Enfin c'est grâce à cette liberté d'esprit que la Corse fut, du temps où elle était indépendante, la première nation à accorder le droit de vote aux femmes… en 1755.

[Conclusion] Cette liberté revendiquée par rapport aux usages habituels est sans doute la spécificité la plus précieuse de cette île, qui par ailleurs ne manque pas d'atouts. Et ce sont bien ces particularités inattendues et parfois déroutantes qui font de la Corse un lieu unique et digne d'intérêt.

Sujet de réflexion

[Introduction] Dans *Madame Bovary*, le personnage d'Emma, qui se sent prisonnière de la monotonie de sa vie, s'imagine avec délectation côtoyer des gens riches et célèbres, qu'elle n'a aucune chance de rencontrer, mais dont elle lit les occupations dans des gazettes et journaux pour femmes. Aujourd'hui encore, la vie des célébrités fascine toujours autant : le nombre de *followers* de certaines stars le prouve. Quelles sont donc les raisons de cette fascination ? Nous verrons que cet engouement cache d'abord un désir d'identification ; et que, par ailleurs, l'univers de luxe et de facilité dans lequel les vedettes évoluent fait souvent rêver.

[S'identifier] Lorsqu'on lit un livre, il nous arrive de nous projeter dans l'univers décrit et de nous imaginer à la place du héros et de l'héroïne. Le lecteur vit, à travers eux, des malheurs terribles et des joies extrêmes, qu'il ne connaît souvent pas dans la vie réelle. C'est peut-être sur le même principe que repose le goût d'une grande partie de la population pour les journaux et magazines qui relatent les succès et les déboires des célébrités. En s'identifiant à ces personnalités, on vit, en rêve, une vie plus rocambolesque, où les soucis du quotidien n'ont plus cours.

[Rêver] Par ailleurs, les stars ont des qualités ou des talents qui sont mis en valeur et qui suscitent l'admiration et l'envie. La beauté physique, la richesse, le succès les transforment en icônes, que l'on admire pour toutes ces qualités que l'on trouve rarement réunies à un tel degré dans notre vie quotidienne.

Marilyn Monroe, par exemple, malgré sa fin tragique, a fait rêver des générations entières. Tout est fait pour que le lecteur aime ces célébrités et se réjouisse de leurs succès, comme si l'on avait besoin de modèles à admirer et à aimer.

CONSEIL
Tu peux prendre tes exemples dans différents domaines : cinéma, sport, chanson, familles royales…

[Conclusion] La vie des célébrités continue donc à fasciner les foules : porteuses de rêve, elles permettent, toujours, d'illuminer le quotidien de leurs paillettes. Il peut néanmoins sembler dangereux de leur accorder un intérêt démesuré, au détriment de sa propre vie, qui elle est réelle.

SUJET 14

France métropolitaine • Septembre 2018

100 points

Des paroles intenses

DOCUMENT A **Texte littéraire**

Orphelin mutilé par la guerre, le jeune Omar-Jo a fui son pays. Il a été accueilli à Paris par des cousins. Il a pour ami Maxime, le responsable d'un manège. Il organise des spectacles.

Lorsqu'il sentait son public avec lui, applaudissant et riant de ses loufoqueries[1], Omar-Jo changeait brusquement de répertoire.

D'abord, il faisait taire la musique ; ses pitreries se fracassaient contre un mur invisible. Ensuite, il laissait un silence opaque planer au-dessus des spectateurs.

D'un seul geste, il arrachait alors les rubans ou les feuillages qui dissimulaient son moignon[2]. Puis, il présentait celui-ci au public, dans toute sa crudité.

Il ôtait son faux nez. En se frottant avec un pan de sa chemise, il se débarbouillait de son maquillage. Sa face apparaissait d'une pâleur extrême ; enfoncés dans leurs orbites, ses yeux étaient d'un noir infini.

Il s'était également dépouillé de ses déguisements qui s'entassaient à ses pieds. Il les piétina avant de grimper sur leurs dépouilles comme sur un monticule, d'où il se remit à parler.

Ce furent d'autres paroles.

Elles s'élevaient du tréfonds, extirpant Omar-Jo de l'ambiance qu'il avait lui-même créée.

Oubliant ses jongleries, il laissait monter cette voix du dedans. Cette voix âpre, cette voix nue qui, pour l'instant, recouvrait toutes ses autres voix.

L'enfant multiple n'était plus là pour divertir. Il était là aussi pour évoquer d'autres images. Toutes ces douloureuses images qui peuplent le monde.

Mené par sa voix, Omar-Jo évoque sa ville récemment quittée. Elle s'insinue dans ses muscles, s'infiltre dans les battements du cœur, freine le voyage du sang. Il la voit, il la touche, cette cité lointaine. Il la compare à celle-ci, où l'on peut, librement, aller, venir, respirer ! Celle-ci, déjà sienne, déjà tendrement aimée.

Ici, les arbres escortent les avenues, entourent les places. De robustes bâtiments font revivre les siècles disparus, d'autres préfigurent l'avenir. Une population diversifiée flâne ou se hâte. Malgré problèmes et soucis, ils vivent en paix. En paix !

Là-bas les îlots en ruine se multiplient, des arbres déracinés pourrissent au fond de crevasses, les murs sont criblés de balles, les voitures éclatent, les immeubles s'écroulent. D'un côté comme de l'autre de cette cité en miettes, on brade les humains !

Omar-Jo se déchaîne, ses paroles flambent. Omar-Jo ne joue plus. Il contemple le monde, et ce qu'il en sait déjà ! Ses appels s'amplifient, il ne parle pas seulement pour les siens. Tous les malheurs de la terre se ruent sur ce Manège.

Tout s'est immobilisé. Les chevaux ont terminé leur ronde. Le public écoute, pétrifié[3].

Maxime, perplexe, n'ose pas faire taire l'étrange enfant.

Après ces cris d'angoisse, il ne reste d'autre issue que de renouer avec la vie.

Omar-Jo ressort de sa poche son vieil harmonica et, retrouvant son souffle, il en tire, une fois de plus, des sons mélodiques et vivaces.

Andrée Chedid, *L'Enfant multiple*, 1989.

---

1. Loufoqueries : actes, propos extravagants, insensés.
2. Moignon : ce qui reste d'un membre qui a été amputé.
3. Pétrifié : au sens propre « transformé en pierre », au sens figuré « immobilisé ».

DOCUMENT B *Enfant jouant dans les ruines de Damas, AFP, 2016*

© Amer Almohibany/AFP

TRAVAIL SUR LE TEXTE LITTÉRAIRE ET SUR L'IMAGE

50 POINTS • 1 h 10

Les réponses doivent être entièrement rédigées.

Grammaire et compétences linguistiques

▶ **1.** « Il s'était également dépouillé de ses déguisements qui s'entassaient à ses pieds. » (l. 13-14)

a) Réécrivez la phrase et soulignez son verbe principal.
À quel temps est-il conjugué ? *(2 points)*

b) Délimitez le groupe complément du verbe principal en le plaçant entre crochets. *(1 point)*

c) Pour vérifier la délimitation du groupe complément, réécrivez la phrase en remplaçant ce complément de verbe par un pronom. *(1 point)*

▶ **2.** Lignes 25-26 : « sa ville récemment quittée ».
Lignes 27-28 : « Il la voit, il la touche, cette cité lointaine. »

a) À quelle classe grammaticale précise appartient le déterminant « sa » ? *(1 point)*

b) À quelle classe grammaticale précise appartient le déterminant « cette » ? *(1 point)*

c) Pourquoi le narrateur change-t-il de déterminant pour désigner la même ville évoquée par Omar-Jo ? *(2 points)*

▶ **3.** Mettez le passage ci-dessous au passé composé.
Faites toutes les modifications nécessaires. *(10 points)*
« Elle s'insinue dans ses muscles, s'infiltre dans les battements du cœur, freine le voyage du sang. Il la voit, il la touche, cette cité lointaine. » (l. 26-28)

Compréhension et compétences d'interprétation

▶ **4.** Dans les lignes 1 à 15 :

a) Dans quel rôle Omar-Jo apparaît-il au début du texte ?
Justifiez votre réponse par quatre relevés précis. *(3 points)*

b) Quels éléments montrent qu'il abandonne progressivement ce rôle ? Vous vous appuierez sur le lexique et l'enchainement des phrases. *(3 points)*

▶ **5.** Lignes 16 à 29 : comment le texte met-il en valeur la puissance de la parole d'Omar-Jo ?
Vous justifierez votre réponse en vous appuyant sur un relevé précis que vous interpréterez.
Deux éléments au moins sont attendus. *(4 points)*

▶ **6.** Lignes 25 à 37 : quelles oppositions Omar-Jo souligne-t-il dans l'évocation des deux villes ?
Identifiez ces oppositions en vous appuyant sur des relevés significatifs. *(6 points)*

▶ **7.** Face à la parole d'Omar-Jo, la réaction du public change. Montrez ce changement. Expliquez-le en vous appuyant sur le texte. *(4 points)*

▶ **8.** Ligne 22 : « L'enfant multiple » : à la lumière du texte et de vos réponses aux questions précédentes, expliquez cette expression qui donne son titre à l'œuvre. On attend un paragraphe construit, développé et argumenté (deux arguments au moins). *(6 points)*

▶ **9.** Le texte met en valeur la puissance de la parole sur le public. Selon vous, l'image proposée peut-elle aussi agir sur ceux qui la regardent ? Vous justifierez votre réponse. *(6 points)*

DICTÉE 10 POINTS • 20 min

Les noms « Maxime », « Manège », ainsi que le nom de l'auteur et le titre de l'œuvre sont écrits au tableau. Les informations suivantes sont données : dans le texte de la dictée, le grand-père d'Omar-Jo resté dans son pays répond à une lettre de Maxime, le responsable du manège.

Andrée Chedid
L'Enfant multiple

Ami Maxime, pour mon petit-fils, merci !

Je viendrai voir votre Manège, un jour. En attendant, il tourne dans ma tête ; je le chéris et le décore de tous les fruits de mon jardin. Par moments, il s'élève comme une soucoupe volante, et plane ou tournoie juste au-dessus de ma maison.

Depuis quelque temps, nos journées sont tranquilles. Les transports publics sont rétablis, le courrier a repris. Je crois pouvoir, bientôt, t'expédier des abricots et des pêches. Tu t'en régaleras.

Notre existence, notre Manège à nous, s'enfonce encore dans les ruines ; mais à présent que les armes se sont tues, de village en village nous arrivons, peu à peu, à recomposer la chaîne, et à nous retrouver. Il faudra bien que ça tourne rond, un jour ! Que notre peuple tout entier remonte sur le même Manège qui s'ébranlera, progressera, sur une musique d'espoir.

RÉDACTION 40 POINTS • 1 h 30

Vous traiterez au choix l'un des sujets suivants.

Sujet d'imagination

L'un des parents a emmené ses enfants au spectacle d'Omar-Jo. À son retour à la maison, il raconte à un autre membre de la famille la scène à laquelle il a assisté, « pétrifié » (l. 43).

Il décrit dans son récit les émotions qu'il a ressenties.

Vous écrirez votre récit à la 1re personne.

Sujet de réflexion

« L'enfant multiple n'était plus là pour divertir. Il était là aussi pour évoquer d'autres images. Toutes ces douloureuses images qui peuplent le monde. » (l. 22-24)

Peut-on faire aussi réfléchir en divertissant ?

Vous répondrez à cette question en développant plusieurs arguments. Vous prendrez appui sur des exemples d'œuvres lues et étudiées en classe ou sur des exemples tirés de votre culture personnelle.

LES CLÉS DU SUJET

■ Les documents

Le texte littéraire (document A)

Ce roman met en scène Omar-Jo, douze ans, récemment arrivé à Paris. Fils d'un père musulman égyptien et d'une mère chrétienne libanaise, il a quitté son pays en guerre, le Liban, après un attentat où ses parents ont perdu la vie et lui-même un bras.

La photographie (document B)

L'image, prise en 2016, montre deux enfants courant et jouant avec des ballons multicolores dans la ville de Damas, en Syrie, ravagée par la guerre depuis 2011. Le conflit aurait fait depuis lors quelques 500 000 victimes.

■ Rédaction (sujet d'imagination)

Recherche d'idées

- Les sentiments évoluent pendant le spectacle : tu peux évoquer d'abord de l'amusement pendant le numéro de clown, puis de la surprise quand le ton change, de l'émotion enfin quand les souffrances sont évoquées.
- Réfléchis également à la gamme des émotions ressenties : effroi quand Omar-Jo montre son bras coupé, plaisir à voir évoquer sa ville avec amour, horreur devant les souffrances décrites, compassion et empathie envers le jeune garçon.

Conseils de rédaction

- Tu dois écrire un récit à la 1re personne : le parent qui a assisté au spectacle rentre chez lui et raconte la scène ; donne quelques informations sur son interlocuteur : l'autre parent ou un enfant plus âgé qu'Omar-Jo, par exemple.
- Le proche peut prendre la parole, pour relancer le récit ou commenter ce qu'il vient d'entendre.

■ Rédaction (sujet de réflexion)

Recherche d'idées

• Le sujet est une question à laquelle on peut aisément répondre par oui ou non. Privilégie une réponse nuancée dans ton devoir.

• Réfléchis aux exemples prouvant que l'on peut divertir et faire réfléchir en même temps : les comédies de Molière invitent les hommes à corriger leurs défauts ; la littérature de science-fiction faire réfléchir aux conséquences que pourraient avoir les progrès scientifiques dans l'avenir.

Conseils de rédaction

• N'oublie pas de faire apparaître clairement les articulations de ton devoir, à l'aide de connecteurs d'addition (*tout d'abord, ensuite*, *enfin*) et d'opposition (*néanmoins*, *à l'inverse*).

• Si tu le souhaites, tu peux dans la conclusion employer la 1re personne du singulier pour exprimer ton opinion personnelle.

CORRIGÉ 14

TRAVAIL SUR LE TEXTE LITTÉRAIRE ET SUR L'IMAGE

Grammaire et compétences linguistiques

▶ **1. a)** et **b)** « Il s'était également dépouillé [de ses déguisements qui s'entassaient à ses pieds]. »

Le verbe pronominal « se dépouiller » est conjugué au plus-que-parfait.

c) « Il s'en était également dépouillé » ou « il s'était également dépouillé de ceux-là ».

▶ **2. a)** « Sa » est un déterminant possessif.

b) « Cette » est un déterminant démonstratif.

c) Dans la première phrase, on insiste sur l'appartenance du personnage à cette ville ; dans la seconde, la ville est offerte au regard du public, elle est désignée, comme montrée du doigt : « il la voit, il la touche ».

▶ **3.** *Les modifications sont en couleur.*

« Elle s'est insinuée dans ses muscles, s'est infiltrée dans les battements du cœur, a freiné le voyage du sang. Il l'a vue, il l'a touchée, cette cité lointaine. »

ATTENTION !
Pour les trois derniers verbes, l'auxiliaire *avoir* est employé ; accorde avec le COD si nécessaire.

Compréhension et compétences d'interprétation

▶ **4. a)** Omar-Jo apparaît dans le rôle du clown, comme le prouvent les indications suivantes : « ses loufoqueries, ses pitreries, son faux nez, son maquillage ».

b) Il abandonne ce rôle de manière progressive. Des indications temporelles rythment ce changement : « d'abord, ensuite, puis, également ». Les éléments du costume de clown sont peu à peu abandonnés : « arrachait, ôtait, se débarbouillait, dépouillé ».

▶ **5.** La puissance de la parole d'Omar-Jo est mise en valeur à l'aide de plusieurs éléments :
– des verbes de mouvement, pour dire que cette voix prend de l'ampleur (« s'élevaient, laissait monter, recouvrait ») ;
– des compléments, pour qualifier cette voix intérieure et profonde (« du tréfonds, du dedans ») ;
– des adjectifs qui insistent sur le caractère authentique de cette voix (« âpre et nue »).

▶ **6.** Omar-Jo évoque de nombreuses oppositions entre les deux villes :
– les bâtiments sont « robustes » ici, ils « s'écroulent » là-bas ;
– les places et les avenues d'ici sont des « îlots en ruine » là-bas ;
– les arbres qui s'alignent le long des avenues ici sont « déracinés » et « pourrissent » là-bas ;
– les hommes enfin vivent « en paix » ici, alors qu'ils sont « bradés » là-bas, à cause des « balles » et des voitures qui « éclatent ».

▶ **7.** Le public qui riait et applaudissait au début du texte change de réaction quand Omar-Jo évoque les souffrances et les malheurs d'une partie du monde. Touchés par ses paroles, les spectateurs ne bougent plus (« tout s'est immobilisé »), sont silencieux et attentifs (« écoute »), comme changés en pierre (« pétrifié »).

▶ **8.** Le personnage d'Omar-Jo est appelé « enfant multiple », pour insister sur ses différentes facettes : il sait divertir comme un clown, mais passe ensuite à un registre plus grave devant le même public ; il porte également en lui l'amour de la ville qu'il a dû quitter, et l'amour de la ville qui l'a accueilli ; il a connu des horreurs (son bras amputé en témoigne), mais est capable de s'amuser.

▶ **9.** L'image proposée montre deux enfants jouant dans une ville en ruine, ravagée par la guerre : Damas, en Syrie. À la tristesse du décor de cette ville détruite, s'opposent la joie, la couleur, la vivacité des enfants qui courent avec des ballons. L'image peut ainsi agir sur ceux qui la regardent : elle montre l'horreur d'une enfance frappée par la guerre, mais aussi l'envie de vivre des enfants touchés et la possibilité pour eux d'être heureux.

CONSEIL
Pour une question sur une image, n'hésite pas à t'appuyer sur tes premières impressions, comme ici le choc dû au contraste très fort entre l'environnement et les enfants.

DICTÉE

POINT MÉTHODE

1 Plusieurs verbes sont conjugués au futur : souviens-toi que la terminaison de la 1re personne du singulier est *-ai*, à ne pas confondre avec *-ais*, terminaison du conditionnel présent. Change de personne pour les différencier :

- *Je viendrai → nous viendrons (futur).*
- *Je viendrais → nous viendrions (conditionnel présent).*

2 Lorsque le participe passé est employé avec l'auxiliaire *être*, veille à l'accorder avec le sujet. C'est aussi le cas pour les verbes pronominaux (sauf ceux qui sont construits avec un COD).

Ami Maxime, pour mon petit-fils, merci !

Je viendrai voir votre Manège, un jour. En attendant, il tourne dans ma tête ; je le chéris et le décore de tous les fruits de mon jardin. Par moments, il s'élève comme une soucoupe volante, et plane ou tournoie juste au-dessus de ma maison.

Depuis quelque temps, nos journées sont tranquilles. Les transports publics sont rétablis, le courrier a repris. Je crois pouvoir, bientôt, t'expédier des abricots et des pêches. Tu t'en régaleras.

Notre existence, notre Manège à nous, s'enfonce encore dans les ruines ; mais à présent que les armes se sont tues, de village en village nous arrivons, peu à peu, à recomposer la chaîne, et à nous retrouver. Il faudra bien que ça tourne rond, un jour ! Que notre peuple tout entier remonte sur le même Manège qui s'ébranlera, progressera, sur une musique d'espoir.

RÉDACTION

Voici un exemple de rédaction sur chacun des deux sujets.
Attention les indications entre crochets ne doivent pas figurer sur ta copie.

Sujet d'imagination

[Entrée en matière] « Alors ce spectacle ? Vous rentrez bien tard. »

François nous attendait depuis une demi-heure déjà. Le dîner était prêt, et l'odeur alléchante.

« Chéri, c'était... »

Intrigué par mon silence, François leva la tête et comprit qu'il s'était passé quelque chose.

> CONSEIL
> L'expression des émotions ne passe pas seulement par le vocabulaire : pense à varier les types de phrases et la ponctuation.

« Tu as l'air... troublée... Et les enfants aussi ! Tout va bien ?

– Oui, nous allons bien, mais vraiment nous avons assisté à un spectacle étrange, qui nous a laissés sans voix, comme pétrifiés ! C'était stupéfiant !

– À la fête foraine ? Allons, encore un de ces tours de passe-passe ; et vous vous êtes laissé prendre comme des...

[Récit du spectacle] – Non, ce n'est pas ça, l'interrompis-je. Il y avait cet enfant, grimé en clown, qui était absurde et drôle au début. Et puis la musique s'est arrêtée, il a enlevé son déguisement et... il avait le bras coupé : il n'avait qu'un moignon, qu'il nous a montré, comme ça. J'ai regardé notre fils, et j'ai eu envie de le serrer fort contre moi. Tout le monde s'est tu. Et c'est là qu'il a commencé à parler. De Paris, de cette ville où il vient d'arriver, de ses quartiers, de ses habitants, qu'il aime comme on devrait tous l'aimer. Puis il a évoqué une autre ville, abîmée, détruite, en guerre où des gens continuent à mourir. Ce n'était pas un numéro, c'était... sincère comme seule une parole d'enfant peut l'être. Il ne voulait pas nous faire honte, il voulait juste nous parler vraiment, de souffrance, mais de joie aussi, de ces deux extrêmes qui se côtoient en lui, mais aussi en nous : nous étions cet enfant au moment où il nous parlait. J'ai rarement été aussi bouleversée. Et quand il s'est tu, personne n'a bougé, personne n'a parlé, personne n'osait. Émus aux larmes, nous le regardions comme notre frère, notre enfant, notre double. Il a alors sorti de sa poche un harmonica et a joué cet air, triste et vivant à la fois. C'était si spécial...

– Comme tu en parles ! Ce doit être un enfant exceptionnel... »

Sujet de réflexion

CONSEIL
Pense à varier les domaines où tu tires tes exemples : vie quotidienne, culture personnelle, lectures scolaires (auteurs classiques comme Molière ou La Fontaine).

[Introduction] Beaucoup de spectacles, de films ou de livres attirent un large public, car ils sont divertissants. Mais est-il possible de faire réfléchir le lecteur ou le spectateur, tout en le divertissant ? Nous verrons d'abord que beaucoup d'œuvres ne visent qu'un seul objectif : amuser leur public. Mais nous nous arrêterons ensuite sur celles qui réussissent un pari difficile : faire réfléchir tout en divertissant.

[Une seule ambition : amuser] De nombreux spectacles cherchent avant tout à être divertissants. Ils répondent en cela aux envies des spectateurs. Après une journée de travail fatigante, beaucoup allument la télévision pour trouver des programmes qui les amusent, sans prétention intellectuelle. C'est sans doute le même objectif qui pousse d'autres personnes à lire quelques pages d'un roman policier ou d'un roman d'amour avant de se coucher. Le divertissement n'a alors pas d'autre but que le délassement.

[Une ambition plus noble : amuser et faire réfléchir] Toutefois, certains spectacles présentés comme amusants sont porteurs d'un enseignement moral et veulent faire réfléchir le public. C'est ainsi que Molière concevait ses comédies, ou La Fontaine ses fables : « La morale apporte l'ennui, le conte fait passer le précepte avec lui. » L'apparence amusante permet aux messages de frapper plus aisément le lecteur.

[Conclusion] Certaines œuvres ne sont faites que pour amuser ; d'autres réussissent à élargir la réflexion du public, tout en restant plaisantes. Le divertissement est d'autant plus réussi qu'il pousse à s'interroger, sur ses actes comme sur ses jugements.

SUJET

15

Polynésie française • Juin 2018
100 points

Dans l'enfer du front

DOCUMENT A Texte littéraire

Première Guerre mondiale. Albert est un soldat français, sous les ordres d'un homme dont il se méfie, Pradelle, un ambitieux qui rêve de devenir capitaine. Depuis plusieurs jours, soldats français et allemands se tiennent tranquilles. Pradelle décide cependant d'envoyer deux poilus en reconnaissance. On entend trois coups de feu. Aucun des deux hommes ne revient. Lorsque Pradelle commande à ses hommes de se ruer vers les lignes ennemies pour venger leurs camarades, tout le monde s'élance. Dans sa course vers les lignes allemandes, Albert découvre les cadavres des deux poilus…

Albert ne sait pas ce qui lui prend, une intuition, il attrape l'épaule du vieux et le pousse. Le mort bascule lourdement et se couche sur le ventre. Il lui faut quelques secondes pour réaliser, à Albert. Puis la vérité lui saute au visage : quand on avance vers l'ennemi, on ne meurt pas de deux balles dans le dos.

Il enjambe le cadavre et fait quelques pas, toujours baissé […]. Le voici devant le corps du petit Louis. […] Albert ne voit pas son visage tout maculé de boue. Il ne voit que son dos. Une balle. Avec les deux balles du vieux, ça fait trois. Le compte y est.

Lorsqu'il se relève, Albert est encore tout hébété[1] de cette découverte. De ce que ça veut dire. À quelques jours de l'armistice, les gars n'étant plus très pressés d'aller chatouiller les Boches, la seule manière de les pousser à l'assaut, c'était de les foutre en pétard : où était donc Pradelle lorsque les deux gars se sont fait tirer dans le dos ?

Bon Dieu…

Stupéfié par ce constat, Albert se retourne et découvre alors, à quelques mètres, le lieutenant Pradelle qui se rue sur lui en courant aussi vite que lui permet son harnachement[2].

Son mouvement est déterminé, sa tête parfaitement droite. Ce qu'Albert voit, surtout, c'est son regard clair et direct, au lieutenant. Totalement résolu. Tout s'éclaire d'un coup, toute l'histoire.

C'est à cet instant qu'Albert comprend qu'il va mourir.

AGIR DANS LA CITÉ

Il tente quelques pas, mais plus rien ne marche, ni son cerveau, ni ses jambes, rien. Tout va trop vite. Je vous l'ai dit, ça n'est pas un rapide, Albert. En trois enjambées, Pradelle est sur lui. Juste à côté, un large trou béant, un trou d'obus.

Albert reçoit l'épaule du lieutenant en pleine poitrine, il en a le souffle coupé. Il perd pied, tente de se rattraper et tombe en arrière, dans le trou, les bras en croix. [...]

Arrivé au fond de la fosse, Albert roule sur lui-même, à peine freiné par son barda[3]. Il s'empêtre les jambes dans son fusil, réussit à se relever et se colle aussitôt à la paroi pentue, comme s'il s'adossait précipitamment à une porte, dans la crainte d'être entendu ou surpris. [...] Albert lève les yeux. Là-haut, campée en surplomb au bord du trou comme l'ange de la mort, se découpe la haute silhouette du lieutenant Pradelle.

Pierre Lemaitre, *Au revoir là-haut*, 2013.

1. Hébété : abasourdi, sidéré, choqué par cette découverte.
2. Harnachement : l'équipement du soldat.
3. Barda : le harnachement, l'équipement du soldat, ses affaires.

DOCUMENT B **Carlos Schwabe, *La Mort et le fossoyeur*, 1900**

Musée d'Orsay.

TRAVAIL SUR LE TEXTE LITTÉRAIRE ET SUR L'IMAGE

50 POINTS • 1 h 10

Les réponses doivent être entièrement rédigées.

Grammaire et compétences linguistiques

Relisez le troisième paragraphe, de « Lorsqu'il se relève » (l. 10) à « Bon Dieu… » (l. 15).

▶ **1. a)** Quelle est la particularité grammaticale de la phrase suivante : « Bon Dieu… » ? *(2 points)*

b) À votre avis, pourquoi l'auteur a-t-il choisi de finir cette phrase avec des points de suspension ? *(4 points)*

▶ **2.** Dans ce troisième paragraphe, relevez deux expressions appartenant au registre de langue familier. Justifiez l'emploi de ce registre. *(4 points)*

▶ **3.** Recopiez ces passages en remplaçant « Albert » par « Albert et son camarade » et en effectuant toutes les modifications grammaticales nécessaires. *(10 points)*

• « Stupéfié par ce constat, Albert se retourne et découvre alors, à quelques mètres, le lieutenant Pradelle qui se rue sur lui […] »

• « Ce qu'Albert voit, surtout, c'est son regard clair et direct, au lieutenant. »

• « C'est à cet instant qu'Albert comprend qu'il va mourir. Il tente quelques pas, mais plus rien ne marche, ni son cerveau, ni ses jambes, rien. »

Compréhension et compétences d'interprétation

▶ **4.** « Tout s'éclaire d'un coup, toute l'histoire. » (l. 21)

a) De quelle « histoire » s'agit-il ? *(4 points)*

b) Comment cette « histoire » s'est-elle reconstituée progressivement dans l'esprit d'Albert ? *(4 points)*

c) Quelle pouvait être la motivation du lieutenant Pradelle ? *(2 points)*

▶ **5.** Relisez le passage de la ligne 16 à la fin.

a) En quoi les actions de Pradelle traduisent-elles sa détermination ? Que pensez-vous de ce personnage ? *(4 points)*

b) Quels sont les différents éléments qui contribuent à créer de l'angoisse ? *(4 points)*

▶ **6.** D'après le troisième paragraphe, à quel moment précis de la guerre se situe l'action ? Quelle est l'importance de cette information ? *(2 points)*

AGIR DANS LA CITÉ

▶ **7.** Quelles réflexions sur l'être humain ce passage du roman vous inspire-t-il ? Justifiez. *(4 points)*

▶ **8.** Observez l'image. Quels points communs et quelles différences relevez-vous entre la scène décrite dans le texte et celle de l'image ? *(6 points)*

DICTÉE 10 POINTS • 20 min

Les noms propres « Maillard », « Pradelle », « Grisonnier », ainsi que le nom de l'auteur et le titre de l'œuvre sont écrits au tableau.

Pierre Lemaitre
Au revoir là-haut

Dès son premier coup de sifflet, quand les hommes avaient commencé à charger, il s'était placé à bonne distance sur la droite, afin d'empêcher les soldats de dériver dans la mauvaise direction. Son sang n'avait fait qu'un tour lorsqu'il avait vu ce type, comment s'appelle-t-il déjà, un gars avec un visage triste et de ces yeux, on dirait qu'il va toujours se mettre à pleurer, Maillard, c'est ça, s'arrêter là-bas, sur la droite, à se demander comment, sorti du boyau, il avait pu arriver jusque-là […].

Pradelle l'avait vu s'immobiliser, revenir sur ses pas, s'agenouiller, intrigué, et repousser le corps du vieux Grisonnier. Or ce corps-là, Pradelle l'avait à l'œil depuis le début de l'attaque parce qu'il devait absolument s'en occuper et, le plus vite possible, le faire disparaître […].

RÉDACTION 40 POINTS • 1 h 30

Vous traiterez au choix l'un des deux sujets suivants.

Sujet d'imagination

Que va-t-il se passer pour le soldat Albert ? Imaginez la suite de ce texte.

Sujet de réflexion

Faut-il être prêt à tout pour atteindre ses objectifs ?

LES CLÉS DU SUJET

Les documents

Le texte littéraire (document A)

Le roman de Pierre Lemaître raconte le retour de deux poilus, Édouard Péricourt, une gueule cassée, et Albert Maillard, dans la société de l'après-guerre où ils ne trouvent plus leur place, ce qui les conduit à monter une escroquerie aux monuments aux morts. Le livre a reçu le prix Goncourt et a été adapté au cinéma.

L'image (document B)

Il s'agit d'un tableau du peintre symboliste suisse Carlos Schwabe. Il met en scène un fossoyeur, dont le métier est d'ensevelir les défunts, et la mort représentée sous la forme d'un ange aux traits féminins.

Rédaction (sujet d'imagination)

Recherche d'idées

- Il s'agit d'une suite de texte. Relis l'extrait, afin de reprendre fidèlement les indications de lieu et celles concernant les personnages.
- Il s'agit d'un sujet d'invention : même si tu as lu le livre ou vu le film, évite de répéter ce que l'auteur a écrit ; laisse aller ton imagination. C'est à toi de décider du sort d'Albert.

Conseils de rédaction

- Essaie de prolonger l'effet de tension et de suspens créé par l'auteur. Ne cherche pas à aller trop vite vers le dénouement. Prends le temps d'exprimer les sentiments des personnages.
- Alterne passages narratifs, descriptifs et éventuellement brefs dialogues.
- Le texte est au présent de narration. Il est préférable que tu continues à employer ce temps.
- L'action est racontée du point de vue d'Albert. Tu peux continuer ainsi.

Rédaction (sujet de réflexion)

Recherche d'idées

- Peut-on réussir si on n'y croit pas vraiment ? Pour autant, penses-tu avoir le droit de tricher pour gagner à un jeu ou dans un sport ? Est-ce bien de s'enrichir en recourant à des moyens malhonnêtes ou en exploitant les autres ?
- Tu peux élargir ta réflexion à un niveau historique, en t'interrogeant, par exemple, sur la décision prise par le gouvernement américain de larguer deux bombes atomiques sur le Japon pour mettre fin à la guerre. La fin justifie-t-elle, selon toi, les moyens employés ?

Conseils de rédaction

Tu peux suivre le plan suivant :

- Introduction : présentation de la question posée.
- Première partie : il est nécessaire de tout mettre en œuvre pour réussir, sinon les chances d'y parvenir sont limitées.
- Seconde partie : cependant, nul n'a le droit de sacrifier les autres pour arriver à ses fins.
- Conclusion : la fin ne saurait toujours justifier les moyens.

CORRIGÉ 15

TRAVAIL SUR LE TEXTE LITTÉRAIRE ET SUR L'IMAGE

Grammaire et compétences linguistiques

▶ **1. a)** « Bon Dieu… » est une phrase nominale : il s'agit d'une interjection.

b) Les points de suspension mettent en évidence la prise de conscience par Albert d'une vérité qu'il ne peut pas encore admettre, tant elle est choquante.

> INFO +
> Une phrase nominale est une phrase sans verbe, constituée d'un nom ou d'un groupe nominal.

▶ **2.** Les expressions « chatouiller les Boches » et « foutre en pétards » relèvent du langage familier. Il s'agit du dialogue intérieur d'Albert qui s'exprime de cette manière populaire qui est la langue des tranchées.

> INFO +
> Il y a trois niveaux de langage : familier, courant et soutenu.

▶ **3.** *Les modifications sont en couleur.*

- « Stupéfiés par ce constat, Albert et son camarade se retournent et découvrent alors, à quelques mètres, le lieutenant Pradelle qui se rue sur eux […] »
- « Ce qu'Albert et son camarade voient, surtout, c'est son regard clair et direct, au lieutenant. »
- « C'est à cet instant qu'Albert et son camarade comprennent qu'ils vont mourir. Ils tentent quelques pas, mais plus rien ne marche, ni leur cerveau, ni leurs jambes, rien. »

Compréhension et compétences d'interprétation

▶ **4. a)** Albert comprend que c'est le lieutenant Pradelle qui a tiré dans le dos des deux poilus pour faire croire à ses hommes à une attaque des Allemands. Pradelle souhaitait les pousser à aller au combat pour venger leurs deux camarades.

b) Albert découvre tout d'abord que les poilus ont reçu les balles dans le dos : ce ne peut donc pas être l'œuvre des Allemands qui leur font face. Ensuite, il lit dans le regard de Pradelle toute sa détermination à le tuer à son tour.

c) La motivation de Pradelle est l'ambition : il aimerait finir la guerre par une action d'éclat et en retirer de la gloire, pour accéder au grade de capitaine.

▶ **5. a)** Les actions de Pradelle traduisent sa détermination : il se rue sur Albert ; il a la tête droite et le regard résolu ; il se jette sur lui et le projette d'un coup d'épaule dans un trou d'obus. Il s'agit d'un personnage dépourvu de toute humanité. On ne peut ressentir pour lui qu'une profonde aversion.

b) Plusieurs éléments contribuent à créer de l'angoisse. Tout d'abord, le caractère inattendu et soudain de l'action qui surprend Albert et le lecteur. Ensuite, c'est son issue inéluctable : « Albert comprend qu'il va mourir. » Enfin, c'est la silhouette menaçante de Pradelle vue en contre-plongée, et qui tient Albert à sa merci. La comparaison « comme l'ange de la mort » renforce ce sentiment d'angoisse.

▶ **6.** L'action se situe à quelques jours de l'armistice : les combats sont désormais inutiles et l'ordre d'attaquer absurde.

▶ **7.** Ce passage révèle combien l'ambition peut amener un homme à sacrifier ses semblables pour son profit. Le lieutenant Pradelle, dans son désir de gloire, considère la mort de ses hommes comme le moyen de parvenir à ses fins : il ne ressent aucune compassion, tout à la satisfaction de son ambition.

▶ **8.** La scène décrite dans le texte semble s'inspirer directement du tableau. Le lieutenant Pradelle est en effet comparé à « l'ange de la mort » dont la vue annonce une fin imminente. L'ange et Pradelle dominent tous deux l'homme promis à la mort qui se trouve en contrebas dans une fosse : une tombe qu'il est en train de creuser pour le fossoyeur, un trou d'obus pour Albert.

Cependant, si les deux documents inspirent la même angoisse, celle de l'inéluctabilité de la mort, de son implacabilité, l'ange du tableau est une figure féminine, à la fois inquiétante et enveloppante, alors que le personnage de Pradelle ne montre aucune compassion. Si le fossoyeur semble accepter son sort – son heure est arrivée – Albert se révolte et cherche à échapper à cette mort absurde que l'on peut qualifier d'assassinat.

DICTÉE

POINT MÉTHODE

1 Attention à ne pas confondre ses, ces et *c'est*.
- *revenir sur ses pas = revenir sur ses propres pas.*
- *ces yeux = ces yeux-là.*
- *c'est = cela est.*

2 Attention à ne pas confondre participe passé et infinitif :
Tu peux remplacer *commencé* par *entrepris* → c'est un participe passé.
Tu peux remplacer *charger* par *partir au combat* → c'est un infinitif.

Dès son premier coup de sifflet, quand les hommes avaient commencé à charger, il s'était placé à bonne distance sur la droite, afin d'empêcher les soldats de dériver dans la mauvaise direction. Son sang n'avait fait qu'un tour lorsqu'il avait vu ce type, comment s'appelle-t-il déjà, un gars avec un visage triste et de ces yeux, on dirait qu'il va toujours se mettre à pleurer, Maillard, c'est ça, s'arrêter là-bas, sur la droite, à se demander comment, sorti du boyau, il avait pu arriver jusque-là […].

Pradelle l'avait vu s'immobiliser, revenir sur ses pas, s'agenouiller, intrigué, et repousser le corps du vieux Grisonnier. Or ce corps-là, Pradelle l'avait à l'œil depuis le début de l'attaque parce qu'il devait absolument s'en occuper et, le plus vite possible, le faire disparaître […].

RÉDACTION

Voici un exemple de rédaction sur chacun des deux sujets.
Attention les indications entre crochets ne doivent pas figurer sur ta copie.

Sujet d'imagination

[Introduction] Là-haut, campée en surplomb au bord du trou comme l'ange de la mort, se découpe la haute silhouette du lieutenant Pradelle.

> CONSEIL
> Tu peux commencer en reprenant la dernière phrase du texte.

[La résignation d'Albert] Albert sent que sa dernière heure est venue, que ce trou d'obus sera sa tombe. À quelques jours de l'armistice, il est révolté par une telle injustice. Quelle mort absurde ! Albert se recroqueville contre la paroi boueuse de l'excavation. Il craint que l'officier ne tire sur lui. Il est fait comme un rat. La silhouette qui le domine ne manifeste aucune émotion, impassible, impitoyable. Tout cela pour une médaille, songe Albert, quelle futilité après la boucherie de ces quatre années, ces millions de poilus morts, mutilés, défigurés, traumatisés ! Il a envie de lui hurler sa haine, son profond mépris, mais à quoi bon…

[Un secours inattendu] Soudain, tout s'enchaîne très vite. Albert perçoit un mouvement brusque : il ferme les yeux. Tout est fini, pense-t-il. Un corps s'abat à ses côtés ; le visage de Pradelle s'enfonce dans la boue. Au-dessus de la fosse se découpe une silhouette, bienveillante cette fois, qui tend une main secourable à Albert et l'extirpe de la fosse. C'est un officier : « Deux de vos camarades sont venus me prévenir, apprend-il à Albert. Cet homme répondra de ses crimes devant la cour martiale. »

[Dénouement] Albert regarde s'éloigner Pradelle les mains liées dans le dos. Il ne ressent aucune joie, juste un sentiment de tristesse profonde et d'incompréhension devant l'attitude de cet homme prêt à sacrifier ses hommes pour satisfaire des rêves de gloire bien dérisoires. La guerre va finir, mais il ne sera plus jamais le même, hanté par le souvenir de ceux qui ne reviendront pas.

Sujet de réflexion

[Introduction] Faut-il être prêt à tout pour atteindre ses objectifs ?

[De la nécessité d'être déterminé pour réussir] Il est nécessaire d'être déterminé pour réussir dans une entreprise, un projet. C'est vrai dans le sport, par exemple. Ne devient champion qu'un athlète prêt à bien des sacrifices pour parvenir au plus haut niveau : entraînement très dur, renoncement à certains loisirs, hygiène de vie stricte. De plus, lors d'une compétition, il faut être prêt à aller au bout de soi pour gagner et surpasser ses adversaires.

Il en est de même pour les études : pour réussir un concours, il faut travailler dur et renoncer à son temps libre. On n'obtient rien sans rien donner.

[Le respect d'autrui] Cependant, cette détermination a une limite : celle du respect d'autrui.

Ainsi, on ne saurait être un champion en trichant, sans respecter les règles et ses adversaires. De même, il est révoltant que certains s'enrichissent en exploitant le travail des enfants ou en vendant de la drogue.

À un niveau historique, on peut s'interroger aussi sur le largage par les Américains des bombes atomiques sur Hiroshima et Nagasaki, qui a certes mis fin à la guerre avec le Japon, mais au prix de souffrances terribles pour les populations civiles : était-ce un acte de guerre justifié ou un crime contre l'humanité ?

> CONSEIL
> **Illustre tes arguments avec des exemples précis : cela leur donnera plus de poids. Tu peux les choisir dans tes lectures, tes cours d'histoire ou encore dans l'actualité sociale, politique, sportive…**

[Conclusion] Il faut donc être prêt à tout pour réussir, mais dans la limite du respect d'autrui. Nul n'a le droit de sacrifier les autres pour sa réussite personnelle ou son profit. La fin ne saurait toujours justifier les moyens.

SUJET 16

Asie • Juin 2018

100 points

Au-delà de la guerre

DOCUMENT A **Texte littéraire**

L'action se situe dans les tranchées pendant la Première Guerre mondiale. Après un assaut particulièrement meurtrier, un régiment d'Africains arrive en renfort et porte secours aux blessés. M'Bossolo, l'un des soldats de ce régiment, prend la parole tandis qu'il porte un blessé sur son dos.

M'Bossolo

Je te porterai jusqu'au bout. Tu n'as pas de crainte à avoir. Mon corps a mis du temps à s'habituer à ton poids mais il n'y a plus de fatigue maintenant. Tu es avec moi. Je t'emmène à l'abri. Au-delà des tranchées et du champ de bataille. Il n'y a pas de pays qui soit trop vaste pour moi. Il n'y a pas de fleuve que je ne puisse enjamber ni d'océan où je n'aie pied. Je te porterai jusqu'à chez moi. Bien au-delà de la guerre. Je ne te poserai que lorsque nous aurons atteint la terre de mes ancêtres. Tu connaîtras alors des paysages que tu ne peux imaginer. Je connais des lieux sûrs où aucun ennemi ne pourra t'atteindre. La guerre, une fois là-bas, te semblera une douce rumeur. Je te confierai aux montagnes qui m'ont vu naître. Tu seras bercé par le cri des singes hurleurs de mon enfance. Tu n'as pas de crainte à avoir. Aucun poids ne peut plus entamer mes forces. Nous y serons bientôt. Et lorsque je t'aurai confié à mon vieux continent, lorsque je me serai assuré que tu es sain et sauf, je reviendrai sur mes pas et je finirai ce qui doit être achevé. Le combat m'attend. Il nous reste encore à vaincre. T'avoir mis en lieu sûr me rendra indestructible. Je retrouverai sans trembler la pluie des tranchées et l'horreur des mêlées. Je me fraierai un passage parmi nos ennemis. Plus rien, alors, ne pourra me stopper dans ma charge. Je ne dormirai plus. Je ne mangerai plus. Je ne m'arrêterai que lorsque la guerre sera gagnée. Je dévorerai la terre du front. Faisant reculer l'ennemi. Semant la panique dans ses rangs. Je serai un ogre. Je broierai le métal des batteries, les fils barbelés et les morceaux d'obus qui éclateront à mes pieds. Je serai un ogre et rien ne pourra rassasier ma faim. Lorsque je t'aurai mis en lieu sûr, là-bas, dans ces terres brûlées de soleil, je reviendrai ici en courant. Prenant un élan de plusieurs continents. Je plongerai dans la tourmente, embrassant la boue des tranchées, laissant glisser sur mon visage la pluie et siffler le vent dans mes oreilles, et je planterai mes dents dans l'ennemi. Je reviendrai. Et j'achèverai la guerre d'un coup de poing plongé au plus profond de la terre.

Laurent Gaudé, *Cris*, 2001.

DOCUMENT B **Pompeo Girolamo Batoni, *Énée fuyant Troie, avec Anchise, Ascagne et Créuse*, 1750**

Énée porte son père Anchise ; il est suivi de son fils Ascagne et de sa femme Créuse.

Turin, Galleria Sabauda.

TRAVAIL SUR LE TEXTE LITTÉRAIRE ET SUR L'IMAGE

50 POINTS • 1 h 10

Les réponses doivent être entièrement rédigées.

Grammaire et compétences linguistiques

▶ **1. a)** Quels sont les deux temps les plus utilisés dans le texte ? Pour chacun de ces temps, relevez deux exemples. *(4 points)*
b) Quel est le temps dominant ? Pourquoi ? *(2 points)*

▶ **2.** « Je retrouverai sans trembler la pluie des tranchées et l'horreur des mêlées. Je me fraierai un passage parmi nos ennemis. Plus rien, alors, ne pourra me stopper dans ma charge. Je ne dormirai plus » (l. 19-21). Réécrivez ces phrases en remplaçant la 1re personne du singulier (« je ») par la 3e personne du singulier (« il »). Vous ferez toutes les modifications nécessaires. *(10 points)*

▶ **3.** Comment est formé l'adjectif « indestructible » (l. 18-19) ? Quel est son sens ? *(2 points)*

▶ **4.** « La guerre, une fois là-bas, te semblera une douce rumeur » (l. 11-12) : identifiez la fonction du groupe « une douce rumeur ». *(2 points)*

Compréhension et compétences d'interprétation

▶ **5.** À qui M'Bossolo s'adresse-t-il dans ce passage ? Pourquoi tutoie-t-il ce personnage ? *(4 points)*

▶ **6.** « Au-delà des tranchées et du champ de bataille » (l. 4-5) ; « Bien au-delà de la guerre » (l. 7-8).
a) Dans quel lieu M'Bossolo souhaite-t-il emmener le blessé ? Relevez quatre indices. *(5 points)*
b) Examinez la construction de ces deux phrases : que remarquez-vous ? Quel est l'effet produit ? *(4 points)*

▶ **7.** « Je serai un ogre. […] Je serai un ogre et rien ne pourra rassasier ma faim » (l. 24-26). Quelle figure de style relevez-vous ? Comment met-elle en valeur la métamorphose du personnage ? *(5 points)*

▶ **8.** Quelles sont les différentes caractéristiques du héros dans ce texte ? Citez-en au moins trois et justifiez chacune de vos réponses par des relevés précis. *(6 points)*

▶ **9.** Comparez le texte et l'image : quels points communs trouvez-vous entre M'Bossolo et le personnage d'Énée portant son père Anchise sur ses épaules ? *(6 points)*

DICTÉE **10 POINTS • 20 min**

Le titre de l'œuvre et le nom de l'auteur sont inscrits au tableau.

Laurent Gaudé
Cris
© Éditions Actes Sud, 2001

Mes yeux clignent. Et la nuit profonde est coupée d'éclairs. Je retrouve la tourmente du front, le temps de quelques secondes. Puis je la reperds. Je vois des hommes, que je ne peux compter, je les vois s'agiter autour de moi, ils parlent parfois, mais je ne comprends pas ce qu'ils disent. Je vois des hommes et ce sont les hommes de la nuit. Ils m'ont agrippé et me traînent, je vois leur peau brûlée tout entière, leur peau lisse et noire, plus sombre que la boue. Et je me demande ce qu'ils attendent de moi. Ce sont peut-être les ombres chargées de porter mon corps jusqu'au cœur de la terre.

RÉDACTION **40 POINTS • 1 h 30**

Vous traiterez au choix l'un des sujets suivants.

Sujet d'imagination

Racontez l'arrivée dans les tranchées du régiment d'Africains dont fait partie M'Bossolo.
Vous évoquerez les différentes réactions de ces hommes face à un pays inconnu et à la violence de la guerre.
Votre rédaction mêlera récit, description et dialogues.

Sujet de réflexion

M'Bossolo porte secours à un soldat qu'il ne connaît pas. Selon vous, la solidarité est-elle suffisamment présente dans notre société ?
Vous répondrez à cette question en vous appuyant sur votre expérience, sur les textes étudiés en classe ainsi que sur votre culture personnelle.

LES CLÉS DU SUJET

Les documents

Le texte littéraire (document A)

Cris est un ouvrage présentant les monologues intérieurs de différents personnages, soldats au front pendant la Première Guerre mondiale. Tous touchés par l'horreur, ils sont pourtant capables de faire preuve de solidarité et de courage.

Le tableau (document B)

Dans cette scène mythologique, Énée, prince troyen, s'enfuit de la ville incendiée par les Grecs, avec sa femme, son fils, et son père, Anchise, âgé et boiteux, qu'il porte sur ses épaules. Il parviendra en Italie et fondera la cité qui deviendra Rome.

■ Rédaction (sujet d'imagination)

Recherche d'idées

• Rassemble tes connaissances sur la vie dans les tranchées : la boue, le froid, les rats et le feu ininterrompu forment le quotidien des soldats englués dans un conflit sans issue.

• Imagine le dialogue entre un soldat français et un soldat africain qui arrive : quelle question posera-t-il ? Sera-t-il prêt à risquer sa vie pour des gens dont il ignore tout ?

Conseils de rédaction

• Pour donner une connotation négative à ta description des tranchées, dresse une liste d'expressions à utiliser : *froid mordant, lumière triste, bruit incessant, regards perdus, vermine…*

• Pour évoquer le ressenti des soldats africains découvrant l'horreur des tranchées, utilise un vocabulaire expressif, qui peut aller en s'intensifiant au fur et à mesure du texte : *stupéfait*, *scandalisé*, *abasourdi*, *effrayé*, *terrifié*, *alarmé*, *épouvanté*…

■ Rédaction (sujet de réflexion)

Recherche d'idées

• Commence par reformuler le sujet pour être sûr de l'avoir compris. La solidarité a pour synonymes l'entraide, la fraternité, le partage, l'altruisme.

• Cherche des exemples de solidarité dans notre société : le don d'argent à des associations caritatives, les activités bénévoles, le partage au sein d'un groupe d'amis, l'aide en cas de besoin.

Conseils de rédaction

• Tu peux imaginer un devoir en deux parties pour répondre à la question posée. Évoque, dans un premier temps, les nombreux exemples de solidarité ; dans un second temps, les limites que ces formes prennent dans notre société.

• Alterne les exemples tirés de la vie quotidienne (le temps que consacre ta voisine à une association d'aide aux sans-abri), et de tes lectures (les comportements très héroïques de certains personnages).

CORRIGÉ 16

TRAVAIL SUR LE TEXTE LITTÉRAIRE ET SUR L'IMAGE

Grammaire et compétences linguistiques

▶ **1. a)** Les deux temps les plus employés sont le présent et le futur simple de l'indicatif, dont les exemples sont nombreux. Pour le présent : « Je t'emmène » (l. 4) et « ne peut plus » (l. 14) ; pour le futur : « je te porterai » (l. 1) et « tu connaîtras » (l. 9).

b) Le futur est le temps majoritairement employé : le narrateur explique au blessé qu'il porte où il va l'emmener ensuite. En parlant au futur, il promet au blessé que celui-ci aura un avenir.

▶ **2.** *Les modifications sont en couleur.*

« Il retrouvera sans trembler la pluie des tranchées et l'horreur des mêlées. Il se fraiera un passage parmi leurs ennemis. Plus rien, alors, ne pourra le stopper dans sa charge. Il ne dormira plus. »

▶ **3.** L'adjectif « indestructible » est formé par dérivation : au radical *destruct* sont ajoutés un préfixe privatif (qui signifie le contraire) *in-*, et le suffixe *-ible* qui sert à former l'adjectif. Il signifie ici « invincible » : s'il réussit à mettre en lieu sûr le blessé, alors plus rien ne pourra atteindre ni abattre le narrateur.

▶ **4.** Le groupe nominal « une douce rumeur » est attribut du sujet « la guerre ».

> ATTENTION !
> Le groupe nominal n'est pas un COD du verbe, car il est relié au sujet par un verbe d'état, « sembler ».

Compréhension et compétences d'interprétation

▶ **5.** M'Bossolo s'adresse au soldat blessé qu'il est allé récupérer sur le champ de bataille et qu'il transporte sur son dos pour le mettre à l'abri. Il ne connaît pas ce soldat, mais pourtant le tutoie : frères d'armes dans les tranchées, les soldats sont dans le même camp, celui des survivants.

▶ **6. a)** M'Bossolo souhaite emmener le blessé dans un lieu sûr, loin des combats, ce qui pour lui équivaut à son pays natal, en Afrique. On trouve de nombreuses mentions de cette idée : « la terre de mes ancêtres, des lieux sûrs où aucun ennemi ne pourra t'atteindre, mon vieux continent, ces terres brûlées de soleil ».

b) Il s'agit de deux phrases nominales : elles ne contiennent pas de verbe conjugué. Elles possèdent alors la force d'une sentence.

▶ **7.** L'expression est une métaphore qui assimile le narrateur à un ogre. La deuxième phrase développe cette image avec l'idée de faim insatiable. La force gigantesque qui anime le personnage est ainsi mise en valeur : sa faim de victoire est immense.

> REMARQUE
> On parle de « métaphore filée » quand cette figure se poursuit sur plusieurs termes. C'est le cas ici avec « je dévorerai la terre » et « je planterai mes dents dans l'ennemi ».

▶ **8.** Le héros se montre particulièrement fraternel et rassurant avec le blessé : il le tutoie et le considère comme un frère, ainsi que le montrent les expressions « je te porterai jusqu'au bout », « tu n'as pas de crainte à avoir ».

Il se révèle également robuste et infatigable : « il n'y a plus de fatigue », « il n'y a pas de pays qui soit trop vaste pour moi ».

Il montre enfin un grand courage et une volonté de vaincre dans le combat qu'il reviendra mener : « sans trembler », « faisant reculer l'ennemi ».

▶ **9.** Dans les deux documents, un personnage dans la force de l'âge prend en charge un être plus faible, le porte sur son dos pour lui permettre d'échapper à une situation dangereuse : un assaut meurtrier lors de la Première Guerre mondiale, pour le texte ; le sac et l'incendie de la ville de Troie par les Grecs, pour le tableau de Batoni. Le personnage porté semble s'abandonner totalement à son sauveur : le blessé ne s'exprime pas, le vieillard se repose avec confiance sur l'épaule de son fils. Dans les deux documents, le personnage principal possède véritablement des qualités héroïques : force, courage, dévouement.

DICTÉE

POINT MÉTHODE

1. Sois attentif aux emplois du participe passé : employé seul, il s'accorde avec le nom ; employé avec *être*, il s'accorde avec le sujet ; employé avec *avoir*, il ne s'accorde jamais avec le sujet, mais avec le COD si celui-ci est placé avant le verbe.
2. Ne confonds pas le pronom démonstratif *ce* avec le pronom réfléchi *se*, toujours employé dans une tournure pronominale (*se coiffer*, *s'appeler*, *se blottir*, etc.).
3. N'oublie pas que la plupart des verbes en *-dre*, comme *perdre* et *comprendre*, se terminent par *-ds* à la 1re personne du singulier du présent de l'indicatif.

Mes yeux clignent. Et la nuit profonde est coupée d'éclairs. Je retrouve la tourmente du front, le temps de quelques secondes. Puis je la reperds. Je vois des hommes, que je ne peux compter, je les vois s'agiter autour de moi, ils parlent parfois, mais je ne comprends pas ce qu'ils disent. Je vois des hommes et ce sont des hommes de la nuit. Ils m'ont agrippé et me traînent, je vois leur peau brûlée tout entière, leur peau lisse et noire, plus sombre que la boue. Et je me demande ce qu'ils attendent de moi. Ce sont peut-être les ombres chargées de porter mon corps jusqu'au cœur de la terre.

RÉDACTION

Voici un exemple de rédaction sur chacun des deux sujets.
Attention les indications entre crochets ne doivent pas figurer sur ta copie.

Sujet d'imagination

[L'arrivée] Nous sommes arrivés ce matin en première ligne, gelés et mouillés, après quatre heures de marche dans la nuit froide et humide de ce petit coin du nord de la France. Nous avons compris qu'on approchait quand ce vague bruit de tonnerre qu'on entendait au loin est devenu plus précis. Tirs, sifflements, explosions, cris de bête : ce n'était pas le tonnerre.

[Les réactions] C'étaient les obus. Alors on a connu l'horreur. Les cris, c'étaient ceux des hommes, qui mouraient à quelques mètres de nous. Le pire, c'est que personne ne s'en préoccupait : tout le monde continuait à courir, à tirer, à se protéger, à fumer même. Épuisé sous le poids de mon équipement, j'ai senti tout mon courage me quitter et céder la place à une peur panique. Pourquoi étais-je dans cet enfer ? Je voulais rentrer chez moi, où ces horreurs n'existent pas. Autour de moi, sur le visage de mes compagnons, j'ai lu la même épouvante.

[Le dialogue] Un petit homme tout noir de boue nous a regardés venir vers lui sans sourire. Il nous a expliqué ce qu'il fallait faire :

« L'affrontement a été terrible ce matin. Les Boches n'ont pas cessé une seconde de nous mitrailler. Il y a plein de camarades qui sont tombés, mais tous ne sont pas morts. C'est à vous de jouer maintenant : allez les chercher et ramenez-les.

– Mais mon lieutenant, comment fait-on pour les ramener ? Comment fait-on pour les porter et tirer en même temps ?

– Tu ne tires pas, tu laisses même ton fusil ici, comme ça tu as les deux mains libres pour les ramener. D'ici, on vous couvrira pour empêcher les Allemands de vous abattre comme des lapins. ».

> **CONSEIL**
> Veille à la présentation du dialogue : guillemets au début et à la fin, tirets pour signaler un changement d'interlocuteur.

Il a jeté un œil sur nos visages terrifiés, et ce qu'il y a lu n'a pas dû lui plaire.

« Vous avez peur ! Et vous croyez que ceux qui vous attendent n'ont pas peur peut-être ? Alors faites vos prières si vous voulez, mais allez-y ! Plus vite ! » Et plus doucement, il ajouta : « Ils n'ont que vous… »

Sujet de réflexion

[Introduction] La solidarité désigne l'aide que les gens peuvent s'apporter mutuellement. Les relations entre les individus sont alors renforcées par ces comportements. Cette valeur est-elle suffisamment présente dans notre société, souvent présentée comme individualiste, c'est-à-dire centrée sur l'individu et non sur le groupe ? Nous verrons que la solidarité est présente dans notre société, mais peut-être pas encore suffisamment.

[La solidarité est présente dans notre société…] La solidarité est une valeur que tout le monde apprécie dans notre société. Au sein d'un groupe d'amis, celui qui n'est pas solidaire des autres, qui refuse de partager ses succès ou de prendre en compte les malheurs d'autrui, est vite rejeté. L'acceptation de l'autre et le partage de ce qui lui arrive de bon ou de mauvais est considéré comme essentiel. De la même manière, le don aux associations est pratiqué par nombre de gens. Investir pour la recherche, pour la défense des opprimés, pour l'aide aux plus démunis est un acte ancré dans les habitudes pour beaucoup.

[… mais elle est limitée] Toutefois, la solidarité telle qu'elle est pratiquée dans notre société est limitée. En effet, il est rare de se voir coopérer avec quelqu'un dans le besoin quand cela risque de nous mettre en danger. Si tout le monde s'accorde à dire qu'il est inhumain de laisser des personnes dormir dehors quand les températures sont négatives, rares sommes-nous à leur ouvrir notre foyer. De même, l'admiration pour les héros de la littérature procède du même constat : ils font ce que nous sommes incapables d'effectuer, se mettre en danger pour autrui. Ainsi le personnage de M'Bossolo dans le texte de Gaudé risque sa vie pour mettre le blessé à l'abri, alors même qu'il ne le connaît pas.

[Conclusion] Si les formes de solidarité sont bien présentes dans notre société, elles sont néanmoins limitées : la fraternité disparaît bien souvent quand elle implique un péril. C'est pourquoi nous louons ces héros du quotidien qui sont capables de risquer leur vie pour les autres, redonnant tout son sens à l'adjectif « solidaire ».

D'après France métropolitaine • Septembre 2017
100 points

Une fois cyclone passé...

DOCUMENT A **Texte littéraire**

Patrick Chamoiseau évoque sa petite enfance dans la capitale martiniquaise, Fort-de-France, en compagnie de sa mère, Man Ninotte. Dans cette scène, le petit garçon (désigné par l'expression « le négrillon ») découvre sa ville après le passage d'un cyclone.

À son réveil, il comprit ce que l'on avait attendu. La ville gisait[1] défaite, frappée de boues, d'inondations et d'étrangetés. Des tôles jonchaient les rues, des arbres tombés levaient de cauchemardesques racines dans une dérive d'eau noire, des cochons blancs et des poules sans plumes et des bœufs sans cornes cherchaient sous l'hébétude[2] un ordre posé du monde. Les devantures défoncées libéraient un vomi de naufrages. De gros fils électriques tressautaient sous les décharges de leurs propres étincelles. Posés partout : des armoires orphelines, de hauts miroirs brisés, un coffre-fort flotteur, mille tiroirs sans passés, d'énormes livres étouffés d'eau, bric-à-brac d'un panier caraïbe insensé, l'absolue mise à sac, au rapt, au vrac des poches du ciel, des cœurs et des greniers. Par-dessus, la consternation criarde des premiers arrivés découvrait ce que les vieux-nègres appellent (ou plus exactement crient) : *an tyou-manman*[3], et Césaire[4] : un désastre.

Cyclone c'est vent aveugle. Il bouleverse les affaires des békés[5] et mulâtres[6], il écorce la vie, et durant quelques jours redistribue les parts. En ville, le monde recommençait sous une mer de boue élevée haut comme ça. Les gens des sept mornes[7], généralement épargnés, couraient-venir trouver une chance dans les magasins éventrés. [...]

Le négrillon passait les journées à la fenêtre, suivant des yeux Man Ninotte à travers le quartier. Man Ninotte n'était jamais plus à l'aise que dans l'apocalypse. S'il n'y avait plus d'eau, elle ramenait de l'eau. S'il n'y avait plus de poissons, elle brassait du poisson. Elle trouvait du pain chaud. Elle trouvait des bougies. Elle trouvait des paquets de rêves et les charriait en équilibre dessus son grand chapeau. Et surtout, elle ramenait par poignées des vêtements d'argile, des souvenirs de toiles pris dans un ciment noir, des objets perdus

AGIR DANS LA CITÉ

sous une gangue[8] sans prénom. Cela s'empilait dans la cour dans l'attente du nettoyage. Il la voyait disparaître au bout de la rue, réapparaître à l'autre, massive et puissante sous les ailes de son chapeau, parlant fort, saluant tous, distribuant des conseils que nul ne demandait. Pour cette adversaire des déveines[9], le désastre était un vieil ami. Elle s'y démenait à peine plus que d'habitude, et nous en extrayait le meilleur. [...] Mais, une fois cyclone passé, elle s'élançait dans la bataille comme si elle en avait été le stratège, et, soulevant chaque malheur, elle dénichait chaque chance. En ce temps-là, la nature bouleversée versait du côté de qui n'en avait pas.

Patrick Chamoiseau, *Une enfance créole I, Antan d'enfance*, 1993,

1. Gisait : était étendue sans mouvement.
2. Hébétude : engourdissement des facultés à la suite d'un choc émotif.
3. *An tyou-manman* : expression créole familière équivalente à « un sacré foutoir ».
4. Aimé Césaire (1913-2008) : écrivain et homme politique, maire de Fort-de-France.
5. Békés : riches propriétaires descendant des premiers colons européens.
6. Mulâtres : notables et commerçants métissés descendant des grands propriétaires d'origine européenne.
7. Mornes : collines.
8. Gangue : substance enveloppante.
9. Déveines : malchances.

DOCUMENT B **Carte postale ancienne, photographie d'Adolphe Catan**

Guadeloupe, après le cyclone de 1928. Bateau échoué dans les rues de Pointe-à-Pitre.

TRAVAIL SUR LE TEXTE LITTÉRAIRE ET SUR L'IMAGE — 50 POINTS • 1 H 10

Les réponses doivent être entièrement rédigées.

Grammaire et compétences linguistiques

▶ **1.** « Posés partout [...] des cœurs et des greniers. » (l. 8-12)

a) Faites deux remarques sur la construction de cette phrase. *(3 points)*

b) Quel est l'effet produit par le choix de cette construction ? *(3 points)*

▶ **2.** Lignes 20 à 37.

a) À quel temps les verbes du dernier paragraphe sont-ils conjugués ? Pourquoi ce temps est-il employé ici ? *(2 points)*

b) Quel est le sujet de la plupart des verbes dans ce dernier paragraphe ? *(1 point)*

c) En observant ces verbes, quel autre point commun pouvez-vous remarquer ? *(3 points)*

▶ **3. a)** Réécrivez la phrase suivante en mettant « ville » au pluriel. *(5 points)*

« La ville gisait défaite, frappée de boues, d'inondations et d'étrangetés. » (l. 1-2)

b) Réécrivez le passage suivant en mettant les verbes conjugués au futur. *(5 points)*

« Cyclone c'est vent aveugle. Il bouleverse les affaires des békés et mulâtres, il écorce la vie, et durant quelques jours redistribue les parts. En ville, le monde recommençait sous une mer de boue élevée haut comme ça. » (l. 15-18)

Compréhension et compétences d'interprétation

▶ **4.** « La ville gisait défaite, frappée de boues, d'inondations et d'étrangetés. » (l. 1-2)

a) Comment comprenez-vous cette phrase ? *(3 points)*

b) Comment cette phrase est-elle développée dans la suite du premier paragraphe ? Répondez en vous appuyant sur le texte. *(5 points)*

▶ **5.** « Cyclone, c'est vent aveugle » (l. 15) : comment comprenez-vous cette phrase ? Vous pourrez répondre à cette question en vous appuyant notamment sur la phrase qui suit. *(4 points)*

▶ **6.** Dans le dernier paragraphe, Man Ninotte apparaît aux yeux du petit garçon comme un personnage extraordinaire. Montrez-le en vous appuyant sur vos réponses à la question 2 et sur d'autres éléments du texte. *(8 points)*

▶ **7. a)** Quels rapports pouvez-vous établir entre l'image et le texte ? *(4 points)*
b) Êtes-vous davantage touché(e) par la photographie (document B) ou par le texte littéraire (document A) ? Justifiez votre réponse. *(4 points)*

DICTÉE — 10 POINTS • 20 MIN

Le nom de l'auteur, le titre de l'œuvre et le mot « Superdôme » sont écrits au tableau au début de la dictée.

Laurent Gaudé
Ouragan
Actes Sud, 2010

Lorsqu'ils arrivent aux abords du stade, ils découvrent une foule immense. Il y a des hommes et des femmes partout, épuisés, en haillons, le linge encore mouillé sur les épaules. Des vieillards perdus, le regard vide, des femmes donnant la tétée à des nourrissons. C'est une humanité à ciel ouvert, pauvre, peureuse, affamée. Il y a des serviettes étendues à même le sol, des draps pour tenter de faire des lits. Certains, à bout de forces, se sont allongés, d'autres gémissent tant ils ont faim. Ils [...] pénètrent dans le Superdôme. Une fois à l'intérieur, ils embrassent du regard le stade immense et ce n'est que là qu'ils ont le sentiment d'être à la fin des mondes.

RÉDACTION — 40 POINTS • 1 H 30

Vous traiterez au choix l'un des sujets suivants. Votre rédaction sera d'une longueur minimale d'une soixantaine de lignes (300 mots environ).

Sujet de réflexion

Qu'est-ce qu'être un héros ou une héroïne pour vous ? Vous répondrez à cette question dans un développement organisé et argumenté en vous appuyant sur votre expérience personnelle, sur vos connaissances et sur vos lectures.

Sujet d'imagination

À votre tour, vous évoquerez l'action d'un personnage extraordinaire dans une situation de crise (catastrophe naturelle, climatique, industrielle, guerre...). Comme dans le texte de Patrick Chamoiseau, vous commencerez par décrire cette situation exceptionnelle, puis vous raconterez les actions du personnage.

LES CLÉS DU SUJET

Les documents

Le texte littéraire (document A)

Patrick Chamoiseau est un écrivain antillais dont les œuvres révèlent un intérêt marqué pour la culture populaire martiniquaise. Il obtient le prix Goncourt en 1992 pour son roman *Texaco*. Le texte présenté est issu d'*Une enfance créole*, trilogie autobiographique dans laquelle l'auteur évoque son enfance.

L'image (document B)

Cette carte postale est une photographie qui montre une rue de Pointe-à-Pitre, l'une des principales villes de Guadeloupe, après le passage d'un cyclone, en 1928. Les personnages présents semblent partagés entre la détresse et la résignation. Le point central de la photographie reste la présence aberrante d'un bateau dans les rues, amené en pleine ville par des vents que l'on imagine extrêmement violents.

Rédaction (sujet de réflexion)

Recherche d'idées

Le mot « héros » a plusieurs sens. Il peut désigner un demi-dieu (mythologie grecque), un personnage hors du commun (fictif ou réel), ou encore le personnage principal d'un récit. Quel est le point commun entre tous ces « héros » ? Qu'est-ce qui est le plus important, selon toi, pour être qualifié de « héros » : posséder des qualités extraordinaires ? réaliser des exploits ? avoir un destin hors du commun ? être un modèle à suivre ?

Conseils de rédaction

Tu peux organiser ton devoir autour de deux axes :

1. Les héros de fiction : distingue parmi eux les héros aux qualités hors du commun et les personnages principaux de récits qui peuvent avoir des qualités plus ordinaires.
2. Les héros de la vie réelle : tu peux évoquer d'abord les personnes de ton entourage que tu considères comme des héros du quotidien, et présenter ensuite les personnes érigées en « héros » par la société (« grands hommes », résistants...).

Le fil directeur de ton texte pourra être le désir d'identification que ces différents héros font naître chez toi.

■ Rédaction (sujet d'imagination)

Recherche d'idées

Choisis une situation que tu pourras décrire : des livres, des films, des reportages, des images d'actualité (cyclone Irma, inondations…), peuvent t'aider à te représenter ces situations de crise que sont les catastrophes naturelles ou les guerres. N'hésite pas à t'en inspirer.

Conseils de rédaction

Le sujet ne précise pas si tu dois écrire un texte à la 1re ou à la 3e personne. Si tu fais du narrateur un personnage, il sera alors un témoin direct des événements, et pourra d'autant mieux souligner le caractère extraordinaire des actions du héros.

CORRIGÉ 17

TRAVAIL SUR LE TEXTE LITTÉRAIRE ET SUR L'IMAGE

Grammaire et compétences linguistiques

▶ **1. a)** La phrase est construite de manière particulière. Il n'y a pas de verbe principal : seul le participe passé est présent, l'auxiliaire *être* est omis. On attend en effet : « Étaient posés partout… » Si l'on rétablit cette construction, on s'aperçoit que le sujet, une longue énumération de groupes nominaux, est inversé.

b) La longue énumération donne à voir au lecteur le spectacle de cet immense bric-à-brac à tous vents produit par le cyclone, où des objets sans aucun lien les uns avec les autres se côtoient. Le cyclone a tout balayé.

▶ **2. a)** Le temps principalement employé est l'imparfait de l'indicatif, qui sert à décrire la scène à travers les yeux de l'enfant, mais surtout à citer des actions répétées : à chaque cyclone ou événement apocalyptique, Man Ninotte trouve de l'eau, des poissons, des bougies, etc.

b) La plupart des verbes ont pour sujet le pronom « elle », qui désigne Man Ninotte, la mère du petit garçon. Celle-ci déploie une grande activité en ces périodes troublées.

c) Les verbes dont le sujet est Man Ninotte sont des verbes d'action. On remarque que certains sont répétés plusieurs fois : « ramenait » (2 occurrences) et « trouvait » (3 occurrences) : il s'agit d'insister sur la débrouillardise un peu hors norme du personnage qui réussit à faire l'impossible (« S'il n'y avait plus d'eau, elle ramenait de l'eau »).

▶ **3.** *Les modifications sont en couleur.*

a) « Les villes gisaient défaites, frappées de boues, d'inondations et d'étrangetés. »

b) « Cyclone ce sera vent aveugle. Il bouleversera les affaires des békés et mulâtres, il écorcera la vie, et durant quelques jours redistribuera les parts. En ville, le monde recommencera sous une mer de boue élevée haut comme ça. »

REMARQUE
N'oublie pas le « e » qui, dans le verbe « redistribuer », ne s'entend pas au futur.

Compréhension et compétences d'interprétation

▶ **4. a)** La ville semble sortir d'une bataille qu'elle a perdue : elle est « défaite », « frappée », et gît au sol. L'auteur utilise donc une personnification. Les armes qui l'ont vaincue sont les boues et les inondations, mais aussi les choses étranges produites par ce chaos.

b) La suite du premier paragraphe développe essentiellement ces choses étranges qui flottent dans « une dérive d'eau noire » : le paysage apocalyptique d'une ville comme dévastée par une guerre (« des tôles jonchaient les rues », « les devantures défoncées », « l'absolue mise à sac ») s'accompagne de spectacles saugrenus : « bœufs sans cornes », « coffre-fort flotteur » ; les associations inédites culminent avec le rapprochement des « cœurs » (objets sentimentaux) et des « greniers » (objets au rebut).

▶ **5.** Le cyclone est un vent aveugle : il ne fait pas de distinction et balaye tout sur son passage, y compris les gens appartenant aux classes privilégiées (békés et mulâtres) : c'est « la vie » dans son ensemble qui est touchée, et ce grand nettoyage contribue à une temporaire redistribution des richesses : le « cyclone redistribue les parts ». La particularité de cette phrase repose sur l'absence de déterminants : « cyclone » apparaît ainsi comme un nom propre.

▶ **6.** Man Ninotte apparaît aux yeux du petit garçon comme un personnage extraordinaire : non contente de réussir des missions impossibles (ramener des denrées rares), elle est forte (« massive et puissante »), omniprésente (« parlant fort, saluant tous, il la voyait disparaître au bout de la rue, réapparaître à l'autre ») ; mais surtout elle combat le désastre (« adversaire des déveines, s'élançait dans la bataille ») et réussit à le vaincre (« elle trouvait des paquets de rêves » et « dénichait chaque chance »). Elle transforme une catastrophe en victoire.

▶ **7. a)** Le texte et l'image offrent tous deux le spectacle d'une ville des Antilles françaises touchée par un cyclone. La dévastation est présente dans les deux documents : « les tôles » qui jonchent les rues et « les devantures dévastées » mentionnées dans le texte sont en effet visibles sur la photographie. Les « étrangetés » mentionnées par Patrick Chamoiseau sont aussi illustrées sur la photographie par la présence de ce bateau échoué au milieu de la ville, dont le caractère incongru est manifeste.

b) La photographie, en présentant concrètement les désastres produits par le cyclone, peut sembler plus frappante et à ce titre peut toucher davantage le lecteur. Mais elle est datée et fait référence à une époque qui n'est plus la nôtre. Le texte en revanche, en donnant la possibilité à chacun de se représenter la scène, peut revêtir un aspect plus actuel que la photographie.

REMARQUE
Il n'est pas nécessaire de faire une réponse nuancée à la question 7. b). En revanche, ton avis, quel qu'il soit, doit être justifié.

DICTÉE

POINT MÉTHODE

1 Veille à l'accord des verbes conjugués à la 3e personne du pluriel, au présent. Si le sujet au pluriel est aisément repérable pour certains verbes, grâce à la liaison (*ils arrivent*, *ils embrassent*), ce n'est pas le cas pour *ils pénètrent* qu'il faut bien mettre au pluriel.

2 Attention aux accords du participe passé : employé sans auxiliaire, il fonctionne comme un adjectif qualificatif.

3 Distingue bien les homophones *a* et *à*, *se* et *ce*.

Lorsqu'ils arrivent aux abords du stade, ils découvrent une foule immense. Il y a des hommes et des femmes partout, épuisés, en haillons, le linge encore mouillé sur les épaules. Des vieillards perdus, le regard vide, des femmes donnant la tétée à des nourrissons. C'est une humanité à ciel ouvert, pauvre, peureuse, affamée. Il y a des serviettes étendues à même le sol, des draps pour tenter de faire des lits. Certains, à bout de forces, se sont allongés, d'autres gémissent tant ils ont faim. Ils [...] pénètrent dans le Superdôme. Une fois à l'intérieur, ils embrassent du regard le stade immense et ce n'est que là qu'ils ont le sentiment d'être à la fin des mondes.

RÉDACTION

Voici un exemple de rédaction sur chacun des deux sujets.
Attention les indications entre crochets ne doivent pas figurer sur ta copie.

Sujet de réflexion

Les héros nous impressionnent par leurs capacités hors normes ou leurs qualités exceptionnelles. Il peut s'agir de personnages de fiction comme de personnes réelles. Mais dans les deux cas, le héros éveille souvent en nous un désir d'identification.

[Les héros de fiction] Dans les récits mythologiques, les héros, souvent issus de l'union d'un dieu et d'une mortelle, accomplissent des exploits qu'une personne ordinaire ne saurait réaliser. Leur valeur se révèle dans l'adversité. Hercule, par exemple, accomplit ses douze travaux pour se faire pardonner le meurtre de sa femme. C'est en effet dans les malheurs que le héros peut vraiment montrer tout son courage et toute son intelligence.

Aujourd'hui le terme de « héros » désigne plus communément le personnage principal d'un récit, qui n'est pas forcément héroïque : il a des défauts et des qualités. Mais il possède souvent des traits sympathiques qui permettent de nous identifier à lui. À la lecture des *Trois mousquetaires,* j'ai ainsi ressenti une attirance immédiate pour le personnage de d'Artagnan : bien qu'intelligent et courageux, il apparaît sous un jour légèrement ridicule dans les premières pages, ce qui le rend proche et sympathique.

> CONSEIL
> Comme le suggère le sujet, choisis des exemples issus de différents domaines : lectures (d'Artagnan), expériences personnelles (voisine), connaissances (l'abbé Pierre).

[Les héros de la vie réelle] Mais le terme de « héros », selon moi, fait aussi référence à ces personnes réelles que nous côtoyons parfois et que nous admirons, car elles font preuve dans les moments difficiles d'un courage que nous ne sommes pas sûrs d'avoir. Je pense par exemple à ma voisine, une femme qui s'est retrouvée veuve très jeune, seule pour élever cinq enfants, avec un tout petit salaire de femme de ménage. Sans jamais se plaindre, elle leur a inculqué le goût de l'effort et le respect d'autrui.

À une autre échelle, les personnes qui font le choix de l'altruisme plutôt que de l'individualité sont à mes yeux les plus grands des héros : l'abbé Pierre, fondateur d'Emmaüs, en fait partie.

[Conclusion] Les héros ne sont donc pas seulement des êtres de fiction qui nous font rêver. Ce sont aussi des personnes réelles qui nous montrent les exemples à suivre.

Sujet d'imagination

[Description de la situation] Les obus pleuvaient. Dans l'espoir d'y échapper, nous nous enfoncions chaque fois un peu plus dans la boue. Les tranchées débordaient : d'hommes, de cadavres, de terre. Le bruit incessant de la canonnade nous empêchait de réfléchir ; entre deux secousses, seuls les plus braves parvenaient encore à prier pour que cela s'arrête. La pluie, qui commençait à tomber, faisait s'écrouler les parapets trop hâtivement dressés.

[Action du personnage extraordinaire] Le caporal Denis, dont dépendait mon unité, était notre seul espoir. La quarantaine, massif, barbu comme nous tous, un peu brusque en apparence, mais sa bienveillance était connue de nous tous. Trois jours auparavant, il avait gagné, pour toujours, notre reconnaissance et notre fidélité, en accomplissant une action extraordinaire. Petit Luc, le plus jeune de notre groupe, avait complètement perdu l'esprit. La peur l'avait fait basculer dans la folie, et c'est ainsi qu'au plus fort de la mitraille il était sorti de la tranchée, s'aventurant sur ce terrible *no man's land* où il se retrouva pris entre le feu des deux camps. Le caporal nous avait immédiatement ordonné de cesser les tirs. Mais Petit Luc restait sourd à nos appels et continuait à avancer. C'est alors que le caporal avait enjambé le parapet, avait rampé jusqu'à Petit Luc, dont l'équipement s'était pris dans les barbelés, et l'avait dégagé. Il avait chargé le frêle petit corps sur son dos, et malgré ses protestations l'avait ramené jusqu'à notre tranchée, sans se retourner une seule fois, indifférent aux tirs ennemis de plus en plus nourris.

> CONSEIL
> Tu peux t'inspirer des lectures effectuées au cours de l'année pour choisir le cadre de ton récit : ici, l'horreur des tranchées pendant la Première Guerre mondiale.

[Conclusion] Le caporal était un père pour nous, il nous protégerait jusqu'au dernier. En sa présence nous nous autorisions à avoir un peu d'espoir : peut-être allions-nous survivre à cet enfer… Pensée partagée par Petit Luc qui, prostré depuis l'épisode, avait l'œil qui s'allumait lorsqu'il entendait la voix du caporal.

SUJET

18

D'après Amérique du Nord • Juin 2017

100 points

De l'importance d'avoir un métier

DOCUMENT A Cherchez la femme

En 1958, Nina, lycéenne de seize ans et fille de mineur, et Vladimir, jeune ingénieur des Mines de vingt-six ans, se sont rencontrés à l'orchestre. Le jeune homme est tombé amoureux de la jeune fille et lui a proposé de l'épouser. Face à cette proposition, Nina confie son impatience à sa grand-mère.

– Pourquoi es-tu si pressée ? demanda Sacha sans cacher son étonnement.

Elle était stupéfaite de l'évidence qui s'était faite chez sa petite-fille et tout de même, si forte fût-elle, l'aveu de Nina lui faisait battre le cœur plus vite.

– Je ne sais pas, dit Nina (elle osait même dire je ne sais pas !). C'est comme ça. Il faut avancer dans la vie, saisir l'occasion qui se présente. Tu ne crois pas ?

– Et le lycée, *Douchka*[1]. As-tu pensé au lycée ?

Sacha Javorsky quittait le champ du grand amour pour revenir aux choses sérieuses.

– Oui, dit Nina, bien sûr. Je continuerai à aller au lycée comme aujourd'hui.

– Tu ne sais pas qu'un homme dans une maison exige beaucoup de sa femme, dit Sacha Javorsky avec un air d'être sûre de ce qu'elle avançait. Tu n'auras plus le temps d'étudier !

– Vladimir ne m'empêchera pas d'étudier, souffla Nina.

Ce ton amolli et romantique eut le don d'agacer Sacha. Elle n'avait pas élevé sa petite-fille pour en faire une gourde qui s'en laisse conter par le premier garçon venu.

– Ça ma fille, nous en reparlerons ! dit-elle avec ironie.

Puis elle récita son couplet désenchanté : Les hommes, ça met les pieds sous la table et les chemises en boule au linge sale, et ça croit que les lapins naissent découpés, farcis et grillés !

Nina ne disait rien. Qu'y avait-il à répondre ? D'ailleurs sa grand-mère n'attendait pas de réponse. Elle n'avait pas fini de parler.

AGIR DANS LA CITÉ

– Ton Vladimir, poursuivit la grand-mère, il a vingt-six ans et un métier. Des centaines de gens sont sous ses ordres. Ton père y est ! L'ingénieur ! Il va te commander celui-là…

– Il ne me commandera pas, répliqua Nina sur un ton décidé.

– Alors vous vous bagarrerez. Et crois-moi ce sera dur. Une femme ne fait jamais le poids.

La vieille dame s'interrompit à dessein, préservant un effet d'annonce. Puis elle acheva :

– Sauf si elle a un métier. Et un salaire ! Travaille Nina. Étudie le plus longtemps possible et gagne ta vie. Ne dépends jamais d'un homme ! Écoute ce que te dit ta grand-mère.

– J'écoute, dit Nina.

Alice Ferney, *Cherchez la femme*, 2013.

---

1. *Douchka* : petit nom affectueux en russe signifiant « ma douce ».

DOCUMENT B **Savoir, c'est pouvoir**

Barbara Kruger est une artiste contemporaine qui a été engagée dans la revendication des droits des femmes aux États-Unis.

Cette sérigraphie est une commande du ministère de la Culture pour le bicentenaire de la Révolution française (1989).

TRAVAIL SUR LE TEXTE LITTÉRAIRE ET SUR L'IMAGE 50 POINTS • 1 H 10

Les réponses doivent être entièrement rédigées.

Grammaire et compétences linguistiques

▶ **1.** « désenchanté », ligne 22.
Donnez la classe grammaticale de ce mot.
Expliquez sa formation puis son sens dans le texte. *(6 points)*

▶ **2.** Lignes 35 à 37, quel est le mode principalement employé dans les propos de la grand-mère ? Justifiez son emploi. *(4 points)*

▶ **3.** « Travaille Nina. Étudie le plus longtemps possible et gagne ta vie. Ne dépends jamais d'un homme ! Écoute ce que te dit ta grand-mère. » (l. 35-37)
Réécrivez ces quatre phrases en remplaçant « Nina » par « les filles » et « grand-mère » par « grands-parents ». Vous ferez toutes les modifications nécessaires. *(10 points)*

Compréhension et compétences d'interprétation

▶ **4.** Quelle est la relation qui lie Nina et Sacha ?
Quel a été le rôle précis de Sacha dans l'éducation de Nina ? *(4 points)*

▶ **5.** Lignes 1 à 20 : nommez les deux sentiments successifs éprouvés par la grand-mère.
Quelle attitude de Nina provoque chez elle ce changement de sentiment ? Justifiez votre réponse par une expression du texte. *(6 points)*

▶ **6.** Quel personnage féminin domine la conversation ?
D'après vous, pourquoi se donne-t-elle le droit de parler ainsi ? *(6 points)*

▶ **7.** Selon Sacha, que risque-t-il de se passer après le mariage de Nina et Vladimir ?
Vous répondrez dans un paragraphe détaillé en vous appuyant sur des citations précises du texte. *(8 points)*

▶ **8.** Comment l'image et le texte évoquent-ils, chacun à leur manière, le pouvoir que le savoir procure aux femmes ? *(6 points)*

DICTÉE 10 POINTS • 20 MIN

Le nom de l'auteur et le titre de l'œuvre sont écrits au tableau au début de la dictée.

Alice Ferney
Cherchez la femme, 2013

Pas un seul petit mot ! Il ne vint pas lui rendre visite. Il fut absent aux deux répétitions, le mardi d'abord, puis le vendredi, sans s'excuser ni prévenir, ce qui n'était jamais arrivé. Les musiciens de l'orchestre demandaient des nouvelles à Nina. Elle n'en avait pas. Tout le monde vit qu'elle dansait et chantait sans entrain. Ses résultats scolaires chutèrent d'un coup. Le cartable était jeté par terre sans être ouvert. Elle n'avait pas la tête à son travail ! Elle découvrait la place que tient dans la vie un amour, celui qu'on trouve autant que celui qu'on perd ou croit perdre.

RÉDACTION 40 POINTS • 1 H 30

Vous traiterez au choix l'un des deux sujets.

Sujet de réflexion

Pensez-vous, comme la grand-mère de Nina, qu'avoir un métier soit synonyme de liberté et de pouvoir ? Votre rédaction sera d'une longueur minimale d'une soixantaine de lignes (300 mots environ).

Sujet d'imagination

La jeune fille annonce sa décision finale à Vladimir. Elle a pris en compte les remarques de sa grand-mère pour choisir ou non de se marier. Imaginez le dialogue des deux jeunes gens et les réactions qu'il suscite. Votre rédaction sera d'une longueur minimale d'une soixantaine de lignes (300 mots environ) et mêlera dialogue et narration.

LES CLÉS DU SUJET

■ Les documents

Le texte littéraire (document A)

Le sentiment amoureux et la vie de couple sont les thèmes de prédilection d'Alice Ferney. Dans *Cherchez la femme*, elle ausculte les mécanismes de l'amour à travers deux générations de couples : Vladimir et Nina, Serge et Marianne.

L'image (document B)

Il s'agit d'une sérigraphie de Barbara Kruger, une artiste américaine contemporaine engagée dans la lutte pour le droit des femmes. Elle a été rendue célèbre grâce à ses photomontages de photographies de presse en noir et blanc sur lesquelles elle superpose des slogans rédigés en blanc sur fond rouge. Cette œuvre lui a été commandée par la France à l'occasion du bicentenaire de la Révolution française en 1989.

■ Rédaction (sujet de réflexion)

Recherche d'idées

• Appuie-toi tout d'abord sur ton expérience personnelle. Commence par t'interroger sur ce que tu souhaites pour ton avenir, les études que tu désires ou non poursuivre, le métier que tu envisages déjà peut-être, ce qu'il signifie pour toi...

• Tu peux aussi prendre en compte l'expérience de tes grands-parents ou de tes parents...

• Pense à étayer tes arguments avec des exemples tirés de lectures, de films (ex. : *Mémoires d'une jeune fille rangée* de Simone de Beauvoir).

Conseils de rédaction

Tu peux, par exemple, développer les arguments suivants :

1. Avoir un métier est souvent synonyme de liberté et de pouvoir (indépendance financière, choix de vie...).
2. Cependant, tous les métiers ne sont pas également gratifiants et valorisants.
3. Conclusion : il est donc important de suivre la voie qui convient le mieux à soi-même pour s'épanouir dans le métier de son choix.

■ Rédaction (sujet d'imagination)

Recherche d'idées

Commence par décider si la réponse de Nina sera positive ou négative.
Reprends ensuite sur ton brouillon les arguments de la grand-mère : ils te seront utiles pour montrer comment ils ont influencé la réponse de Nina.
Imagine les réactions de Vladimir, de Nina, de sa grand-mère...

Conseils de rédaction

• Choisis avec soin les verbes de parole. Évite de répéter sans cesse le verbe *dire* !

• Respecte la ponctuation du dialogue : ouvre les guillemets au début et n'oublie pas de les fermer à la fin ; mets des tirets et va à la ligne à chaque changement d'interlocuteur.

• N'oublie pas d'insérer des passages narratifs (déplacements des personnages, gestes...).

CORRIGÉ 18

TRAVAIL SUR LE TEXTE LITTERAIRE ET SUR L'IMAGE

Grammaire et compétences linguistiques

▶ **1.** Il s'agit d'un adjectif. Il est composé d'un radical, *enchanté*, et d'un préfixe, *-dés* qui indique le contraire.

Désenchanté signifie désillusionné, qui a perdu ses illusions.

> ZOOM
> Le préfixe *dé*, *dés*, ou *dis* placé devant un mot peut le transformer en son contraire : *enchanté* ≠ *désenchanté*.

▶ **2.** La grand-mère emploie le mode impératif (« travaille », « étudie », « gagne ta vie », « Ne dépends jamais », « écoute ») : elle veut à tout prix convaincre sa petite-fille. Elle l'exhorte à ne pas abandonner ses études.

> ZOOM
> L'impératif sert à exprimer des ordres, des interdictions, mais aussi des recommandations, des conseils, des prières ou des exhortations.

▶ **3.** *Les modifications sont mises en couleur.*
« Travaillez les filles. Étudiez le plus longtemps possible et gagnez votre vie. Ne dépendez jamais d'un homme ! Écoutez ce que vous disent vos grands-parents. »

> ATTENTION !
> Le sujet du verbe *dire*, *vos grands-parents*, est inversé, placé après. Sois vigilant sur l'accord.

Compréhension et compétences d'interprétation

▶ **4.** Sacha est la grand-mère de Nina. Elle a été chargée de l'éducation de sa petite-fille.

▶ **5.** Tout d'abord, Sacha est étonnée et même stupéfaite de l'impatience de sa petite-fille de se marier ; elle est un peu émue aussi. Mais ensuite, c'est l'agacement qui l'emporte. Elle pense que Nina a une vision trop naïve, trop romantique de la vie de couple : « Ce ton amolli et romantique eut le don d'agacer Sacha. Elle n'avait pas élevé sa petite-fille pour en faire une gourde qui s'en laisse conter par le premier garçon venu. »

▶ **6.** Le personnage qui domine la conversation est la grand-mère, Sacha. Elle se permet de parler de cette manière car elle veut le bien de sa petite-fille. Elle s'appuie sur son expérience et craint que Nina ne gâche sa vie sur un coup de tête.

▶ **7.** Sacha craint que Nina ne se retrouve femme au foyer, au service de son mari, condamnée aux seules tâches ménagères : « Les hommes, ça met les pieds sous la table et les chemises en boule au linge sale, et ça croit que les lapins naissent découpés, farcis et grillés ! »

Elle redoute pour sa petite-fille un mari autoritaire qui la transforme en épouse soumise : « Il va te commander celui-là. »

Elle s'inquiète de la violence des scènes de ménage si Nina tient tête à son mari : « vous vous bagarrerez. Et crois-moi ce sera dur. »

▶ **8.** L'œuvre de Barbara Kruger montre un visage de femme en gros plan, un visage qui a la perfection des images publicitaires, un visage coupé en deux, d'un côté la photo développée, de l'autre le négatif, d'un côté l'image professionnelle, de l'autre le visage intime. La femme semble implacable, inflexible. L'essentiel est le slogan, clair et concis, blanc sur rouge : savoir, c'est pouvoir. Barbara Kruger et Sacha partagent la même certitude : c'est par le savoir, les études, que les femmes se libéreront, s'affirmeront, deviendront libres et indépendantes, maîtresses de leur existence.

DICTÉE

POINT MÉTHODE

❶ Attention à ne pas confondre le participe passé et l'infinitif des verbes en *–er* (s'excuser ≠ jeté), car ils se prononcent de la même manière. Pour éviter toute erreur, le plus simple est de remplacer ces verbes par un verbe d'un autre groupe : *sans prendre* (infinitif) → *s'excuser. Le cartable était pris* (participe passé) → *jeté.*

❷ Sois attentif aux accords et aux marques du pluriel : *aux, répétitions, musiciens, demandaient, nouvelles, résultats scolaires chutèrent.*

Pas un seul petit mot ! Il ne vint pas lui rendre visite. Il fut absent aux deux répétitions, le mardi d'abord, puis le vendredi, sans s'excuser ni prévenir, ce qui n'était jamais arrivé. Les musiciens de l'orchestre demandaient des nouvelles à Nina. Elle n'en avait pas. Tout le monde vit qu'elle dansait et chantait sans entrain. Ses résultats scolaires chutèrent d'un coup. Le cartable était jeté par terre sans être ouvert. Elle n'avait pas la tête à son travail ! Elle découvrait la place que tient dans la vie un amour, celui qu'on trouve autant que celui qu'on perd ou croit perdre.

RÉDACTION

Voici un exemple de rédaction sur chacun des deux sujets.

Attention les indications entre crochets ne doivent pas figurer sur ta copie.

Sujet de réflexion

[Réponse positive à la question posée] Avoir un métier est, bien évidemment, essentiel pour acquérir une certaine liberté, celle de pouvoir vivre à sa guise, sans dépendre de parents ou du conjoint. Cela confère une indépendance financière, la possibilité de se loger, de choisir ses loisirs, de voyager. Ne dit-on pas « gagner sa vie » ?

Pour les femmes, c'est un droit acquis de haute lutte : pendant longtemps, les jeunes filles ont été élevées pour devenir de bonnes épouses, les études étaient réservées aux garçons. Nos grands-mères n'ont pas toutes connu cette liberté, cette indépendance, le pouvoir de choisir leur vie et de décider de leur existence. C'est ce que raconte Simone de Beauvoir dans son autobiographie : *Mémoires d'une jeune fille rangée.*

Dans certaines régions du monde, le droit de travailler, de conduire une voiture, de se promener librement est encore trop souvent refusé aux femmes condamnées à être mariées de force, à être enfermées et soumises à leur époux.

[Contre-argument] Cependant, tous les métiers ne sont pas également synonymes de liberté et de pouvoir : de nombreux emplois ne sont ni valorisants ni épanouissants. S'il n'y a pas de « sots métiers », comme dit l'expression, certains emplois condamnent à des conditions de travail pénibles (bruit, travail répétitif, faibles salaires).

> CONSEIL
> Lorsque tu apportes un contre-argument, introduis-le au moyen d'un connecteur logique qui exprime l'opposition : *mais, pourtant, cependant...*

Certains adolescents font le choix de quitter l'école parce qu'ils veulent rapidement devenir indépendants, et gagner de l'argent. Toutefois, c'est une décision importante qu'il convient de faire mûrir, par le biais de discussions auprès d'autrui (famille, professeurs...) Mais, après avoir été confrontés à un travail qui ne leur convient pas, ils peuvent le regretter. Une reprise d'études est alors toujours possible pour accéder à un autre type d'emploi.

C'est d'autant plus vrai pour les filles, quand on sait que les femmes sont moins bien considérées que les hommes dans le monde du travail et qu'elles sont encore aujourd'hui majoritairement sous-payées. Obligées de concilier métier et éducation des enfants, trop peu d'entre elles ont accès à des postes à responsabilités, comme on le constate dans les institutions politiques.

[Conclusion] C'est pour cela que l'on conseille aux adolescents de bien choisir leurs voies et de s'y investir : c'est à ce prix qu'ils accéderont vraiment à la liberté et au pouvoir de choisir leur métier et leur vie.

Sujet d'imagination

[Introduction, mise en situation] La réaction de sa grand-mère avait un peu ébranlé Nina : des doutes avaient surgi dans son esprit. Les deux jeunes gens s'étaient donné rendez-vous dans un café près du lycée de Nina.

[Début du dialogue : échange d'arguments] « As-tu pris ta décision ? demanda Vladimir de but en blanc à sa jeune compagne.

– J'ai besoin d'un peu de temps, balbutia Nina… C'est une décision importante qui ne se prend pas à la légère.

> GAGNE DES POINTS
> Varie les verbes de parole. N'hésite pas à ajouter des adverbes, des compléments de manière.

– De quoi as-tu peur ? Tu ne m'aimes donc pas ?

– Bien sûr que je t'aime, Vladimir. Ce n'est pas ça, mais je pense que je suis peut-être encore trop jeune pour être une épouse, une mère. Nous pourrions attendre la fin de mes études. Nous avons toute la vie devant nous.

– Pourquoi tiens-tu tant à terminer tes études ? s'étonna le jeune homme. Je gagne bien ma vie ; tu n'es pas obligée de travailler. Tu pourras t'occuper de la maison, de nos enfants…

– Mais, s'insurgea Nina, je ne veux pas dépendre de toi ; je veux gagner ma vie, avoir un salaire, pouvoir le dépenser sans avoir à te rendre des comptes.

Vladimir se fit tendre et la regarda dans les yeux :

– Je saurai te protéger ; tu seras heureuse avec moi.

– Je ne veux pas être protégée : je veux être forte, libre, indépendante…

Vladimir l'interrompit violemment. Il serrait les poings.

– C'est ta grand-mère qui t'a mis ces idées dans la tête ? De quoi se mêle-t-elle ? C'est ta vie et pas la sienne !

– C'est elle qui m'a élevée. Elle m'aime. Elle connaît les risques du mariage. Elle ne veut pas que je sois malheureuse.

[Conclusion : la réponse de Nina] Vladimir se fit dur, autoritaire :

– Je veux que tu me répondes, exigea-t-il, c'est oui ou c'est non ?

Soudain, la décision à prendre parut évidente à Nina. Elle répondit avec une calme certitude :

– Je ne veux plus me marier avec toi, ni aujourd'hui ni demain. »

Vladimir repoussa brusquement sa chaise et partit sans se retourner. Nina songea que sa grand-mère serait fière d'elle quand elle apprendrait sa décision.

SUJET

19

Sujet inédit • Agir dans la cité : individu et pouvoir

100 points

Une insoumise

DOCUMENT A **Texte littéraire**

Anouilh revisite le mythe antique d'Antigone, fille d'Œdipe, déjà raconté par le dramaturge grec Sophocle. Les deux frères d'Antigone, Étéocle et Polynice, se sont entretués pour accéder au pouvoir. Créon, le nouveau roi, refuse que Polynice, le cadet, soit enterré. Quiconque bravera cet interdit sera condamné à mort.

CRÉON (*à Antigone*). – Où t'ont-ils arrêtée ?

LE GARDE. – Près du cadavre, chef.

CRÉON. – Qu'allais-tu faire près du cadavre de ton frère ? Tu savais que j'avais interdit de l'approcher.

LE GARDE. – Ce qu'elle faisait, chef ? C'est pour ça qu'on vous l'amène. Elle grattait la terre avec ses mains. Elle était en train de le recouvrir encore une fois.

CRÉON. – Sais-tu bien ce que tu es en train de dire, toi ?

LE GARDE. – Chef, vous pouvez demander aux autres. On avait dégagé le corps à mon retour ; mais avec le soleil qui chauffait, comme il commençait à sentir, on s'était mis sur une petite hauteur, pas loin, pour être dans le vent. On se disait qu'en plein jour on ne risquait rien. Pourtant on avait décidé, pour être plus sûrs, qu'il y en aurait toujours un de nous trois qui le regarderait. Mais à midi, en plein soleil, et puis avec l'odeur qui montait depuis que le vent était tombé, c'était comme un coup de massue. J'avais beau écarquiller les yeux, ça tremblait comme de la gélatine, je voyais plus. Je vais au camarade lui demander une chique pour passer ça… Le temps que je me la cale à la joue, chef, le temps que je lui dise merci, je me retourne : elle était là à gratter avec ses mains. En plein jour ! Elle devait bien penser qu'on ne pouvait pas ne pas la voir. Et quand elle a vu que je lui courais dessus, vous croyez qu'elle s'est arrêtée, qu'elle a essayé de se sauver peut-être ? Non. Elle a continué de toutes ses forces aussi vite qu'elle le pouvait, comme si elle ne me voyait pas arriver. Et quand je l'ai empoignée, elle se débattait comme une diablesse, elle voulait continuer encore, elle me criait de la laisser, que le corps n'était pas encore recouvert…

CRÉON (*à Antigone*). – C'est vrai ?

ANTIGONE. – Oui, c'est vrai.

LE GARDE. – On a découvert le corps, comme de juste, et puis on a passé la relève, sans parler de rien, et on est venu vous l'amener, chef. Voilà.

CRÉON. – Et cette nuit, la première fois, c'était toi aussi ?

ANTIGONE. – Oui. C'était moi. Avec la petite pelle de fer qui nous servait à faire des châteaux de sable sur la plage, pendant les vacances. C'était justement la pelle de Polynice. Il avait gravé son nom au couteau sur le manche. C'est pour cela que je l'ai laissée près de lui. Mais ils l'ont prise. Alors, la seconde fois, j'ai dû recommencer avec mes mains.

LE GARDE. – On aurait dit une petite bête qui grattait. Même qu'au premier coup d'œil, avec l'air chaud qui tremblait, le camarade dit : « Mais non, c'est une bête. » « Penses-tu, je lui dis, c'est trop fin pour une bête. C'est une fille. »

CRÉON. – C'est bien. On vous demandera peut-être un rapport tout à l'heure. Pour le moment, laissez-moi seul avec elle. […]

Les gardes sont sortis […]. Créon et Antigone sont seuls l'un en face de l'autre. […] Un silence. Ils se regardent.

CRÉON. – Pourquoi as-tu tenté d'enterrer ton frère ?

ANTIGONE. – Je le devais.

CRÉON. – Je l'avais interdit.

ANTIGONE. – Je le devais tout de même. Ceux qu'on n'enterre pas errent éternellement sans jamais trouver de repos. Si mon frère vivant était rentré harassé d'une longue chasse, je lui aurais enlevé ses chaussures, je lui aurais fait à manger, je lui aurais préparé son lit… Polynice aujourd'hui a achevé sa chasse. Il rentre à la maison où mon père et ma mère, et Étéocle aussi l'attendent. Il a droit au repos. […]

CRÉON. – Tu savais le sort qui était promis à celui, quel qu'il soit, qui oserait lui rendre les honneurs funèbres ?

ANTIGONE. – Oui, je le savais.

Jean Anouilh, *Antigone*, 1944,

AGIR DANS LA CITÉ

DOCUMENT B

Bruno Raffaelli et Françoise Gillard apparaissent ici dans la mise en scène de la pièce d'Anouilh par Marc Paquien, au théâtre du Vieux-Colombier (Comédie-Française), en septembre-octobre 2012.

ph © Pascal Victor/ArtComPress

TRAVAIL SUR LE TEXTE LITTÉRAIRE ET SUR L'IMAGE

50 POINTS • 1 H 10

Les réponses doivent être entièrement rédigées.

Grammaire et compétences linguistiques

▶ **1.** Quel est le niveau de langage employé par le garde ? Justifiez votre réponse au moyen d'éléments relevés dans le texte. *(4 points)*

▶ **2.** « […] le camarade dit : “Mais non, c'est une bête.” “Penses-tu, je lui dis, c'est trop fin pour une bête. C'est une fille.” » (l. 41-43)

a) De quelle façon les paroles échangées par les deux gardes sont-elles rapportées ? *(2 points)*

b) À votre avis, pourquoi ce choix ? *(4 points)*

▶ **3.** « Ceux qu'on n'enterre pas errent éternellement sans jamais trouver de repos. » (l. 51-52)

a) Quel est le temps employé ? *(2 points)*

b) Quelle est sa valeur ? *(1,5 point)*

▶ **4.** « Elle a continué de toutes ses forces aussi vite qu'elle le pouvait, comme si elle ne me voyait pas arriver. Et quand je l'ai empoignée, elle se débattait comme une diablesse. »
Réécrivez le passage en remplaçant « elle » par « elles » et en procédant à toutes les modifications nécessaires. *(6,5 points)*

Compréhension et compétences d'interprétation

▶ **5.** À quel genre littéraire ce texte appartient-il ? Soyez le plus précis possible et justifiez votre réponse à l'aide du texte. *(6 points)*

▶ **6. a)** Quelle tâche Antigone s'impose-t-elle ? *(2 points)*
b) Pourquoi ? *(2 points)*
c) Quelle peine encourt-elle ? *(2 points)*

▶ **7.** Que pensez-vous de l'attitude d'Antigone ? A-t-elle raison, selon vous, de refuser d'obéir au pouvoir en place ? Justifiez votre réponse en vous appuyant sur le texte mais aussi sur une réflexion personnelle et des exemples historiques. *(6 points)*

▶ **8.** Observez la photographie. Quels sont les choix du metteur en scène concernant le décor, les costumes, l'attitude des personnages ? *(6 points)*

▶ **9.** Ces choix correspondent-ils à l'idée que vous vous faites des personnages et de la scène entre Antigone et Créon ? *(6 points)*

DICTÉE — 10 POINTS • 20 MIN

Le titre et la source de l'extrait sont écrits au tableau au début de la dictée.

Jean Anouilh
Antigone, 1944
© Éditions de la Table ronde

Une jeune révoltée

Comprendre… Vous n'avez que ce mot-là dans la bouche, tous, depuis que je suis toute petite. Il fallait comprendre qu'on ne peut pas toucher à l'eau, à la belle et fuyante eau froide parce que cela mouille les dalles, à la terre parce que cela tache les robes. Il fallait comprendre qu'on ne doit pas manger tout à la fois, donner tout ce qu'on a dans ses poches au mendiant qu'on rencontre, courir, courir dans le vent jusqu'à ce qu'on tombe par terre et boire quand on a chaud et se baigner quand il est trop tôt ou trop tard, mais pas juste quand on en a envie ! Comprendre. Toujours comprendre. Moi, je ne veux pas comprendre.

RÉDACTION

40 POINTS • 1 H 30

Vous traiterez au choix l'un des deux sujets. Votre rédaction sera d'une longueur minimale d'une soixantaine de lignes (300 mots environ).

Sujet de réflexion

Vous avez été amené(e) à vous opposer à une injustice. Vous commencerez par exposer les circonstances de cette expérience. Vous ferez part de vos réflexions, de vos sentiments et surtout des arguments que vous avez employés pour convaincre vos interlocuteurs.

Sujet d'imagination

Imaginez le monologue théâtral d'Antigone parlant à son frère défunt pendant qu'elle tente de recouvrir son corps de terre en lui expliquant les raisons de son geste. Vous respecterez la présentation d'une scène de théâtre et vous introduirez quelques didascalies pour indiquer le ton ou les gestes d'Antigone.

LES CLÉS DU SUJET

■ Les documents

Le texte littéraire (document A)

Anouilh revisite le mythe antique d'Antigone. Il écrit cette pièce durant la Seconde Guerre mondiale, sous l'occupation allemande : ce contexte donne un éclairage particulier au mythe : comment ne pas associer l'attitude d'Antigone à celle des résistants et à leur refus d'obéissance au gouvernement de Vichy, parfois au sacrifice de leur vie ?

L'image (document B)

Dans cette mise en scène Marc Paquien, fait le choix de la modernité : les costumes sont actuels et non antiques ; Créon ne possède aucun attribut royal ; le décor est dépouillé.

■ Rédaction (sujet de réflexion)

Recherche d'idées

- Décide d'abord de quelle injustice tu veux parler (harcèlement, racket, racisme, etc.). Tu peux t'inspirer d'une expérience vécue ou en imaginer une à partir de reportages ou d'articles que tu as vus/lus.
- Choisis ensuite tes arguments : lâcheté, refus de l'autre, de ses différences, non-assistance à personne en danger…
- Choisis aussi tes interlocuteurs : camarades de classe, voisins, personnes croisées dans un lieu public…

Conseils de rédaction

• Commence par présenter l'injustice en question et tes sentiments à ce sujet (malaise, tristesse, dégoût, révolte...).
• Précise les circonstances de ton intervention : heure de vie de classe, cour de récréation, lieu public...
• Présente ensuite tes arguments de façon structurée.
• Conclus par l'effet de ton intervention sur ton auditoire.

■ Rédaction (sujet d'imagination)

Recherche d'idées

• Demande-toi quelle pouvait être la relation qui unissait Antigone à son frère (tendresse, admiration, connivence...).
• Tu dois t'inspirer des arguments employés par Antigone dans l'extrait pour expliquer son geste : qu'il faut accomplir les rites, que c'est son devoir de sœur, qu'un corps sans sépulture ne trouvera jamais le repos.

Conseils de rédaction

• Puise à la fois dans le champ lexical des sentiments (chéri, chérir, aimer, tendre, douleur, déchirement...) et dans celui du devoir (nécessité, tâche, rôle, obligation, promesse...).
• N'oublie pas la présence des gardes à proximité : cela te permettra d'introduire un sentiment d'urgence et de danger.

CORRIGÉ 19

TRAVAIL SUR LE TEXTE LITTERAIRE ET SUR L'IMAGE

Grammaire et compétences linguistiques

▶ **1.** Le garde s'exprime dans un niveau de langage familier. Il emploie des constructions et des expressions familières, comme par exemple l'oubli du premier élément de la négation : « je voyais plus » à la place de « je ne voyais plus ». Ou bien encore : « Je vais au camarade lui demander une chique pour passer ça. »

▶ **2. a)** Les paroles sont rapportées au discours direct, telles qu'elles ont été prononcées, entre guillemets.

b) Cela rend la scène plus vivante, plus naturelle et conserve au dialogue des gardes toute sa truculence.

▶ **3. a)** Il s'agit du présent de l'indicatif.

b) Il a une valeur de vérité générale.

▶ **4.** *Les modifications sont mises en couleur.*

« Elles ont continué de toutes leurs forces aussi vite qu'elles le pouvaient, comme si elles ne me voyaient pas arriver. Et quand je les ai empoignées, elles se débattaient comme des diablesses. »

ATTENTION !
Le participe passé *empoignées* est employé avec l'auxiliaire *avoir* et s'accorde donc avec le pronom COD *les,* féminin pluriel.

Compréhension et compétences d'interprétation

▶ **5.** Ce texte est une scène de théâtre, comme le montrent les noms des personnages placés devant les répliques et les didascalies en italique.

Elle est extraite d'une tragédie antique revisitée par un auteur moderne. Les personnages sont de condition royale, à l'exception du garde.

Il y est question de devoir, de vie et de mort. Le dénouement de la pièce s'annonce fatal : l'héroïne est prête à sacrifier sa vie pour ne pas renoncer à ce qu'elle pense être son devoir.

▶ **6. a)** Antigone tente de recouvrir de terre le corps de son frère Polynice, laissé sans sépulture sur l'ordre du roi Créon.

b) Elle s'impose cette tâche, car elle veut que Polynice trouve le repos dans la mort : elle considère que cela relève de son devoir de sœur.

c) Elle encourt la peine de mort.

▶ **7.** On peut bien sûr penser que le geste d'Antigone est inutile face à l'intransigeance de Créon. Son sacrifice peut sembler vain : elle devrait plutôt choisir de vivre. Cependant, s'il n'existait pas d'Antigone pour s'opposer à l'inacceptable, que serait le monde dans lequel nous vivons ? Ainsi, le sacrifice des résistants ou les risques pris par certains Français pour protéger des familles juives pendant la Seconde Guerre mondiale ne doivent pas être oubliés.

Sans aller jusqu'au sacrifice de sa vie, il faut être capable de ne pas se laisser aller à de petites lâchetés et de ne pas se taire lorsque l'on est témoin d'une injustice, d'un racket ou d'une agression par exemple.

▶ **8.** Dans cette version d'*Antigone*, le metteur en scène a opté pour un décor simple, dépouillé, dans des teintes de gris.

Les costumes sont modernes : Antigone porte un pantalon gris et une chemise d'homme, et les cheveux courts à la garçonne. Créon est en costume-cravate, mais sans sa veste, en bras de chemise et bretelles, la cravate de travers. Rien ne rappelle ses fonctions de roi, ni sceptre ni couronne.

Antigone, derrière Créon, semble révoltée et déterminée. Son visage exprime une sensibilité à fleur de peau, à la fois souffrance et conviction. Créon, lui, semble fatigué, accablé par sa tâche de roi et par son impuissance à faire entendre raison à la jeune insoumise.

▶ **9.** Bien sûr, il existe bien d'autres possibilités de mise en scène : certains pourront préférer des costumes antiques, d'autres insisteront sur le contexte de l'occupation nazie. Cependant, cette version épurée, pleine de sobriété, nous emmène au plus proche de l'universalité du mythe.

DICTÉE

POINT MÉTHODE

1 Attention aux terminaisons verbales. Tu ne dois pas confondre :

– la deuxième personne du pluriel du **présent de l'indicatif** : *vous n'avez* ;

– la troisième personne du singulier de l'**imparfait** : *il fallait* (action **passée**) ;

– l'**infinitif** des verbes du premier groupe : *toucher, manger, donner, se baigner*.

2 Ne confonds pas les homophones : *ce* et *se* ; *a* et *à*.

Comprendre… Vous n'avez que ce mot-là dans la bouche, tous, depuis que je suis toute petite. Il fallait comprendre qu'on ne peut pas toucher à l'eau, à la belle et fuyante eau froide parce que cela mouille les dalles, à la terre parce que cela tache les robes. Il fallait comprendre qu'on ne doit pas manger tout à la fois, donner tout ce qu'on a dans ses poches au mendiant qu'on rencontre, courir, courir dans le vent jusqu'à ce qu'on tombe par terre et boire quand on a chaud et se baigner quand il est trop tôt ou trop tard, mais pas juste quand on en a envie ! Comprendre. Toujours comprendre. Moi, je ne veux pas comprendre.

RÉDACTION

Voici un exemple de rédaction sur chacun des deux sujets.
Attention les titres en couleur ne doivent pas figurer sur ta copie.

Sujet de réflexion

[Présentation de l'injustice et des sentiments ressentis] L'an dernier, j'ai été témoin d'une injustice : un nouvel élève était arrivé dans la classe ; très vite, il est devenu le bouc émissaire de tous. Pour moi, la situation était intolérable : je ne supporte pas les injustices. Aussi, ai-je décidé d'en parler. Ce n'était pas facile, car je suis plutôt timide. Cependant, je n'avais pas le choix : cela me tourmentait, m'empêchait de dormir. Je ne voulais pas être témoin et encore moins complice d'un tel acharnement.

[Les circonstances de la prise de parole] Un jour, à l'heure de la vie de classe, j'ai pris mon courage à deux mains et j'ai décidé de prendre la parole. J'ai commencé par parler d'*Antigone*, la pièce d'Anouilh que nous étions en train d'étudier. J'ai rappelé à mes camarades qu'il fallait parfois savoir dire non. Nous en étions tous d'accord. Eh bien, le moment était venu d'en faire nous-mêmes l'expérience.

> CONSEIL
> Varie les moyens de rapporter les paroles : discours indirect, discours indirect libre et discours direct. N'oublie pas les guillemets au discours direct.

[1er argument : les différences de chacun sont source de richesse] « Nous ne pouvons plus continuer à harceler Paul, ai-je dit. C'est l'un des nôtres. Nous sommes tous différents, c'est ce qui fait la richesse de notre classe. Apprenons à mieux le connaître.

[2e argument : s'attaquer à plus faible que soi est lâche et cruel] De plus, ai-je continué, c'est lâche de s'en prendre à quelqu'un de plus faible, qui est seul contre tous. C'est tellement facile ! On dirait une meute de chiens qui s'acharne sur une proie. En réalité, c'est vous qui êtes faibles, sans honneur, sans dignité. »

Quelques rires ont fusé, quelques plaisanteries ont été lancées, mais très vite le silence s'est fait.

[3e argument : le harcèlement peut mettre en danger de la vie d'autrui] « Et surtout, je refuse d'être complice : Paul est absent aujourd'hui, comme souvent. Il semble profondément affecté par toutes les méchancetés qu'il subit sans cesse. J'ai peur pour lui. N'avez-vous pas vu à la télévision la campagne contre le harcèlement : les conséquences peuvent être tragiques et nous serons tous coupables. »

[Conclusion] Alors, d'autres ont pris la parole. Nous avons décidé de téléphoner, d'envoyer des textos ou des mails le soir même à Paul pour lui demander de nous excuser.

Sujet d'imagination

[Évocation des souvenirs heureux, de la complicité passée] ANTIGONE *(penchée sur le corps de son frère)* Polynice, mon frère, toi qui as partagé mes secrets, toi qui m'as initiée aux jeux les plus intrépides, toi qui m'as tiré les cheveux quand nous nous disputions, mais qui savais aussi me protéger, comment pourrais-je t'abandonner, solitaire et rejeté de tous, condamné à être dévoré par les corbeaux, sous les yeux de ces deux gardes

> ATTENTION !
> Place bien le nom du personnage devant sa tirade sans guillemets ni verbe introducteur et pense aux didascalies.

stupides qui ne savent qu'obéir ? *(Elle regarde dans leur direction)* Il faut que je fasse vite avant d'être découverte.

[Explication, justification de son geste] De toute façon, je préfère braver la mort que de vivre avec le remords de t'avoir renié : comment pourrais-je profiter du jour, de la caresse du soleil, de la douceur de la pluie, de la sérénité de la nuit, si je te sais errant sans sépulture dans les ténèbres de la mort ? Et si ta sœur, ta petite Antigone, ne le fait pas, qui le fera ? *(Chuchotant d'une voix douce)* Regarde, j'ai pris la petite pelle sur laquelle papa avait gravé ton nom et avec laquelle nous faisions des châteaux dans le sable. Je te revois, les cheveux pleins de sel et le corps hâlé. Tu étais mon héros, j'étais ta princesse.

CONSEIL
N'oublie pas de faire allusion aux gardes qui peuvent à tout moment arrêter Antigone.

[Révolte d'Antigone devant la mort de ses frères] Quelle tristesse que ce pouvoir maudit vous ait poussés à vous battre à mort, vous, mes deux frères chéris, Polynice et Étéocle ! Quelle est cette soif dévorante qui a fait se déchirer deux frères jadis si complices ?

[Dernière promesse] Dors en paix, mon Polynice. Et ne t'inquiète pas, s'ils viennent te découvrir, je reviendrai, s'ils m'emmènent, je m'échapperai et s'ils m'enferment, je serai là par la pensée. Antigone sera toujours avec toi.

SUJET

20

Sujet inédit • Agir dans la cité : individu et pouvoir

100 points

Résister

DOCUMENT A **Texte littéraire**

Paul Éluard, poète surréaliste engagé, écrit ce poème en 1942, pendant la Seconde Guerre mondiale, alors que Paris est occupée par l'armée allemande et que les Parisiens souffrent de nombreuses privations.

Paris a froid Paris a faim
Paris ne mange plus de marrons dans la rue
Paris a mis de vieux vêtements de vieilles
Paris dort tout debout sans air dans le métro
[...]
Ne crie pas au secours Paris
Tu es vivant d'une vie sans égale
Et derrière la nudité
De ta pâleur de ta maigreur
Tout ce qui est humain se révèle en tes yeux
Paris ma belle ville
Fine comme une aiguille forte comme une épée
Ingénue et savante
Tu ne supportes pas l'injustice
Pour toi c'est le seul désordre
Tu vas te libérer Paris
Paris tremblant comme une étoile
Notre espoir survivant
Tu vas te libérer de la fatigue et de la boue
Frères ayons du courage
Nous qui ne sommes pas casqués
Ni bottés ni gantés ni bien élevés
Un rayon s'allume en nos veines
Notre lumière nous revient
Les meilleurs d'entre nous sont morts pour nous

Et voici que leur sang retrouve notre cœur
Et c'est de nouveau le matin un matin de Paris
La pointe de la délivrance
L'espace du printemps naissant
La force Idiote a le dessous
Ces esclaves nos ennemis
S'ils ont compris
S'ils sont capables de comprendre
Vont se lever.

Paul Éluard, « Courage », *Au rendez-vous allemand*,
© 1945 by Les Éditions de Minuit.

DOCUMENT B **Barricade rue de la Huchette, août 1944**

Cette photographie a été prise par Robert Doisneau (1912-1994) au cours des combats pour la libération de Paris, en août 1944.

ph © Robert DOISNEAU/RAPHO

TRAVAIL SUR LE TEXTE LITTÉRAIRE ET SUR L'IMAGE

50 POINTS • 1 H 10

Les réponses doivent être entièrement rédigées.

Grammaire et compétences linguistiques

▶ **1. a)** Quel est le temps principalement employé dans cet extrait ? *(2,5 points)*
b) Quelles sont ses deux valeurs dans le texte ? *(2,5 points)*

▶ **2.** Expliquez la formation du mot « injustice ». *(3,5 points)*

▶ **3.** « Frères ayons du courage
Nous qui ne sommes pas casqués
Ni bottés ni gantés ni bien élevés
Un rayon s'allume en nos veines »
Réécrivez le passage en remplaçant « frères » par « frère » et la première personne du pluriel par la deuxième du singulier. *(4,5 points)*

Compréhension et compétences d'interprétation

▶ **4.** À qui le poète s'adresse-t-il successivement ? Justifiez votre réponse à l'aide d'éléments relevés dans le texte. *(4 points)*

▶ **5. a)** Au moyen de quelle figure de style Éluard évoque-t-il Paris ? *(2 points)*
b) Relevez les comparaisons employées par le poète aux vers 11 et 16, puis cochez le ou les adjectifs qui les caractérisent : *(2 points)*
❑ Valorisantes.
❑ Dévalorisantes.
❑ Contradictoires.

▶ **6.** Quels sentiments le poète éprouve-t-il pour sa ville ? *(4 points)*

▶ **7.** Comment comprenez-vous les groupes nominaux suivants : « un matin de Paris » (vers 26) et « l'espace du printemps naissant » (vers 28) ? *(4 points)*

▶ **8. a)** Quelles sont, selon vous, les intentions de Paul Éluard lorsqu'il écrit ce poème ? *(4 points)*
b) Comment cherche-t-il à rendre son poème convaincant ? *(4 points)*

▶ **9.** Pensez-vous que l'art (la poésie, la peinture, le dessin, la musique…) puisse être un moyen de lutte ? *(5 points)*

▶ **10.** Observez la photographie.
a) À quels vers du poème fait-elle écho ? *(4 points)*
b) Quelles impressions suscite-t-elle en vous ? *(4 points)*

DICTÉE **10 POINTS • 20 MIN**

Le titre et la source de l'extrait sont écrits au tableau au début de la dictée.

Joseph Kessel
L'Armée des ombres, 1943

Éloge de la Résistance

La France n'a plus de pain, de vin, de feu. Mais surtout elle n'a plus de lois. La désobéissance civique, la rébellion individuelle ou organisée sont devenues devoirs envers la patrie. [...]

La France vivante, saignante, est toute dans les profondeurs. C'est vers l'ombre qu'elle tourne son visage inconnu et vrai. [...]

Jamais la France n'a fait guerre plus haute et plus belle que celle des caves où s'impriment ses journaux libres, des terrains nocturnes et des criques secrètes où elle reçoit ses amis libres et d'où partent ses enfants libres, des cellules de torture où malgré les tenailles, les épingles rougies au feu et les os broyés, des Français meurent en hommes libres.

RÉDACTION **40 POINTS • 1 H 30**

Vous traiterez au choix l'un des deux sujets.
Votre rédaction sera d'une longueur minimale d'une soixantaine de lignes (300 mots environ).

Sujet d'imagination

Vous êtes l'un des hommes sur la photographie de Doisneau. Racontez la scène que vous avez vécue. Décrivez vos sentiments. Vous introduirez un court dialogue.

Sujet de réflexion

Vous êtes à la veille d'un événement important – compétition, spectacle, concert, etc. Vous prenez la parole devant vos camarades pour leur demander de donner le meilleur d'eux-mêmes. Vous emploierez au moins trois arguments pour essayer de les convaincre.

LES CLÉS DU SUJET

■ Les documents

Le texte littéraire (document A)

« Courage » est extrait du recueil *Au rendez-vous allemand*, écrit par le poète surréaliste Paul Éluard pendant l'occupation allemande. C'est un poème engagé, un appel à la résistance.

L'image (document B)

Cette photographie a été prise par Robert Doisneau lors de l'insurrection populaire contre l'occupant allemand et les combats pour la libération de Paris, qui ont eu lieu entre le 19 et le 25 août 1944.

■ Rédaction (sujet d'imagination)

Recherche d'idées

• Observe la photographie : le lieu, les éléments du décor, les personnages, les relations qui semblent les unir (camaraderie, connivence, même volonté de lutter, proximité dans le danger…).

• Choisis le personnage qui t'inspire le plus, celui dont tu as envie de faire ton narrateur.

• Tu peux aussi imaginer ce qui s'est passé avant la prise de la photographie : l'édification de la barricade, le rendez-vous donné la veille au soir ou au petit matin, etc.

Conseils de rédaction

• Il faut que tu racontes à la première personne.

• Commence ton récit en situant la scène : date, lieu… Il s'agit d'un événement historique : tu dois être précis.

• Essaie de rendre compte de la tension qui règne au moyen d'un lexique fort et expressif : champs lexicaux de la lutte (combattre, affronter, lutte, résistance, ennemi, dangereux, mortel…) et de l'espoir (libération, lendemains meilleurs…).

■ Rédaction (sujet de réflexion)

Recherche d'idées

• Choisis une situation que tu as vécue ou un contexte qui t'es familier : si tu es sportif, une compétition ; si tu es musicien, ce peut être un concert.

• Tu dois provoquer un élan chez le lecteur : utilise des phrases injonctives, un lexique fort et des procédés de style (anaphore, métaphores…).

Conseils de rédaction

• Adresse-toi directement à ton auditoire. Tu emploieras parfois l'impératif.

• Il s'agit de convaincre au moyen d'arguments logiques. Il faut que tu en proposes au moins trois : le succès du groupe dépend de l'implication de chacun ; le groupe est à la veille d'un événement exceptionnel qui ne se reproduira peut-être plus jamais ; il faut que chacun donne le meilleur de lui-même pour ne pas avoir de regrets, etc.

CORRIGÉ 20

TRAVAIL SUR LE TEXTE LITTÉRAIRE ET SUR L'IMAGE

Grammaire et compétences linguistiques

▶ **1. a)** Il s'agit du présent de l'indicatif.

b) Il a tout d'abord une valeur de présent d'énonciation. Il exprime l'immédiateté. Les faits ont lieu en même temps que le poète s'exprime. Il y a une forme d'urgence : « Paris a froid Paris a faim. »

Il a aussi une valeur de futur proche : « Tu vas te libérer Paris. »

▶ **2.** Le nom « injustice » est composé du substantif *justice* précédé du préfixe *in-* qui indique le contraire. Une injustice, c'est quelque chose qui n'est pas juste, qui est inique.

▶ **3.** *Les modifications sont mises en couleur.*

« Frère aie du courage
Toi qui n'es pas casqué
Ni botté ni ganté ni bien élevé
Un rayon s'allume en tes veines »

> ATTENTION !
> Ne confonds pas *aie* et *es*. *Aie* est la 2e personne du singulier de l'impératif présent du verbe *avoir* ; *es* est la 2e personne du singulier du présent de l'indicatif du verbe *être*.

Compréhension et compétences d'interprétation

▶ **4.** Le poète s'adresse d'abord à Paris (vers 5 à 18) : « Ne crie pas au secours Paris/Tu es vivant d'une vie sans égale ». Il s'adresse ensuite aux Parisiens, ses « frères » d'armes qu'il appelle à la révolte (vers 19 à 33).

▶ **5. a)** Éluard personnifie Paris qu'il décrit vêtue comme une « vieille » qui « ne mange plus de marrons dans la rue », « qui dort debout dans le métro », qui souffre des privations et a perdu toute joie de vivre. Par cette personnification, il rend la ville humaine et émouvante.

b) Les comparaisons employées par Éluard sont valorisantes, parfois contradictoires : Paris est à la fois « fine comme une aiguille » et « forte comme une épée », elle tremble « comme une étoile », fragile mais lumineuse.

> ZOOM
> La personnification est un procédé stylistique consistant à évoquer une chose, une idée comme s'il s'agissait d'un être humain.

▶ **6.** Ce poème est une déclaration d'amour à Paris. Éluard éprouve à la fois de la compassion et de l'admiration pour sa « belle ville ».

AGIR DANS LA CITÉ

▶ **7.** Il s'agit de métaphores : le « matin », c'est la lumière qui succède à l'obscurité ; le « printemps », c'est la saison du renouveau. Par ces métaphores, Éluard évoque donc l'espoir qui renaît, celui de la libération.

▶ **8. a)** « Courage » est un poème engagé, écrit en 1942, durant l'Occupation. Son titre l'annonce d'emblée : c'est un appel à la révolte, à la résistance.

b) Par l'anaphore des quatre premiers vers (« Paris… »), qui crée un sentiment d'urgence, par l'emploi des 1re et 2e personnes (« tu » et « nous ») et par ses phrases injonctives, Éluard vise à provoquer un élan fraternel et patriotique chez les Parisiens : « Tu vas te libérer Paris » (vers 15), « Frères ayons du courage » (vers 19).

Au champ lexical de la guerre (« casqués », « bottés », « morts », « sang », « ennemis », etc.) il superpose celui de l'espérance, employé surtout de manière métaphorique : « espoir survivant », « un rayon s'allume en nos veines », « lumière », « matin », « délivrance », « printemps naissant ».

ZOOM
Figure d'insistance, l'anaphore est la répétition, en tête de vers, d'une phrase ou de membres de phrase, d'un mot ou d'un groupe de mots.

▶ **9.** Par le pouvoir des mots, des images, des sons, l'art peut agir sur l'imaginaire, il peut rendre espoir, communiquer force et élan, constituer un rempart contre la barbarie. En témoigne le *Chant des partisans* (1943), hymne de la Résistance que sifflotaient les combattants des maquis. En témoignent également les milliers de textes, de dessins qui ont surgi dans les rues de Paris après les attentats terroristes de janvier et novembre 2015.

▶ **10. a)** La photographie de Doisneau fait écho à la deuxième partie du poème d'Éluard (vers 18 à 33) : « Tu vas te libérer de la fatigue et de la boue… » Elle est une sorte de réponse à l'appel du poète : Paris a pris les armes, les Parisiens se sont soulevés.

b) La photographie évoque les scènes de barricades qui jalonnent l'histoire de Paris. Elle exprime la vulnérabilité face à « la force Idiote » : ces hommes en costume civil, armés seulement de fusils et sommairement protégés derrière des sacs de sable, évoquent ceux décrits par Éluard (« Frères ayons du courage/Nous qui ne sommes pas casqués/Ni bottés ni gantés ni bien élevés », vers 19-21). Sur leurs visages se lit la détermination de ceux qui luttent pour la liberté.

DICTÉE

POINT MÉTHODE

1 Attention à l'accord des verbes *s'imprimer* et *partir* : leur sujet est inversé, placé après. N'oublie pas de les mettre au pluriel (*ent*).

2 Sois vigilant sur l'accord du participe passé *devenues* : il est conjugué avec l'auxiliaire *être* et donc s'accorde avec le sujet *la désobéissance civique, la rébellion individuelle ou organisée.*

3 Ne confonds pas les homophones *ou* (= *ou bien*) et *où*.

La France n'a plus de pain, de vin, de feu. Mais surtout elle n'a plus de lois. La désobéissance civique, la rébellion individuelle ou organisée sont devenues devoirs envers la patrie. […]

La France vivante, saignante, est toute dans les profondeurs. C'est vers l'ombre qu'elle tourne son visage inconnu et vrai. […] Jamais la France n'a fait guerre plus haute et plus belle que celle des caves où s'impriment ses journaux libres, des terrains nocturnes et des criques secrètes où elle reçoit ses amis libres et d'où partent ses enfants libres, des cellules de torture où malgré les tenailles, les épingles rougies au feu et les os broyés, des Français meurent en hommes libres.

RÉDACTION

Voici un exemple de rédaction sur chacun des deux sujets.
Attention les titres en couleur ne doivent pas figurer sur ta copie.

Sujet d'imagination

[Présentation des circonstances] C'était un matin. Ce 19 août 1944, la ville s'était réveillée tendue et déterminée. Le silence était porteur d'espoir. Les habitants étaient aux aguets derrière leurs volets. Nous étions une dizaine à nous être donné rendez-vous rue de la Huchette. Nous avions entassé des sacs de sable pour former une barricade censée nous protéger des tirs ennemis et empêcher le passage des chars allemands.

> CONSEIL
> Pense à situer le personnage que tu as choisi.

[Présentation des personnages] Nous n'étions ni casqués ni bottés. Certains de mes camarades arboraient fièrement une casquette ou un calot. Moi, j'étais tête nue, assis sur un des sacs. À nos pieds, nous portions des savates, des sandales… Un ou deux avaient un brassard. C'était nos uniformes. Armés de quelques fusils, les manches de nos chemises retroussées, nous étions prêts à affronter l'armée allemande.

AGIR DANS LA CITÉ

Nous nous sentions portés par un irrésistible élan de liberté. Nos regards se faisaient farouches. L'espoir coulait de nouveau dans nos veines. Nous allions reprendre en main notre destin et celui de Paris, notre belle ville si longtemps martyrisée. L'attente était pesante : nous étions anxieux et impatients ; nous avions hâte d'en découdre ; nos muscles se faisaient douloureux. Nous ne faisions plus qu'un, soudés par une même révolte.

[Court dialogue] Soudain, une rumeur se répand comme une traînée de poudre :

« Ils arrivent.

– Courage, camarades, dis-je à mes compagnons d'armes. Le moment est venu.

– Oui, le moment est venu ! »

> CONSEIL
> Tu peux employer le présent de narration pour donner plus de vivacité à l'action à un moment particulier du récit.

La parole passe de l'un à l'autre, dans un long chuchotement.

[Passage à l'action] Et nous avons pointé nos fusils avec plus de détermination encore vers le bout de la rue, dans l'attente de l'ennemi. Un photographe a immortalisé ce moment historique : j'ai participé, avec mes camarades, à la libération de Paris.

Sujet de réflexion

[Présentation de l'événement] Nous voici à la veille de cet événement tant attendu. Demain est un grand jour : nous allons monter sur les planches du théâtre de la Comédie pour présenter notre spectacle devant une centaine de personnes. Nous allons jouer *Antigone*. Il n'est plus temps de se poser de questions : il va falloir être tous à la hauteur du défi que nous nous sommes lancé et s'oublier pour incarner l'espace d'un soir les personnages d'Anouilh.

Bien sûr, je sais que nous aurons le trac, qu'il va nous envahir au moment d'entrer en scène, assécher notre gorge et faire flageoler nos jambes. Ne le laissons pas nous dominer.

N'oublions pas que c'est aussi pour cela que nous avons choisi d'être comédien, pour cette sensation si particulière au moment de quitter les coulisses pour entrer dans la lumière. Alors, voici ce que j'ai à vous dire :

[1er argument : l'aboutissement d'un long travail] Tout d'abord, nous avons bien travaillé. Chacun de nous connaît parfaitement son rôle. Les décors et les costumes sont prêts. Les projecteurs n'attendent plus que nous pour illuminer la scène. Alors, ayons du courage, entrons en scène d'un pas déterminé et soyons meilleurs que jamais. Sachez que nous formons une troupe et que nous devons tous être solidaires : la défection d'un seul et c'est tout le spectacle qui s'effondre.

[2e argument : le respect dû au public] Ensuite, il y a tous ces spectateurs qui ont réservé leur soirée pour venir nous applaudir : nos parents, nos proches, nos amis. Il ne faudra pas les décevoir.

[3e argument : une expérience unique] Enfin, une telle occasion ne se reproduira peut-être pas. Imaginez ! Nous allons jouer sur la scène d'un vrai théâtre. Alors, sachons savourer chaque instant de ce moment unique pour ne surtout pas avoir de regrets. Songez au plaisir du travail accompli quand nous saluerons sous les applaudissements.

[Conclusion] Voilà, je vous attends tous demain, déterminés, prêts à affronter les feux de la rampe. Les planches n'attendent plus que vous !

SUJET

21

Antilles, Guyane • Septembre 2018

100 points

Voyage en train

DOCUMENT A **Texte littéraire**

Je pars le cœur tapant prendre le train en marche
Pile au signal sonore monterai mon bagage avec ma vie entière
Sur les rails je penserai à toute vitesse au bonheur étrange de sentir mon poids de chagrin lancé par des plaines jamais vues
J'apercevrai peut-être un vrai oiseau dont on me dira plus tard que c'était un hiatus[1]
Tant de vide où se jeter qu'on parle de ciel pour remettre les choses à leur place qu'on croit
Un vrai oiseau une authentique joie ça va où
Nous serons bien avancés quand j'aurai posé pour moi cette question waouh
Et cette question de ma peine et des plaines pleines de ma peine et de vent je la laisse en suspens
On m'attendra sur le quai à l'heure exacte je saluerai coucou par la fenêtre j'aurai fait bon voyage
La nourriture sera bonne le lit confortable je n'aurai ni faim ni sommeil mais je ferai comme si parce que ça ne mange pas de pain[2] contrairement aux oiseaux
Puis je repartirai le cœur en miettes toujours tapant et éperdu

pour Cabou

Valérie Rouzeau, *Va où*, 2015,
© Éditions de La Table ronde.

1. Hiatus : succession de deux voyelles appartenant à des syllabes différentes à l'intérieur d'un mot. C'est le cas, ici, de « vrai oiseau ».
2. Ça ne mange pas de pain : expression qui signifie « ça ne nécessite pas de grande dépense ou de grands efforts, cela ne peut nuire ou cela ne fait pas prendre de grands risques ».

DOCUMENT B **Edward Hopper, *Compartiment C, voiture 293*, 1938**

www.bridgemanimages.com/© Adagp, Paris, 2019

Collection IBM, Armonk, New York.

TRAVAIL SUR LE TEXTE LITTÉRAIRE ET SUR L'IMAGE

50 POINTS • 1 h 10

Les réponses doivent être entièrement rédigées.

Grammaire et compétences linguistiques

▶ **1.** Remplacez « je » par « nous », et les verbes qui sont conjugués au présent et au futur par le passé composé, dans le passage suivant. *(10 points)*

« Je pars le cœur tapant prendre le train en marche
Pile au signal sonore monterai mon bagage avec ma vie entière
Sur les rails je penserai à toute vitesse au bonheur étrange de sentir mon poids de chagrin lancé par des plaines jamais vues » (vers 1 à 3)

▶ **2.** « On me dira plus tard que c'était un hiatus. » (vers 4)

a) Quelle est la classe grammaticale de « que » ? *(2 points)*

b) De laquelle des deux constructions suivantes pouvez-vous rapprocher le vers de Valérie Rouzeau ? Justifiez votre réponse. *(2 points)*

A. Je pense que les voyages forment la jeunesse.

B. Les voyages que j'ai faits m'ont ouvert l'esprit.

VISIONS POÉTIQUES

▶ **3.** Relevez deux expressions relevant de la langue orale plutôt que de la langue écrite et justifiez votre réponse. *(4 points)*

▶ **4.** « Je la laisse en suspens » (vers 8)
a) De quel verbe vient le terme « suspens » ? *(1 point)*
b) Quel mot est repris par le pronom personnel « la » ? *(1 point)*
c) À partir des deux réponses précédentes, quel sens donnez-vous à l'expression « Je la laisse en suspens » ? *(2 points)*

Compréhension et compétences d'interprétation

▶ **5.** De quoi ce texte nous parle-t-il ? Relevez et nommez le champ lexical correspondant. *(2 points)*

▶ **6.** À quel genre appartient ce texte ? Trouvez trois justifications. *(4 points)*

▶ **7. a)** Quelles sont les deux émotions opposées évoquées par le personnage ? *(2 points)*
b) Pour quelles raisons les évoque-t-il ? *(4 points)*

▶ **8.** « Et cette question de ma peine et des plaines pleines de ma peine » (vers 8)
a) Laquelle des deux émotions est exprimée ici ? *(1 point)*
b) Par quels procédés d'écriture cette émotion est-elle mise en valeur ? *(4 points)*

▶ **9.** « Je pars le cœur tapant prendre le train en marche » (vers 1)
« Puis je repartirai le cœur en miettes toujours tapant et éperdu » (vers 11)
Comparez le premier vers et le dernier vers du texte. Que montrent-ils du voyage ? *(3 points)*

▶ **10.** Quel lien percevez-vous entre le titre *Va où* et le texte ? *(2 points)*

▶ **11. a)** Quels rapprochements pouvez-vous faire entre le tableau d'Edward Hopper et ces vers d'Hubert-Félix Thiéfaine ? Justifiez votre réponse. *(3 points)*

« ton compartiment
reflète sans passion
ton comportement
de femme de salon
voyageuse solitaire
entourée de mystère »

Hubert-Félix Thiéfaine, « Compartiment C voiture 293 »,
Suppléments de mensonge, 2011.

b) Selon vous, la femme représentée dans le tableau d'Edward Hopper pourrait-elle être la voyageuse du texte de Valérie Rouzeau ? Expliquez. *(3 points)*

DICTÉE — 10 POINTS • 20 min

Les mots « Orient-Express » et « Sud-Brenner-Bahn », ainsi que le titre et le nom de l'auteur sont écrits au tableau.

Valéry Larbaud
« Ode », in *Les Poésies de A.O. Barnabooth*
© Éditions Gallimard, 1913

[…] Prêtez-moi, ô Orient-Express, Sud-Brenner-Bahn, prêtez-moi
Vos miraculeux bruits sourds et
Vos vibrantes voix de chanterelle ;
Prêtez-moi la respiration légère et facile
Des locomotives hautes et minces, aux mouvements
Si aisés, les locomotives des rapides,
Précédant sans effort quatre wagons jaunes à lettres d'or
Dans les solitudes montagnardes de la Serbie,
Et, plus loin, à travers la Bulgarie pleine de roses…

Ah ! Il faut que ces bruits et que ce mouvement
Entrent dans mes poèmes et disent
Pour moi ma vie indicible, ma vie
D'enfant qui ne veut rien savoir, sinon
Espérer éternellement des choses vagues.

RÉDACTION — 40 POINTS • 1 h 30

Vous traiterez au choix l'un des deux sujets suivants.

Sujet d'imagination

Vous effectuez un voyage. Dans un texte poétique (en prose ou en vers libres comme dans *Va où*), vous raconterez le trajet qui a provoqué en vous des sentiments et émotions variés. Vous vous efforcerez de faire percevoir à votre lecteur en quoi cette expérience était unique. Comme dans le texte de Valérie Rouzeau, vous veillerez à proposer une langue imagée.

Sujet de réflexion

À votre avis, pour quelles raisons peut-on dire que le voyage est enrichissant et formateur ?
Vous répondrez à cette question en vous appuyant sur votre expérience, vos lectures, votre culture artistique et personnelle.

LES CLÉS DU SUJET

Les documents

Le texte littéraire (document A)

Valérie Rouzeau est née en 1967. Elle est poète et traductrice. Elle a publié plusieurs recueils de poèmes dans lesquels elle aime jouer avec les mots, la syntaxe et les sonorités.

L'image (document B)

Edward Hopper (1882-1967) est un peintre américain réaliste dont les tableaux mettent en scène des personnages ou des lieux qui provoquent une impression de mystère et de mélancolie chez le spectateur.

Rédaction (sujet d'imagination)

Recherche d'idées

- Commence par définir quelle va être ta destination et quel sera ton moyen de transport : train, avion, voiture, vélo…
- Imagine le lieu de départ (aéroport, gare…) et les paysages traversés.
- Choisis les sentiments et sensations que tu vas évoquer : excitation, angoisse de l'inconnu, plaisir de la vitesse, étonnement, joie de la découverte…
- Recherche des images expressives, des comparaisons ou des métaphores.

Conseils de rédaction

- Écris en prose ou en vers libres. La prose, c'est un texte qui n'est pas en vers. Il existe des poèmes en prose. Quant aux vers libres, ce sont des vers de longueurs différentes, contrairement aux vers réguliers.
- Tu n'es pas obligé de faire des phrases. Tu peux employer des groupes nominaux, des interjections, ne pas mettre de ponctuation : c'est la grande liberté qu'offre la poésie. Mais il ne faut pas pour autant écrire n'importe quoi…

Rédaction (sujet de réflexion)

Recherche d'idées

Les voyages forment la jeunesse, dit-on. Oui, mais comment ? Quels bénéfices peut-on en tirer ?

Conseils de rédaction

- Organise ton texte en plusieurs paragraphes qui correspondront chacun à un argument :

– les voyages nous apportent de nouvelles connaissances sur le monde et aiguisent notre curiosité ;

– ils nous font prendre conscience de la beauté, mais aussi de la fragilité de notre planète ;
– ils nous font découvrir des modes de vie différents des nôtres et nous sortent de notre égoïsme et de notre train-train quotidien ;
– ils enrichissent notre imagination.
Tu peux en trouver d'autres encore…
• Pense à employer des connecteurs pour introduire tes différents paragraphes : *tout d'abord*, *ensuite*, *aussi*, *également*, *enfin*…

CORRIGÉ 21

TRAVAIL SUR LE TEXTE LITTÉRAIRE ET SUR L'IMAGE

Grammaire et compétences linguistiques

▶ **1.** *Les modifications sont en couleur.*

« Nous sommes partis le cœur tapant prendre le train en marche

Pile au signal sonore avons monté notre bagage avec notre vie entière

Sur les rails nous avons pensé à toute vitesse au bonheur étrange de sentir notre poids de chagrin lancé par des plaines jamais vues ».

▶ **2. a)** « Que » est une conjonction de subordination.

b) On peut rapprocher le vers de Valérie Rouzeau de la construction suivante : *A. Je pense que les voyages forment la jeunesse.* En effet, « que », dans les deux cas, introduit une proposition conjonctive complétive, alors que dans la seconde construction (*B. Les voyages que j'ai faits m'ont ouvert l'esprit*), « que » est un pronom relatif mis pour l'antécédent « les voyages ».

▶ **3.** « Un vrai oiseau une authentique joie ça va où » et « Nous serons bien avancés quand j'aurai posé pour moi cette question waouh » sont des expressions qui appartiennent à la langue parlée. « ça va où » est une construction familière et « waouh » une interjection.

▶ **4. a)** « Suspens » vient du verbe « suspendre ».

b) Le mot repris par le pronom personnel « la » est « question ».

c) Cette expression signifie, selon moi, que la narratrice laisse la question en attente de réponse.

VISIONS POÉTIQUES

Compréhension et compétences d'interprétation

▶ **5.** Le poème nous parle de voyage, et plus précisément d'un voyage en train. Les mots qui appartiennent à ce champ lexical sont les suivants : « pars », « train », « en marche », « bagage », « rails », « vitesse », « quai », « voyage », « repartir ».

> INFO +
> Un « champ lexical » désigne tous les mots qui appartiennent à un même thème. Ce peut être aussi bien des noms, des verbes, des adjectifs ou encore des adverbes.

▶ **6.** Le texte appartient au genre poétique. Il est écrit en vers libres, sans ponctuation et prend des libertés avec la syntaxe. Il repose sur des images originales et une grande musicalité.

▶ **7. a)** Les deux émotions contradictoires évoquées sont le bonheur et le chagrin.

b) La narratrice les exprime pour s'épancher, essayer de les comprendre et les partager avec le lecteur comme dans tout poème lyrique.

▶ **8. a)** C'est le chagrin qui est ici exprimé.

b) Valérie Rouzeau met cette émotion en valeur en jouant avec la répétition du mot « peine », avec l'homophonie de « pleine » et « plaine » et avec les assonances et les allitérations :

« Et cette question de ma **p**eine et des **pl**aines **pl**eines de ma **p**eine ».

> INFO +
> Une assonance est la répétition d'un même son voyelle ; une allitération, la répétition d'un même son consonne.

▶ **9.** Le premier et le dernier vers se répondent : ils encadrent le poème. Ils montrent que les voyages, ce sont toujours de nouveaux départs, de nouveaux adieux. Où qu'on aille, on emporte sa peine. On part plein d'espoir, « le cœur tapant » mais on repart « le cœur en miettes toujours tapant ».

▶ **10.** Le titre évoque un voyage en suspens, puisque la phrase est incomplète et sans ponctuation. On peut rapprocher le titre du vers suivant, ce qui l'éclaire un peu : « Un vrai oiseau une authentique joie ça va où ». La voyageuse se demande où aller pour être heureuse, où trouver une joie vraie et authentique.

▶ **11. a)** Les vers d'Hubert-Félix Thiéfaine évoquent la jeune femme du tableau, comme l'indique le titre du poème qui est la reprise exacte de celui de la peinture. Le poète s'adresse à la voyageuse peinte par Hopper, une femme élégante, solitaire et mystérieuse, dont le visage reste dans l'ombre de son grand chapeau.

b) La femme du tableau est bien différente de celle du poème de Valérie Rouzeau : si la première ne laisse pas transparaître ses sentiments et semble impassible, voire indifférente, à ce qui l'entoure, la seconde est tout entière à ses impressions et à ses émotions.

DICTÉE

POINT MÉTHODE

1 Ne confonds pas les terminaisons de l'impératif (*prêtez*) et de l'infinitif (*espérer*) pour les verbes du 1er groupe. Pour distinguer les deux, remplace le verbe du 1er groupe par un verbe d'un autre groupe :

- *Prêtez-moi → Offrez-moi = impératif.*
- *Espérer éternellement → vouloir éternellement = infinitif.*

2 Attention aux accords, ils sont très nombreux dans ce poème ! N'oublie pas les marques du pluriel (*s*, *x*, *ent*).

Prêtez-moi, ô Orient-Express, Sud-Brenner-Bahn, prêtez-moi
Vos miraculeux bruits sourds et
Vos vibrantes voix de chanterelle ;
Prêtez-moi la respiration légère et facile
Des locomotives hautes et minces, aux mouvements
Si aisés, les locomotives des rapides,
Précédant sans effort quatre wagons jaunes à lettres d'or
Dans les solitudes montagnardes de la Serbie,
Et, plus loin, à travers la Bulgarie pleine de roses…

Ah ! Il faut que ces bruits et que ce mouvement
Entrent dans mes poèmes et disent
Pour moi ma vie indicible, ma vie
D'enfant qui ne veut rien savoir, sinon
Espérer éternellement des choses vagues.

RÉDACTION

Voici un exemple de rédaction sur chacun des deux sujets.
Attention les indications entre crochets ne doivent pas figurer sur ta copie.

Sujet d'imagination

> CONSEIL
> Tu peux insérer des comparaisons ou des métaphores, comme ici où le train est comparé à un long serpent.

[Départ]

Brouhaha
Appel et annonces qu'on ne comprend pas
Bousculade
La main serrée fort
Pour ne pas se perdre
Les valises s'entrechoquant
Excitation et angoisse du départ
Agitation quai 12
Le train long serpent qui attend
Voyageurs en partance

[Le voyage]

Portières qui claquent
Sifflets du chef de gare
Le paysage à rebours
Nous sommes partis
Au bout des rails l'inconnu
Un ailleurs tant rêvé
Venise et ses palais mouillés
Son grand canal ses gondoliers
Dans le compartiment nous nous couchons
Bientôt il fera nuit
Le train me berce doucement
Je voyage en dormant

[Arrivée]

Au réveil m'accueille la lagune
Encore ensommeillée
Je rêve aux palais dorés
Et au chant des gondoliers

Sujet de réflexion

[Introduction : présentation de la question posée] « Les voyages forment la jeunesse ». Ce proverbe, qui ne le connaît pas ? Mais qu'entend-on par « former » ? En quoi les voyages peuvent-ils être une source d'enrichissement ?

[Élargir son horizon, faire de nouvelles découvertes] Voyager, c'est tout d'abord changer d'horizon, aller vers l'inconnu, faire de nouvelles découvertes. De tout temps des hommes se sont faits explorateurs, au risque de leur vie – Marco Polo, Christophe Colomb, Vasco de Gama, Neil Armstrong – et sont partis à la découverte d'autres pays, d'autres continents, d'autres civilisations et même de la Lune. De nos jours, l'exploration spatiale se poursuit vers d'autres planètes, repoussant toujours plus loin les frontières de notre monde connu.

[Prendre conscience de la fragilité de notre Terre] Voyager, c'est aussi prendre conscience de la beauté et de la richesse de notre planète aux paysages si variés – la forêt vierge, le désert, la montagne, la banquise – mais aussi de sa fragilité et de l'urgence de la protéger.

[Découvrir d'autres modes de vie] Voyager, c'est également se confronter à d'autres civilisations, d'autres modes de vie. Cela permet d'abandonner ses préjugés et ses œillères, de lutter contre le racisme et la xénophobie, de sortir de sa zone de confort et de prendre conscience de son existence privilégiée, lorsque l'on se trouve au contact de la pauvreté ou des difficultés que rencontrent d'autres populations dans le monde.

[Enrichir son imaginaire] Voyager, ce n'est pas nécessairement aller loin, prendre un train, un avion : il suffit parfois de tourner un coin de rue, d'explorer un autre quartier pour être confronté à l'inconnu ; il suffit parfois d'ouvrir un livre pour vivre des aventures exaltantes, comme celles que nous font partager les récits de Jules Verne – *Voyage au centre de la terre*, *Le tour du monde en quatre-vingts jours* – ou encore *L'Île au trésor* de Stevenson. Voyager, ce peut être tout simplement fermer les yeux et se laisser aller au gré de son imagination.

[Conclusion] Les voyages sont donc une merveilleuse source d'enrichissement : ils nous font grandir, découvrir d'autres paysages, d'autres civilisations, nous sortent de notre quotidien et aiguisent notre curiosité. Ils nous rendent moins égoïstes et plus responsables. Encore faut-il sortir des sentiers battus et des voyages organisés pour explorer le monde en toute liberté.

SUJET 22

Sujet zéro • Visions poétiques du monde

100 points

Éloge de Chagall

DOCUMENT A Chagall XI[1]

Le ciel est un pays de chèvres
C'est dommage pour les poissons
Les amoureux est-ce qu'ils sont
À ça près
Pourquoi les pieds touchent-ils terre
Quand ils peuvent faire autrement
Et ma tête à l'envers Maman
Ma tête
L'homme danse et non les oiseaux
Il est l'inventeur du trapèze
Les chevaux ont appris de lui l'art
Des bouquets
La vie est longue comme un air
De violon
Qui peint la nuit a deux visages
L'autre d'aimer l'un pour dormir
Tout est joli comme une lampe
C'est la guimpe[2] de la lumière
Les objets s'y font acrobates
Les gens légers
Chagall la couleur est ton peuple
Donne-lui des jeux et du pain[3]
Dieu qu'il fait beau quand l'ombre est rouge
Et bleu l'amour

Aragon, « Chagall XI », *Celui qui dit les choses sans rien dire*, 1976.

1. Il s'agit du onzième poème du recueil poétique consacré au peintre.
2. Guimpe : élément du vêtement féminin, morceau de toile couvrant la tête ou petite chemise brodée dépassant de la robe pour monter jusqu'au cou.
3. Reprise de l'expression « panem et circenses » par laquelle Juvénal reprochait aux empereurs de donner « du pain et des jeux » au peuple romain pour le divertir.

DOCUMENT B **Images**

Marc Chagall, *Les Mariés de la Tour Eiffel*, 1938-1939, huile sur toile, musée national d'Art moderne, Centre Georges-Pompidou, Paris.

Marc Chagall, *Couple dans le paysage bleu*, 1969-1971, collection privée.

TRAVAIL SUR LE TEXTE LITTÉRAIRE ET SUR LES IMAGES

50 POINTS • 1 H 10

Les réponses doivent être entièrement rédigées.

Compréhension et compétences d'interprétation

▶ **1.** « Le ciel est un pays de chèvres » (vers 1) :
a) Quel est l'effet produit sur le lecteur par ce début de poème ? *(2 points)*
b) Quel sens nouveau prend cette image quand le lecteur a connaissance des tableaux ? *(2 points)*

▶ **2.** Relevez et commentez d'autres éléments communs au poème et aux tableaux. *(6 points)*

▶ **3.** « Chagall la couleur est ton peuple » (vers 21) :
Comment comprenez-vous ce vers ? *(2 points)*

▶ **4.** Quels sont les éléments qui permettent de dire que le poète Aragon rend hommage à la peinture de Chagall ? *(2 points)*

▶ **5.** « Qui peint la nuit a deux visages/L'autre d'aimer l'un pour dormir » (vers 15 et 16) :
a) Pourquoi cette formulation est-elle surprenante ? *(1 point)*
b) Réécrivez ces vers en mettant les mots dans un ordre plus habituel. *(1 point)*

▶ **6.** « Les objets s'y font acrobates » (vers 19) :
Comment le poète fait-il, dans la construction du poème, dans les strophes, dans les vers ou dans l'ordre des mots, pour produire lui aussi cette « acrobatie » ? *(8 points)*

▶ **7.** Dites en quelques phrases quelles sont les caractéristiques de la vision poétique du monde que partagent ici le poète et le peintre. *(6 points)*

Grammaire et compétences linguistiques

▶ **8.** Repérez des passages du poème relevant de la langue orale plutôt que de la langue écrite, et justifiez votre réponse. *(4 points)*

▶ **9.** « Qui peint la nuit a deux visages » (vers 15) :
a) À quelle classe grammaticale appartient « qui » ? *(2 points)*
b) Quelle est sa fonction dans la phrase ? *(2 points)*
c) De laquelle des deux constructions suivantes pouvez-vous rapprocher le vers d'Aragon ?
• *Qui dort dîne.*
• *J'ai vu un homme qui dormait.*
Justifiez votre réponse. *(2 points)*

▶ **10.** « L'homme danse et non les oiseaux
Il est l'inventeur du trapèze
Les chevaux ont appris de lui l'art
Des bouquets » (vers 9 à 12)
Réécrivez cette strophe en commençant par « Les hommes dansaient » et faites toutes les transformations nécessaires. *(6 points)*

▶ **11.** Recopiez la dernière strophe du poème en y rétablissant tous les signes de ponctuation. *(4 points)*

DICTÉE — 10 POINTS • 20 MIN

Le nom de l'auteur et le titre de l'œuvre sont écrits au tableau.

Aragon
Préface du catalogue *Marc Chagall : Recent paintings 1966-1968*

On m'avait appris à regarder les choses d'une certaine façon, dans une certaine succession, un équilibre une fois pour toutes donné. Le miracle de Chagall, c'est qu'il désapprend : plus rien n'était grâce à lui forcément à sa place, on allait se coucher dans le ciel, la taille des bonshommes ne dépendait plus de la distance, les animaux jouaient du violon, une fois pour toutes l'ordre des facteurs était renversé, comme à la fin d'un banquet perpétuel. La peinture de Chagall, c'était une leçon sans heure, qui vous apprenait à voir autrement le monde, autrement vivre, autrement être.

RÉDACTION — 40 POINTS • 1 H 30

Vous traiterez au choix l'un des deux sujets suivants.

Sujet d'imagination

Vous rédigerez, en prose, un hommage à un artiste de votre choix (peintre, musicien, cinéaste, chanteur, danseur…) dont vous citerez le nom dans votre texte. Comme Aragon, vous vous efforcerez de rendre compte des impressions que vous procure son œuvre.

Sujet de réflexion

Pensez-vous que le rôle des artistes est plutôt de nous aider à nous comprendre nous-mêmes ou de nous faire voir le monde autrement ? Vous répondrez à cette question en vous appuyant sur vos connaissances, vos lectures et sur votre fréquentation des arts de votre choix (musique, peinture, cinéma, chanson…).

LES CLÉS DU SUJET

Les documents

Le texte littéraire (document A)

Louis Aragon (1897-1982) appartient au mouvement surréaliste qui prône le recours à l'irrationnel, au rêve, à l'inconscient et refuse tout contrôle de la raison. Dans ses poèmes consacrés au peintre Chagall, Aragon cherche à mettre en mots tout ce que lui suggèrent les tableaux de l'artiste.

Les images (document B)

Le peintre Marc Chagall (1887-1985) n'appartient à aucune école, sa vision très personnelle s'est nourrie d'influences diverses : fauvisme, cubisme, surréalisme ou encore néoprimitivisme. Il crée un univers onirique aux couleurs lumineuses.

Rédaction (sujet d'imagination)

Recherche d'idées

• Choisis un artiste que tu apprécies et dont tu connais bien l'œuvre.

• Demande-toi quel est ton ressenti lorsque tu regardes ou écoutes ses œuvres : es-tu ému ? Te sens-tu transporté dans un autre univers ? Est-ce que cela change ta vision du monde ?

Conseils de rédaction

• Tu peux, en introduction, présenter l'artiste et sa discipline. Puis, en deux ou trois paragraphes, exprime les impressions qu'il suscite en toi. Cite plusieurs de ses œuvres pour illustrer ton propos.

• Attention, tu dois rédiger en prose. Emploie des mots appartenant au lexique des sentiments et des sensations.

Rédaction (sujet de réflexion)

Recherche d'idées

• Tu dois réfléchir au rôle des artistes en analysant deux propositions. Mais tu peux choisir les deux, dans la mesure où elles ne sont pas contradictoires. Elles renvoient à deux aspects de l'art tout aussi importants.

• Demande-toi ce que tu ressens lorsque tu regardes une œuvre d'art, un film, que tu lis de la poésie ou écoutes ta chanson préférée…

Conseils de rédaction

Tu peux suivre le plan suivant :

1. Le rôle des artistes consiste, tout d'abord, à nous permettre de mieux nous comprendre.

2. Le rôle de l'artiste est *aussi* de nous faire voir le monde autrement.

Tu peux en conclure que l'art a un rôle essentiel dans notre société.

CORRIGÉ 22

TRAVAIL SUR LE TEXTE LITTÉRAIRE ET SUR LES IMAGES

Compréhension et compétences d'interprétation

▶ **1. a)** Le premier vers du poème peut déstabiliser le lecteur : le sens lui échappe. Il est désorienté.

b) La vue des tableaux apporte un éclairage nouveau sur ce début de poème. L'image « un pays de chèvres », reste étrange, bien sûr, mais le lecteur se familiarise avec l'univers personnel de Chagall où les chèvres semblent en lévitation dans le ciel bleu.

▶ **2.** D'autres éléments sont communs au poème et aux tableaux : le couple d'amoureux (jeunes mariés, jeunes parents), les bouquets, le violon, le soleil tel une lampe, avec son halo de lumière, les couleurs enfin qui s'affranchissent (le bleu, le rouge). Il s'agit d'un univers onirique, joyeux, où l'amour rend les hommes légers.

▶ **3.** Chagall est un peintre à la palette lumineuse. Les couleurs y sont chaudes et gaies. Il en joue à sa fantaisie, avec une grande liberté, sans souci des conventions.

> INFO +
> Le mot « palette » désigne ici l'ensemble des couleurs utilisées par le peintre.

▶ **4.** Ce qui permet de dire qu'Aragon rend hommage à la peinture de Chagall, c'est qu'il emploie des termes positifs, laudatifs pour qualifier l'univers du peintre : « Tout est *joli*_comme une lampe », « Dieu qu'il fait *beau* quand l'ombre est rouge ». Le poète exprime son enthousiasme par des exclamations, des interjections : « Dieu qu'... »

▶ **5. a)** La formulation des vers 15 et 16 est surprenante, car le poète a inversé l'ordre des deux pronoms « l'un » et « l'autre ».

b) Qui peint la nuit a deux visages/L'un d'aimer l'autre pour dormir

▶ **6.** La construction des strophes, constituées généralement de trois octosyllabes suivis d'un vers plus court qui les clôt, peut suggérer un acrobate la tête en bas. Les constructions parfois s'inversent comme lorsque le poète choisit d'écrire : « Dieu qu'il fait beau quand l'ombre est rouge/Et bleu l'amour », plutôt que « Et l'amour bleu », créant ainsi un chiasme.

L'absence de ponctuation donne enfin aux mots une plus grande liberté.

> CONSEIL
> Avant même de se lire, un poème se regarde : agencement des strophes, longueur des vers... Tout cela peut dégager une forme, voire un dessin.

▶ **7.** Le poète comme le peintre s'affranchissent du réel et des contraintes formelles pour proposer une vision neuve, personnelle, onirique et « surréaliste » du monde. Avec ses mots, ses vers, son lyrisme, Aragon se met à l'unisson de Chagall pour célébrer son univers fantaisiste et lumineux, où l'homme se fait léger, où les amoureux sont en lévitation. Les deux artistes jouent avec les images et les couleurs en toute liberté, sans souci des conventions, pour mettre en lumière un monde chatoyant, radieux, qui irradie le bonheur de vivre et d'aimer.

Grammaire et compétences linguistiques

▶ **8.** Aragon emploie des expressions et des constructions relevant de la langue orale : « Les amoureux est-ce qu'ils sont/À ça près », plutôt que « Les amoureux sont-ils à cela près ? » Ou encore : « Et ma tête à l'envers Maman/Ma tête », phrase nominale, répétitive, qui sonne comme la plainte d'un enfant s'adressant à sa mère. Et enfin l'interjection : « Dieu qu'… »

INFO +
La langue orale, parlée, peut se manifester non seulement par l'emploi d'un lexique familier, mais aussi par la syntaxe, la tournure et la construction des phrases.

▶ **9. a)** Dans le vers 15, « qui » est un pronom relatif.

b) Il est sujet du verbe « peindre ».

c) Le vers d'Aragon peut être rapproché de la construction : *Qui dort dîne.* Le pronom « celui », antécédent de la subordonnée relative, est sous-entendu dans les deux constructions.

▶ **10.** *Les modifications sont en couleur.*

« Les hommes dansaient et non les oiseaux

Ils étaient les inventeurs du trapèze

Les chevaux avaient appris d'eux l'art

Des bouquets »

▶ **11.** « Chagall, la couleur est ton peuple.

Donne-lui des jeux et du pain.

Dieu, qu'il fait beau quand l'ombre est rouge

Et bleu l'amour ! »

DICTÉE

POINT MÉTHODE

1 Sois attentif aux terminaisons verbales des verbes du premier groupe : évite de confondre l'infinitif en *-er* et le participe passé en *-é*. Pour ne pas te tromper, remplace le verbe en *-er* par un verbe d'un autre groupe : *à regarder* = *à voir* (infinitif) ; *donné* = *offert* (participe passé) ; *se coucher* = *dormir* (infinitif).

2 Attention à ne pas confondre les homonymes *à* et *a*. La préposition *à* est employée à cinq reprises dans la dictée, on ne peut pas la remplacer par *avait.*

3 Veille à bien mettre *toutes* au pluriel : *une fois pour toutes les fois*.

On m'avait appris à regarder les choses d'une certaine façon, dans une certaine succession, un équilibre une fois pour toutes donné. Le miracle de Chagall, c'est qu'il désapprend : plus rien n'était grâce à lui forcément à sa place, on allait se coucher dans le ciel, la taille des bonshommes ne dépendait plus de la distance, les animaux jouaient du violon, une fois pour toutes l'ordre des facteurs était renversé, comme à la fin d'un banquet perpétuel. La peinture de Chagall, c'était une leçon sans heure, qui vous apprenait à voir autrement le monde, autrement vivre, autrement être.

RÉDACTION

Voici un exemple de rédaction sur chacun des deux sujets.
Attention les indications entre crochets ne doivent pas figurer sur ta copie.

Sujet d'imagination

[Introduction] Il est un cinéaste que j'admire particulièrement : depuis mon enfance, ses films aux univers si personnels ont peuplé mon imaginaire de personnages et d'histoires qui ont participé à me construire.

[Une œuvre qui m'a fait vivre des aventures] À travers ses films, j'ai vécu des histoires extraordinaires. Avec le personnage d'Indiana Jones, j'ai voyagé et partagé des aventures haletantes, palpitantes et pleines de rebondissements, notamment au cœur de la jungle péruvienne, dans *Les aventuriers de l'arche perdue*. J'apprécie le rythme, le suspense et l'humour de ce film.

> INFO +
> Quand on cite le titre d'une œuvre, il faut le mettre en italique ou le souligner.

[Une œuvre qui a su m'émouvoir] Certains de ses films m'ont bouleversé, tout particulièrement celui dont le héros est un petit personnage venu d'ailleurs, étrange, mais qui a su toucher mon cœur : E.T., cet extra-terrestre qui ne demande qu'à rentrer chez lui, si fragile face à l'entêtement des hommes qui veulent en faire un objet d'expérimentation. J'aurais aimé être le petit garçon qui devient son ami. J'aime la simplicité, la sensibilité avec laquelle le cinéaste traite cette histoire.

[Une œuvre qui m'a donné de magnifiques leçons d'histoire et d'humanité] C'est un cinéaste qui m'a fait prendre conscience de valeurs fondamentales, comme l'égalité, la solidarité. Il y a, par exemple, cette histoire de ségrégation raciale aux États-Unis, *La couleur pourpre*. Et enfin et surtout ce film, magnifique leçon d'humanité, où un homme sauve des centaines de Juifs de la déportation durant la Seconde Guerre mondiale, en s'engageant à les faire travailler dans sa fabrique : *La Liste de Schindler*. Cette œuvre poignante m'a profondément marqué. Elle m'a fait comprendre l'horreur de cette période et combien sont essentiels les gestes d'humanité face à la barbarie.

[Conclusion] Ce cinéaste, c'est Steven Spielberg dont le talent à mettre en scène et à filmer des histoires et des personnages m'a enthousiasmé.

> CONSEIL
> Tu peux citer le nom de l'artiste dès l'introduction ou, comme ici, dans la conclusion, ce qui crée un effet d'attente.

Sujet de réflexion

[Introduction] Le rôle des artistes est-il plutôt de nous aider à nous comprendre nous-mêmes, ou de nous faire voir le monde autrement ?

[Le rôle des artistes est de nous aider à nous comprendre nous-mêmes] Il me semble que le rôle d'un artiste est tout d'abord de nous aider à mieux nous comprendre nous-mêmes. Une œuvre agit en effet comme un révélateur de nos sentiments personnels. Que ce soit des poèmes lyriques, ceux de Musset, Hugo, Verlaine, des chansons, des tableaux ou des films, les œuvres artistiques éveillent en nous des sentiments profonds et évoquent des expériences que nous avons vécues ou pourrions vivre : un chagrin d'amour, la perte d'un être cher, la nostalgie du passé, l'angoisse du temps qui passe… Nous nous sentons alors en connivence avec l'artiste qui met des mots ou des images sur ce que nous ressentons. Grâce à cela, nous nous sentons moins seuls, moins incompris.

> CONSEIL
> Évite de ne considérer qu'un aspect de la réponse : l'art ne peut être réduit à un seul rôle. Présente tes arguments dans un ordre croissant d'importance.

[Leur rôle est aussi de nous faire voir le monde autrement] Cependant, pourquoi limiter l'art à un seul rôle ? Il offre aussi un regard original sur le monde qui nous entoure. Marcel Duchamp, en exposant un urinoir qu'il a intitulé *Fontaine,* remet en question la conception traditionnelle de l'art et nous invite à regarder autrement cet objet trivial. Les artistes de Street art, comme Levalet ou Banksy, en prenant possession des murs de nos villes, choisissent d'introduire de la poésie dans notre quotidien, de nous surprendre, de nous interpeller, de nous interroger aussi parfois sur la société dans laquelle nous vivons.

Montrer le monde autrement, c'est également amener les citoyens que nous sommes à prendre conscience des injustices qui nous entourent. Ainsi, Victor Hugo, dans *Melancholia*, crie sa révolte concernant l'exploitation des enfants.

[Conclusion] Le rôle des artistes est donc multiple. Leurs œuvres peuvent agir comme un miroir de l'âme humaine, et elles peuvent aussi nous inviter à porter un regard neuf sur notre environnement. Ces deux rôles sont l'un comme l'autre essentiels pour notre société.

SUJET 23

Sujet inédit • Visions poétiques du monde

100 points

Invitation au voyage

DOCUMENT A Texte littéraire

Mon enfant, ma sœur,
Songe à la douceur
D'aller là-bas vivre ensemble !
Aimer à loisir,
Aimer et mourir
Au pays qui te ressemble !
Les soleils mouillés
De ces ciels brouillés
Pour mon esprit ont les charmes
Si mystérieux
De tes traîtres yeux,
Brillant à travers leurs larmes.

Là, tout n'est qu'ordre et beauté,
Luxe, calme et volupté.

Des meubles luisants,
Polis par les ans,
Décoreraient notre chambre ;
Les plus rares fleurs
Mêlant leurs odeurs
Aux vagues senteurs de l'ambre,
Les riches plafonds,
Les miroirs profonds,
La splendeur orientale,
Tout y parlerait
À l'âme en secret
Sa douce langue natale.

Là, tout n'est qu'ordre et beauté,
Luxe, calme et volupté.

Vois sur ces canaux
Dormir ces vaisseaux
Dont l'humeur est vagabonde ;
C'est pour assouvir
Ton moindre désir
Qu'ils viennent du bout du monde.
– Les soleils couchants
Revêtent les champs,
Les canaux, la ville entière,
D'hyacinthe et d'or ;
Le monde s'endort
Dans une chaude lumière.

Là, tout n'est qu'ordre et beauté,
Luxe, calme et volupté.

Charles Baudelaire, « L'Invitation au voyage », *Les Fleurs du Mal,* 1857.

---

1. Hyacinthe : pierre fine de couleur orange à rouge.

DOCUMENT B **Claude Gellée dit Le Lorrain,** ***Port de mer au soleil couchant*, 1639**

ph © Aisa/Leemage

TRAVAIL SUR LE TEXTE LITTÉRAIRE ET SUR L'IMAGE — 50 POINTS • 1 H 10

Les réponses doivent être entièrement rédigées.

Grammaire et compétences linguistiques

▶ **1.** Relevez les mots appartenant au champ lexical du luxe, du raffinement. *(4 points)*

▶ **2. a)** Quel est le mode employé dans les vers 15 à 26 ? *(2 points)*
b) Pourquoi ce mode ? *(2 points)*

▶ **3.** Réécrivez les vers suivants en mettant « enfant » et « sœur » au pluriel et procédez aux modifications nécessaires (vers 1 à 6). *(6 points)*
« Mon enfant, ma sœur,
Songe à la douceur
D'aller là-bas vivre ensemble !
Aimer à loisir,
Aimer et mourir
Au pays qui te ressemble ! »

Compréhension et compétences d'interprétation

▶ **4. a)** Expliquez le titre du poème. *(2 points)*
b) Selon vous, à quel ailleurs le poète rêve-t-il ? *(4 points)*

▶ **5. a)** À qui le poète s'adresse-t-il ? Justifiez votre réponse en citant des éléments du texte. *(4 points)*
b) De quelle façon le fait-il ? *(4 points)*

▶ **6.** Que compare le poète aux vers 7 à 12 ? Expliquez la comparaison. *(4 points)*

▶ **7. a)** Quelle est la figure de style employée par Baudelaire pour évoquer les vaisseaux (vers 29 à 34) ? *(2 points)*
❑ Une métaphore. ❑ Une personnification.
b) Justifiez votre réponse en citant des éléments du poème. *(3 points)*
c) Quel est, à votre avis, l'effet recherché par le poète ? *(3 points)*

▶ **8.** Quelles impressions ou sentiments le tableau du Lorrain éveille-t-il en vous ? *(5 points)*

▶ **9.** Quelles ressemblances ou dissemblances pouvez-vous discerner entre le poème et le tableau ? *(5 points)*

DICTÉE

10 POINTS • 20 MIN

Le titre, la source de l'extrait sont écrits au tableau au début de la dictée.

J.-M.-G. Le Clézio

« Celui qui n'avait jamais vu la mer », 1982 in *Mondo et autres histoires*

Premier contact avec la mer

Il s'assit sur le sable mouillé, et il regarda la mer monter devant lui presque jusqu'au centre du ciel. Il avait tellement pensé à cet instant-là, il avait tellement imaginé le jour où il la verrait enfin, réellement, pas comme sur les photos ou comme au cinéma, mais vraiment, la mer tout entière, exposée autour de lui, gonflée, avec les gros dos des vagues qui se précipitent et déferlent, les nuages d'écume, les pluies d'embrun en poussière dans la lumière du soleil, et surtout, au loin, cet horizon courbe comme un mur devant le ciel ! Il avait tellement désiré cet instant-là qu'il n'avait plus de forces, comme s'il allait mourir, ou bien s'endormir.

RÉDACTION

40 POINTS • 1 H 30

Vous traiterez au choix l'un des deux sujets.

Votre rédaction sera d'une longueur minimale d'une soixantaine de lignes (300 mots environ).

Sujet d'imagination

Décrivez à un ami le lieu idéal où vous aimez, ou aimeriez, vous évader. Il peut s'agir d'un lieu réel ou imaginaire.

Sujet de réflexion

Selon vous, les voyages sont-ils source d'enrichissement ? Vous répondrez à cette question dans un développement argumenté en vous appuyant sur votre expérience, vos lectures et votre culture personnelle.

VISIONS POÉTIQUES

LES CLÉS DU SUJET

■ Les documents

Le texte littéraire (document A)

L'Invitation au voyage est un poème de Baudelaire extrait de *Spleen et Idéal*, première partie des *Fleurs du Mal*. Il est inspiré par Marie Daubrun, actrice qui sera brièvement l'une des inspiratrices et muses de Baudelaire. Le pays dont parle le poète pourrait être la Hollande qu'il ne connaît que par les tableaux de Vermeer, mais dont il rêve comme d'un lieu idéal.

L'image (document B)

Ce tableau nous montre un port de mer au crépuscule. Le Lorrain est connu pour sa peinture de paysages dont il s'applique à mettre en évidence la lumière particulière en fonction du moment de la journée.

■ Rédaction (sujet d'imagination)

Recherche d'idées

Choisis un lieu, en te le remémorant ou en l'imaginant. Prends le temps de créer ou recréer en pensée tous les éléments qui le composent : décor, luminosité, odeurs...

Conseils de rédaction

- Il s'agit de décrire et non de faire un récit. Pense à employer de nombreux adjectifs qualificatifs, des compléments du nom, des subordonnées relatives pour qualifier chaque élément du décor, pour préciser leur forme, leur matière, leur texture, leur odeur, leur couleur...
- Tu situeras ces différents éléments dans l'espace en employant des connecteurs spatiaux : *au premier plan, à l'arrière-plan, à gauche, à droite, au loin, à l'horizon...*

■ Rédaction (sujet de réflexion)

Recherche d'idées

- Aimes-tu, ou aimerais-tu voyager ? Qu'est-ce qui t'attire dans les voyages : découvrir des paysages, des civilisations, faire des rencontres, vivre des aventures... Préfères-tu les villes ou les paysages naturels ? Aimes-tu visiter des musées ou escalader des montagnes ?
- Tu peux aussi réfléchir aux lectures ou aux films qui t'ont donné le désir de voyager : les livres de Jack London sur le Grand Nord canadien, les romans de Jules Verne, les *road movies*...

Conseils de rédaction

- Développe au moins trois arguments : le voyage comme source d'évasion, quête d'aventures, enrichissement culturel, découverte d'autres modes de vie...
- Appuie-toi sur des exemples précis pour illustrer tes arguments.

CORRIGÉ 23

TRAVAIL SUR LE TEXTE LITTERAIRE ET SUR L'IMAGE

Grammaire et compétences linguistiques

▶ **1.** Baudelaire choisit un lexique qui évoque le luxe, le raffinement : « douceur », « charmes », « ordre », « beauté », « luxe », « calme », « volupté », « luisants », « les plus rares (fleurs) », « ambre », « splendeur »…

▶ **2. a)** Baudelaire emploie le conditionnel présent : « décoreraient », « parlerait ».

b) Le poète imagine ce que pourrait être ce lieu idéal, fantasmé : il laisse libre cours au rêve.

▶ **3.** *Les modifications sont mises en couleur.*

« Mes enfants, mes sœurs,
Songez à la douceur
D'aller là-bas vivre ensemble !
Aimer à loisir,
Aimer et mourir
Au pays qui vous ressemble ! »

> ATTENTION !
> Il ne faut pas mettre le verbe *ressemble* au pluriel : il ne s'accorde pas avec *vous*, mais avec *pays* !

Compréhension et compétences d'interprétation

▶ **4. a)** Le poème est une invitation à voyager par l'imagination et la poésie loin du monde quotidien, dans un ailleurs rêvé où il serait possible d'aimer librement.

b) Le poète rêve à un lieu idéal où « tout n'est qu'ordre et beauté,/Luxe, calme et volupté ». Il s'agit d'un ailleurs imaginé, que l'on peut situer en Hollande, pays des canaux et des ciels brouillés qui fascinait Baudelaire, mais une Hollande fantasmée qui s'apparente aussi bien à l'Orient qu'à l'Occident.

▶ **5. a)** Baudelaire adresse son poème à la femme aimée : « Mon enfant, ma sœur ». Elle est pour lui tout à la fois fille, sœur, amante, muse. Il s'agit d'un amour idéalisé, plus spirituel que charnel.

b) Le poète la tutoie. Il crée ainsi une intimité faite de douceur et de complicité : « Songe à la douceur/D'aller là-bas vivre ensemble ! »

▶ **6.** Le poète compare les soleils voilés par des nuages chargés d'humidité aux yeux de son amante « brillant à travers leurs larmes ». Ils ont, pour lui, la même ambiguïté, le même mystère.

▶ **7. a)** Il s'agit d'une personnification.

b) Le poète attribue aux vaisseaux des attitudes humaines : ils dorment, ils ont « l'humeur vagabonde » comme s'ils éprouvaient des sentiments.

c) Le poète crée ainsi une impression de magie. Les vaisseaux évoquent ces génies des contes orientaux dévoués à leurs maîtres : « C'est pour assouvir/Ton moindre désir/Qu'ils viennent du bout du monde. »

> ZOOM
> La personnification est en quelque sorte une forme particulière de métaphore : elle consiste à animer un objet, une chose ou à leur donner des caractéristiques humaines.

▶ **8.** Le tableau éveille une impression de mystère face à l'océan : au-delà, c'est l'Orient ou l'Amérique, le « nouveau monde ». Le bateau, grand voilier qui sans doute s'éloigne, évoque une existence aventureuse, la découverte d'un univers riche et exotique. Les couleurs du couchant donnent au tableau une aura de mystère. Nous sommes attirés vers l'horizon, vers cet ailleurs rêvé, comme les personnages qui saluent le vaisseau en partance.

▶ **9.** Ce tableau présente bien des ressemblances avec le poème de Baudelaire. Si le poète parle de canaux et qu'il s'agit ici d'un port de mer, c'est l'une des seules différences : le tableau propose lui aussi une invitation au voyage, un voyage exotique vers un ailleurs rêvé, où s'échangeront trésors d'orient et expériences nouvelles.

Le poète et son amante peuvent être assimilés aux personnages, au premier plan, sur la grève, qui regardent les navires s'éloigner vers le couchant ou rentrer au port après leur long périple.

Les bateaux qui se détachent, à droite, noirs, sur le fond orangé, semblent eux aussi « dormir », tels des vaisseaux « dont l'humeur est vagabonde ».

Là aussi, le soleil couchant revêt le paysage « d'hyacinthe et d'or ».

DICTÉE

POINT MÉTHODE

1. Attention à l'accord des verbes *se précipitent* et *déferlent* : il faut les accorder avec le pronom relatif *qui* mis pour *les vagues* (pluriel).
2. Ne confonds pas les homophones grammaticaux *ou* et *où* : *ou* peut être remplacé par *ou bien*.
3. Attention à *tout* devant *entière* : *tout* ne s'accorde pas, car il est placé devant un adjectif commençant par une voyelle.

Il s'assit sur le sable mouillé, et il regarda la mer monter devant lui presque jusqu'au centre du ciel. Il avait tellement pensé à cet instant-là, il avait tellement imaginé le jour où il la verrait enfin, réellement, pas comme sur les photos ou comme au cinéma, mais vraiment, la mer tout entière, exposée autour de lui, gonflée, avec les gros dos des vagues qui se précipitent et déferlent, les nuages d'écume, les pluies d'embrun en poussière dans la lumière du soleil, et surtout, au loin, cet horizon courbe comme un mur devant le ciel ! Il avait tellement désiré cet instant-là qu'il n'avait plus de forces, comme s'il allait mourir, ou bien s'endormir.

RÉDACTION

Voici un exemple de rédaction sur chacun des deux sujets.
Attention les titres en couleur ne doivent pas figurer sur ta copie.

Sujet d'imagination

[Présentation générale du lieu] Imagine une petite crique aux eaux turquoises encadrée de rochers qui la protègent. Les vagues s'y font douces et tièdes. Le sable est soyeux et chaud sous les pieds, fin et nacré. Pour y accéder, il faut emprunter un petit chemin en pente douce qui serpente parmi les bambous, bordé de lauriers roses et de mimosas d'un jaune éclatant. On y respire les parfums entêtants du thym, du romarin, du myrte.

[Arrière-plan] Au loin, la ligne d'horizon se détache, claire et nette, traversée parfois de petites voiles blanches.

[Premier plan] Imagine comme il est doux d'avancer dans ces eaux cristallines, de se plonger dans les vagues et de nager en explorant les fonds marins aux poissons colorés et aux coquillages délicats.

[Paysage au coucher du soleil] Au coucher de soleil, la lumière se fait magique et colore le sable, l'eau, les rochers, de rose, d'orangé, de rouge. C'est le moment que je préfère. J'aime observer le soleil disparaître à l'horizon, se noyer peu à peu jusqu'à n'être plus qu'une ultime petite tache rouge avalée par l'obscurité.

> CONSEIL
> Pour développer ton récit, tu peux évoquer le paysage à différents moments de la journée.

[Conclusion] Je ne sais pas si cet endroit existe encore tel que je l'ai connu ou s'il ne subsiste plus que dans un recoin de ma mémoire, rêvé, recréé, mais cela importe peu puisqu'il me suffit d'y songer pour en retrouver toute la magie.

Sujet de réflexion

[Introduction] J'ai toujours entendu dire que les voyages forment la jeunesse. C'est un dicton populaire, mais je pense qu'il dit vrai. Pour moi, les voyages sont une grande source d'enrichissement.

[Les voyages permettent de découvrir de nouveaux horizons] Tout d'abord, ils peuvent être une source d'évasion. Mes premiers grands voyages ont été romanesques ou cinématographiques : j'ai navigué en compagnie de pirates avec Jim Hawkins dans *L'Île au trésor*, et je suis partie à la conquête de l'Ouest dans les westerns. Ces lectures, ces films m'ont donné l'envie de découvrir le monde par moi-même et d'explorer volcans, déserts, forêts vierges... Quoi de plus fascinant que le Stromboli, le Sahara, l'Amazonie, ou que le vaste Pacifique ?

> CONSEIL
> Classe tes arguments dans un ordre que tu auras choisi et articule-les au moyen de connecteurs.

[Les voyages apportent un enrichissement culturel] Voyager, c'est également s'enrichir, se cultiver, c'est découvrir des villes, des civilisations parfois très anciennes, merveilleusement préservées. C'est explorer des musées, comme celui du Prado à Madrid, ou encore celui des Offices à Florence. Voyager, c'est aussi rencontrer des hommes aux modes de vie différents du nôtre, aux coutumes qui peuvent nous sembler étranges : quoi de mieux pour nous aider à lutter contre nos préjugés ?

[Les voyages peuvent déclencher une prise de conscience écologiste] Voyager, c'est enfin prendre conscience combien certains milieux uniques sont en danger, combien il est temps de réagir si l'on ne veut pas voir disparaître la banquise par exemple ou la forêt amazonienne.

[Conclusion] Voyager, c'est donc une façon de s'enrichir, de s'initier au vaste monde et de voler de ses propres ailes loin du cocon familier dans lequel on a grandi.

Sujet inédit • Visions poétiques du monde
100 points

Objets quotidiens

DOCUMENT A Texte littéraire

Ponge fait ici la description d'un objet familier de notre quotidien, le pain.

Le pain

La surface du pain est merveilleuse d'abord à cause de cette impression quasi panoramique qu'elle donne : comme si l'on avait à sa disposition sous la main les Alpes, le Taurus ou la Cordillère des Andes.

Ainsi donc une masse amorphe[1] en train d'éructer[2] fut glissée pour nous dans le four stellaire[3], où durcissant elle s'est façonnée en vallées, crêtes, ondulations, crevasses… Et tous ces plans dès lors si nettement articulés, ces dalles minces où la lumière avec application couche ses feux, – sans un regard pour la mollesse ignoble sous-jacente.

Ce lâche et froid sous-sol que l'on nomme la mie a son tissu pareil à celui des éponges : feuilles ou fleurs y sont comme des sœurs siamoises soudées par tous les coudes à la fois. Lorsque le pain rassit ces fleurs fanent et se rétrécissent : elles se détachent alors les unes des autres, et la masse en devient friable…

Mais brisons-la : car le pain doit être dans notre bouche moins objet de respect que de consommation.

Francis Ponge, « Le pain », in *Le parti pris des choses*, 1942,

1. Amorphe : qui n'a pas une forme, une structure bien définie.
2 Éructer : rejeter des gaz par la bouche, roter.
3 Stellaire : relatif aux étoiles, astral.

DOCUMENT B **Pablo Picasso, *Tête de taureau* (1942)**

Cette œuvre de Pablo Picasso est constituée de l'assemblage d'une selle et d'un guidon de vélo.

TRAVAIL SUR LE TEXTE LITTÉRAIRE ET SUR L'IMAGE

50 POINTS • 1 H 10

Les réponses doivent être entièrement rédigées.

Grammaire et compétences linguistiques

▶ **1.** Quelle forme de discours trouve-t-on essentiellement dans ce texte ? *(2 points)*

❑ La forme narrative.
❑ La forme descriptive.
❑ La forme argumentative.

▶ **2.** Quel est la valeur du présent employé dans ce poème ? *(2 points)*

▶ **3. a)** Quel est le champ lexical employé par Ponge au début du texte (lignes 1 à 7) ? *(2 points)*

b) Relevez tous les mots appartenant à ce champ lexical. *(4 points)*

c) Pourquoi, selon vous, l'auteur a-t-il choisi ce champ lexical ? *(2 points)*

▶ **4.** « Ainsi donc une masse amorphe en train d'éructer fut glissée pour nous dans le four stellaire, où durcissant elle s'est façonnée en vallées, crêtes, ondulations, crevasses… »
Réécrivez ces lignes en mettant « une masse amorphe en train d'éructer » au pluriel et en procédant à toutes les modifications nécessaires. *(9 points)*

Compréhension et compétences d'interprétation

▶ **5. a)** Quelles sont les différentes parties du pain présentées successivement dans ce poème ? *(2 points)*
b) Sont-elles, selon vous, décrites de la même façon ? Justifiez votre réponse. *(2 points)*
c) Quelles différences peut-on trouver entre elles ? *(2 points)*

▶ **6.** « feuilles ou fleurs y sont comme des sœurs siamoises soudées par tous les coudes à la fois. » (lignes 12-13)
a) Observez les jeux de sonorités dans cette phrase. Que remarquez-vous ? Quels sont les sons qui se répètent ? *(4 points)*
b) Quel est, selon vous, l'effet recherché ? *(2 points)*

▶ **7.** Relevez deux comparaisons et deux métaphores (lignes 9 à 11) *(4 points)*

▶ **8.** En vous appuyant sur vos réponses aux questions précédentes, dites pourquoi on peut dire que ce texte est un poème en prose. *(6 points)*

▶ **9.** Quelles réflexions l'œuvre de Picasso vous inspire-t-elle ? *(4 points)*

▶ **10.** Quelles ressemblances ou dissemblances pouvez-vous repérer entre les procédés employés d'une part par Ponge, d'autre part par Picasso ? *(3 points)*

DICTÉE

10 POINTS • 20 MIN

Le titre, la source de l'extrait ainsi que « évanescent » et « suspens » sont écrits au tableau au début de la dictée.

Philippe Delerm
La Première Gorgée de bière et autres plaisirs minuscules, 1997
© Éditions Gallimard

Les boules en verre

C'est l'hiver pour toujours, dans l'eau des boules de verre. On en prend une dans ses mains. La neige flotte au ralenti, dans un tourbillon né du sol, d'abord opaque, évanescent ; puis les flocons s'espacent, et le ciel bleu turquoise reprend sa fixité mélancolique. Les derniers oiseaux de papier restent en suspens quelques secondes avant de retomber. […]

VISIONS POÉTIQUES

On prend le monde dans ses mains, la boule est vite presque chaude. Une avalanche de flocons efface d'un seul coup cette angoisse latente des courants. Il neige au fond de soi, dans un hiver inaccessible où le léger l'emporte sur le lourd. La neige est douce au fond de l'eau.

RÉDACTION — 40 POINTS • 1 H 30

Vous traiterez au choix l'un des deux sujets.

Votre rédaction sera d'une longueur minimale d'une soixantaine de lignes (300 mots environ).

Sujet d'imagination

À la manière de Francis Ponge, décrivez un objet que vous aimez. Vous n'oublierez aucun aspect : formes, matières, usages… Vous emploierez des comparaisons et des métaphores.

Sujet de réflexion

Une œuvre vous a particulièrement marqué(e) : un film, un livre, une photographie, une peinture, une sculpture… En quoi cette œuvre vous a-t-elle aidé(e) à porter un regard nouveau sur le monde ou les objets qui vous entourent ? Vous organiserez votre texte de façon argumentée.

LES CLÉS DU SUJET

Les documents

Le texte littéraire (document A)

Ce texte est extrait du recueil de poèmes intitulé *Le Parti pris des choses*, paru en 1942, dans lequel Ponge s'applique à décrire avec précision et minutie des objets quotidiens, des animaux… Il s'agit de poèmes en prose.

L'image (document B)

Le taureau est un thème cher à Picasso. L'idée de cette œuvre lui est venue alors qu'il rangeait son atelier, en découvrant une selle et un guidon de bicyclette. Aussitôt, il décida de les réunir pour créer un assemblage : cette tête de taureau. On peut parler de surréalisme, mais aussi de primitivisme : par sa simplicité, cette œuvre évoque les peintures rupestres de la préhistoire.

Rédaction (sujet d'imagination)

Recherche d'idées

- Choisis un objet que tu aimes : tu auras d'autant plus de plaisir à le décrire. Évite cependant ceux qui sont trop compliqués, trop complexes.
- Imagine ton objet, visualise-le bien puis décris sa forme, sa structure, la ou les matières dont il est constitué, sa ou ses couleurs, sa fonction, etc.

Conseils de rédaction

Pour décrire avec précision, tu vas employer de nombreux adjectifs. Cherche ceux qui correspondent le mieux à ton objet. Par exemple, un objet peut être lisse, doux, soyeux, velouté, délicat au toucher ou au contraire rugueux, râpeux, granuleux, grumeleux, plein d'aspérités... Ce ne sont pas les adjectifs qui manquent !

■ Rédaction (sujet de réflexion)

Recherche d'idées

• Commence par choisir une œuvre qui t'a marqué, inspiré et a changé le regard que tu portes sur le monde qui t'entoure (film, livre, photographie, peinture, sculpture...).

• Certaines œuvres peuvent aussi t'avoir ouvert les yeux sur des réalités historiques ou sociales qui t'ont choqué et que tu ne veux plus voir se reproduire, comme le tableau de Picasso, *Guernica*, qui symbolise toute l'horreur de la guerre.

Conseils de rédaction

• Tu dois d'abord présenter l'œuvre, en préciser l'auteur et la décrire succinctement (évite les œuvres que tu connais mal).

• Explique ensuite l'effet qu'elle a produit sur toi : étonnement, plaisir, choc émotionnel...

• Enfin, explique en quoi elle a changé ta façon de voir les objets qui t'entourent, le monde ou les hommes.

CORRIGÉ 24

TRAVAIL SUR LE TEXTE LITTERAIRE ET SUR L'IMAGE

Grammaire et compétences linguistiques

▶ **1.** Il s'agit du discours descriptif.

▶ **2.** C'est un présent de vérité générale.

▶ **3. a)** Ponge emploie un vocabulaire emprunté au champ lexical de la géographie, de la géologie.

b) Voici les mots appartenant à ces champs lexicaux : panoramique, les Alpes, le Taurus, la Cordillère des Andes, vallées, crêtes, ondulations, crevasses, dalles, sous-sol.

c) Ponge utilise ce champ lexical dans le but de comparer le pain à la terre : comme elle, il présente un relief particulier fait de creux et de crêtes.

▶ **4.** *Les modifications sont mises en couleur.*

« Ainsi donc des masses amorphes en train d'éructer furent glissées pour nous dans le four stellaire, où durcissant elles se sont façonnées en vallées, crêtes, ondulations, crevasses… »

ATTENTION !
Ne mets pas *durcissant* au pluriel : c'est un participe présent et non un adjectif verbal. Il est donc invariable.

Compréhension et compétences d'interprétation

▶ **5. a)** Ponge décrit la croûte, puis la mie, l'extérieur puis l'intérieur.

b) Il emploie un lexique mélioratif pour décrire la croûte (« La surface du pain est merveilleuse », « ces dalles minces où la lumière avec application couche ses feux ») et un lexique péjoratif pour décrire la mie (« mollesse ignoble », « lâche et froid sous-sol »).

c) La croûte est dure et purifiée par le feu alors que la mie du pain est molle, humide et froide.

▶ **6. a)** Ponge joue sur les sonorités avec des assonances en *eu*, *œu*, *ou*, et des allitérations en *f* et *s* : « feuilles ou fleurs y sont comme des sœurs siamoises soudées par tous les coudes à la fois. »

b) Ce jeu sur les sonorités permet à Ponge d'insister sur l'unité, l'homogénéité, la solidarité de chacune des petites alvéoles qui constituent la mie.

ZOOM
Une assonance est la reprise d'un même son voyelle ; une allitération est la reprise d'un même son consonne.

▶ **7.** Le poète emploie deux comparaisons : « son tissu pareil à celui des éponges » et « comme des sœurs siamoises soudées par tous les coudes à la fois ». S'y mêlent des métaphores : la mie rappelle un sous-sol, et les alvéoles, des fleurs et des feuilles.

▶ **8.** Ce texte est un poème en prose. Tout d'abord, il s'agit d'un texte court. Ensuite Ponge s'appuie sur de nombreuses images – comparaisons et métaphores – pour décrire le pain. Pour finir, il y a dans ce texte la musicalité particulière des poèmes : des effets de rythme, des jeux de sonorités avec de nombreuses allitérations et assonances. Il n'y a pas de rimes mais des procédés de reprises sonores qui créent comme des échos à l'intérieur du texte.

▶ **9.** Picasso a employé des objets du quotidien qu'il a détournés de leur usage propre : une selle et un guidon de bicyclette. Ce faisant, il donne naissance à une œuvre d'art : une sculpture ou plutôt un assemblage représentant une tête de taureau. L'imagination de l'artiste a su transposer la réalité en une autre réalité poétique, artistique. Cette tête de taureau s'impose à nous avec autant sinon plus de puissance que si l'artiste avait créé une œuvre figurative.

▶ **10.** Ponge et Picasso s'emploient tous deux à représenter une réalité quotidienne : le premier, le pain, le second, une tête de taureau. Bien sûr, l'un part des mots, l'autre d'objets ordinaires. Mais cependant, des similitudes apparaissent entre les deux démarches : Ponge emploie des images, des comparaisons et des métaphores ; Picasso détourne les objets de leur usage habituel : la selle et le guidon de bicyclette deviennent en quelque sorte des métaphores entre ses mains pour évoquer le mufle, les cornes du taureau. On peut donc dire que les deux démarches se ressemblent sur ce point, qu'elles sont toutes deux métaphoriques.

DICTÉE

POINT MÉTHODE

1 Attention à l'accord des compléments du nom : *verre* et *papier* sont au singulier (en verre, en papier) alors que *flocons* est au pluriel (il y a de nombreux flocons dans une avalanche).

2 Attention à l'orthographe des noms féminins terminés par le son *-té* ou *-tié* : ils s'écrivent *-té* ou *-tié* (sans *e*) sauf ceux qui expriment un contenu (une assiettée, une charretée) et les mots usuels suivants : *dictée, portée, pâtée, jetée, montée.*

C'est l'hiver pour toujours, dans l'eau des boules de verre. On en prend une dans ses mains. La neige flotte au ralenti, dans un tourbillon né du sol, d'abord opaque, évanescent ; puis les flocons s'espacent, et le ciel bleu turquoise reprend sa fixité mélancolique. Les derniers oiseaux de papier restent en suspens quelques secondes avant de retomber. [...] On prend le monde dans ses mains, la boule est vite presque chaude. Une avalanche de flocons efface d'un seul coup cette angoisse latente des courants. Il neige au fond de soi, dans un hiver inaccessible où le léger l'emporte sur le lourd. La neige est douce au fond de l'eau.

RÉDACTION

Voici un exemple de rédaction sur chacun des deux sujets.
Attention les titres en couleur ne doivent pas figurer sur ta copie.

Sujet d'imagination

L'oreiller

CONSEIL
Tu peux donner un titre qui nommera l'objet.

[Matière] Deux carrés de coton blanc cousus ensemble sur leurs quatre côtés pour former une enveloppe. Le tissu est doux au toucher. L'ensemble est d'une grande sobriété, d'une parfaite simplicité. À l'intérieur, on sent comme un fin duvet, une matière légère et aérienne comme de la ouate qui se déplace librement sous la pression des doigts. Appuyez-y votre tête, vous aurez l'impression de vous enfoncer dans un moelleux nuage, un nid douillet.

[Couleurs, motifs et odeurs] Il est souvent habillé, enfoui dans des taies de couleurs vives à carreaux, à pois, à rayures, à fleurs, parfois parfumé avec de l'essence de lavande ou autre senteur apaisante.

[Formes et métamorphoses] Il se déforme au gré des événements et épouse la forme de ce qui s'y appuie. Au coucher, il est aérien telle une voile blanche gonflée par le vent ; au réveil, il garde l'empreinte du dormeur, la forme de son crâne ; il a été serré, travaillé, sculpté semblable à l'argile sous les doigts de l'artiste ; il n'est plus que creux, replis, failles et crêtes, recoins secrets… Il suffit alors de le secouer, de le tapoter pour qu'il retrouve sa forme originelle. Parfois lors de quelque bataille de polochons, l'oreiller explose sous les coups répétés : c'est alors une véritable tempête de neige qui obscurcit le ciel de la pièce sous les rires des enfants.

> CONSEIL
> N'oublie pas d'employer des comparaisons et des métaphores !

Sujet de réflexion

[Présentation de l'œuvre artistique qui a servi de déclencheur] Une série de tableaux m'a amenée à regarder le monde avec des yeux neufs et à découvrir toute la poésie qu'il recèle : il s'agit de celle que Monet a consacrée à la cathédrale de Rouen. En effet, il a su voir et montrer combien la lumière transfigure, modifie les paysages, les monuments, les choses, combien le spectacle est différent selon l'heure et les conditions météorologiques – aube ou crépuscule, temps brumeux ou clair, ciels couverts ou dégagés…

[Un regard neuf sur le monde] C'est pourquoi, il n'y a pas un jour où je ne prends le temps de m'installer devant ma fenêtre donnant sur les toits de la ville pour observer les variations de la couleur du ciel et toutes ses déclinaisons : gris tourterelle, gris anthracite, noir d'encre, bleu nuit, bleu très pâle, violet, rose, orangé, jaune paille… Les pierres des murs, les ardoises du toit prennent des teintes si différentes sous le soleil ou sous la pluie. Je pense alors à tous les tableaux que Monet aurait pu peindre de cette vue toujours changeante bien que restant la même.

[Une envie de création artistique] Comme je n'ai aucun talent pour le dessin et la peinture, j'ai choisi d'avoir toujours un appareil photo à portée de main pour capter orage, arc-en-ciel, lever ou coucher du soleil… Chacun de ces instants est unique. Il s'agit toujours du même lieu, mais à chaque fois réinventé par la magie de la lumière.

[Conclusion] J'aimerais constituer un album de toutes les photographies de ces moments privilégiés que j'ai su capter de ma fenêtre.

SUJET **25**

Centres étrangers • Juin 2019
100 points

Globalia, un monde totalitaire

DOCUMENT A Texte littéraire

Baïkal et Kate sont sortis clandestinement de « Globalia », le monde dans lequel ils vivent. Ils se retrouvent dans la « non-zone » qu'ils ne connaissent pas.

– Tu ne comprends pas, Kate, je te l'ai souvent répété. Ce sera partout la même chose. Partout nous serons en Globalia. Partout, nous retrouverons cette civilisation que je déteste.

– Évidemment, puisqu'il n'y en a qu'une ! Et c'est heureux. Aurais-tu la nostalgie du temps où il y avait des nations différentes qui n'arrêtaient pas de se faire la guerre ?

Baïkal haussa les épaules. Kate poussa son avantage.

– Il n'y a plus de frontières, désormais. Ce n'est tout de même pas plus mal ?

– Bien sûr que non, Kate. Tu me récites la propagande que tu as apprise comme nous tous. Globalia, c'est la liberté ! Globalia, c'est la sécurité ! Globalia, c'est le bonheur !

Kate prit l'air vexé. Le mot de propagande était blessant. Il ne s'agissait ni plus ni moins que de la vérité.

– Tu te crois certainement plus malin que moi, mais tu ne peux tout de même pas nier qu'on peut aller partout. Ouvre ton multifonction[1], sélectionne une agence de voyages et tu pars demain dans n'importe quel endroit du monde…

– Oui, concéda Baïkal, tu peux aller partout. Mais seulement dans les zones sécurisées, c'est-à-dire là où on nous autorise à aller, là où tout est pareil.

– Mais tout Globalia est sécurisé ! L'Europe, l'Amérique, la Chine… Le reste, c'est le vide, ce sont les non-zones.

Baïkal reprit d'un ton passionné et s'écria :

– Moi, je continue à croire qu'existe un ailleurs.

Kate soupira.

– C'est ce que tu m'as expliqué et c'est pour cela que je t'ai suivi. Mais rends-toi à l'évidence. L'ailleurs est dans tes rêves, mon amour.

PROGRÈS ET RÊVES

Il n'y a que quelques endroits pourris aux confins du monde, des réserves, des friches.

– Depuis six mois je recoupe les informations, insista Baïkal en secouant la tête – mais on sentait le désespoir éteindre sa voix. Je suis sûr que toutes ces non-zones sont en continuité. On peut sortir d'ici et rejoindre la mer, il doit y avoir des déserts, des villes peut-être. J'ai fait l'impossible pour obtenir des plans. J'ai soudoyé[2] un type dont le grand-père était botaniste[3]. Il avait effectué des missions dans les non-zones. Il m'a vendu ce logiciel cartographique, mais il est sans doute dépassé : on ne reconnaît plus rien.

Kate le sentait au bord des larmes. Elle passa sa main dans ses cheveux, lissa ses éternels épis couleur de jais[4] qui se redressaient aussitôt.

– Rentrons maintenant, souffla-t-elle. Nous raconterons que nous nous sommes perdus, que la porte était ouverte, que nous avons voulu être seuls dans la montagne. Cela n'ira pas bien loin. Une amende peut-être.

– Non, dit Baïkal en secouant la tête. Je ne retournerai pas là-bas. Ce monde est une prison.

Jean-Christophe Rufin, *Globalia*, 2004,

1. Multifonction : ordinateur.
2. Soudoyer : payer quelqu'un pour obtenir quelque chose de défendu.
3. Botaniste : scientifique qui étudie les plantes, les fleurs et les arbres.
4. Jais : de couleur noire.

DOCUMENT B **Quino, *Y a un truc !*, 1981**

Quino, scénariste et auteur de bandes dessinées argentin, porte un regard critique sur la société, notamment celle de son pays.

TRAVAIL SUR LE TEXTE LITTÉRAIRE ET SUR L'IMAGE

50 POINTS • 1 h 10

Les réponses doivent être entièrement rédigées.

Grammaire et compétences linguistiques

▶ **1.** « Globalia » (l. 2)

a) À partir de quel mot ce terme est-il formé ? (*1 point*)

b) Expliquez le sens de « Globalia ». (*1 point*)

▶ **2.** « […] là où on nous autorise à aller » (l. 20), « mais on sentait le désespoir éteindre sa voix » (l. 32), « on peut sortir d'ici et rejoindre la mer » (l. 33-34).

a) Quelle est la classe grammaticale du mot « on » ? (*1 point*)

b) Identifiez ce que désigne chacun des trois mots soulignés. (*3 points*)

▶ **3.** « Nous raconterons que nous nous sommes perdus, que la porte était ouverte, que nous avons voulu être seuls dans la montagne. » (l. 42-44)
Comment les paroles du personnage sont-elles rapportées ? (*1 point*)

▶ **4.** « Globalia, c'est la liberté ! Globalia, c'est la sécurité ! Globalia, c'est le bonheur ! » (l. 11-12)
Identifiez une figure de style employée dans ce passage. (*1 point*)

▶ **5.** « Mais rends-toi à l'évidence » (l. 28)

a) Quel mode est employé dans cette phrase ? *(1 point)*

b) Expliquez l'emploi de ce mode. (*1 point*)

▶ **6.** « Je ne retournerai pas là-bas. Ce monde est une prison. » (l. 46-47)

a) Nommez la relation logique qui unit les deux phrases. (*1 point*)

b) Réécrivez-les en utilisant une conjonction de subordination qui exprime la même relation logique. (*1 point*)

▶ **7.** « Tu ne comprends pas, Kate, je te l'ai souvent répété. Ce sera partout la même chose. Partout nous serons en Globalia. Partout, nous retrouverons cette civilisation que je déteste. » (l. 1-3)
Réécrivez ce passage en commençant par : « Baïkal explique à Kate qu'elle… » (*10 points*)

Compréhension et compétences d'interprétation

▶ **8.** Quel est le sujet central de la conversation entre Kate et Baïkal ? (*2 points*)

▶ **9. a)** Que pense Kate de Globalia ? (*2 points*)

b) Reformulez deux arguments qu'avance Kate pour défendre son opinion. Vous illustrerez votre réponse à l'aide de deux citations. (*4 points*)

c) Dans les lignes 4 à 18, nommez un procédé qu'elle utilise pour convaincre Baïkal. Justifiez-le à l'aide d'un exemple issu du texte. (*2 points*)

▶ **10. a)** Quelle vision Baïkal a-t-il de Globalia ?
Relevez deux arguments. (*3 points*)
b) Quel est son projet ? Justifiez votre réponse. (*3 points*)

▶ **11.** Quelle proposition Kate formule-t-elle à la fin de l'extrait ? Pour quelle raison ? (*2 points*)

▶ **12.** En vous appuyant sur les réponses précédentes et votre lecture du texte, que pensez-vous de Globalia ? Développez votre réponse de manière argumentée. (*4 points*)

▶ **13. a)** Quelles sont les caractéristiques de la société représentée par Quino dans cette planche de bande dessinée ? (*3 points*)
b) Quels liens établissez-vous avec le texte *Globalia* ? (*3 points*)

DICTÉE

10 POINTS • 20 minutes

Le nom de l'auteur, le titre de l'œuvre, ainsi que « Baïkal », « Kate », « glauque » et « biais » sont écrits au tableau.

Jean-Christophe Rufin
Globalia, 2004
© Éditions Gallimard

Tout à coup, emportés par leur élan, ils butèrent contre la vitre qui courait à mi-pente. Elle rendit un son vibrant quand ils la heurtèrent. Ils étaient tombés accroupis, emmêlés. Baïkal se redressa, couvert d'aiguilles sèches. Il aida Kate à se relever. Elle n'osait pas toucher la vitre. C'était la première fois qu'elle approchait des limites. Le mur lisse et brillant était transparent de près mais prenait un ton vert glauque à mesure qu'il s'éloignait et qu'on le voyait de biais. […] La pente qu'ils avaient dégringolée était si raide qu'il semblait impossible de la remonter.

RÉDACTION

40 POINTS • 1 h 30

Vous traiterez au choix un des deux sujets de rédaction suivants. Votre travail fera au moins deux pages (soit une cinquantaine de lignes).

Sujet d'imagination

Kate rentre seule à Globalia. Imaginez une situation qui lui ouvre les yeux, l'amenant à considérer Globalia comme une prison et à partager le point de vue de Baïkal sur ce monde. Vous respecterez les caractéristiques de la narration et du cadre spatio-temporel du texte. Vous intégrerez dans votre récit les pensées et les sentiments de Kate.

Sujet de réflexion

Comment l'expression artistique (la littérature, la peinture, le cinéma, la musique…) permet-elle de dénoncer le totalitarisme ? Vous vous appuierez sur vos lectures, vos connaissances personnelles et culturelles.

LES CLÉS DU SUJET

Les documents

Le texte littéraire (document A)

Globalia est un roman d'anticipation développant une dystopie (société imaginaire régie par un pouvoir totalitaire ou une idéologie néfaste), écrit par Jean-Christophe Rufin (2004). L'action se déroule dans un futur indéterminé. Une sorte d'État mondial, Globalia, assure à ses citoyens la sécurité et la prospérité tant qu'ils ne remettent pas en cause le système. Baïkal Smith, un jeune Globalien, cherche à fuir cette société.

L'image (document B)

Quino, de son vrai nom Joaquín Salvador Lavado Tejón, est un scénariste et dessinateur argentin qui dénonce les problèmes de la société, particulièrement ceux de son pays. Il est surtout connu pour être l'auteur de la série de bandes dessinées *Mafalda*.

Rédaction (sujet d'imagination)

Recherche d'idées

- Imagine un événement (rencontre, confrontation, fait, incident) qui va provoquer une prise de conscience chez Kate.
- Elle peut réaliser que Globalia n'est pas le monde parfait qu'elle pense, que la propagande n'est pas la vérité, qu'elle n'est pas si libre qu'elle le croit, que tout est peut-être trop uniforme et laisse peu de place à l'imagination, au droit à la différence…

Conseils de rédaction

- Reprends les caractéristiques de la narration : récit à la 3e personne et au passé.
- Respecte aussi le cadre spatio-temporel :

– le lieu : à Globalia, un État totalitaire où règnent la propagande et l'uniformité de la pensée imposée ;

– le moment : dans un futur indéterminé, peu de temps après le retour de Kate de son escapade secrète avec Baïkal.

• Intègre dans ton récit les pensées et les sentiments de Kate :
– imagine, par exemple, un court dialogue intérieur ;
– fais appel au lexique des sentiments pour évoquer ses doutes, ses désirs, ses révoltes.

Rédaction (sujet de réflexion)

Recherche d'idées

• Commence par définir plusieurs arguments, diverses façons dont les artistes cherchent à combattre le totalitarisme, c'est-à-dire les dictatures :
– le rire, l'ironie ;
– l'art de persuader, d'émouvoir, de révolter ;
– l'appel à la résistance ;
– les récits d'anticipation, les dystopies.
• Choisis des exemples précis parmi des œuvres littéraires, picturales, cinématographiques ou encore musicales. N'oublie pas de citer aussi le roman de Jean-Claude Rufin.

Conseils de rédaction

• Présente tout d'abord la question dans ton introduction.
• Construis ensuite ton développement en plusieurs paragraphes, chacun correspondant à un moyen d'agir contre le totalitarisme. Introduis chaque paragraphe avec un connecteur : *tout d'abord, ensuite, mais aussi, enfin…*
• N'oublie pas de conclure par une rapide synthèse ou en élargissant ta réflexion : par exemple, évoque l'importance de l'expression artistique, et les risques encourus par les artistes dans un monde muselé par la censure.

CORRIGÉ 25

TRAVAIL SUR LE TEXTE LITTÉRAIRE ET SUR L'IMAGE

Grammaire et compétences linguistiques

▶ **1. a)** Le nom propre « Globalia » est formé à partir de l'adjectif « global ».
b) Globalia est une sorte d'état mondial où les habitants sont englobés dans une même uniformité politique, sociale et intellectuelle.

▶ **2. a)** « On » est un pronom personnel sujet.
b) • « là où <u>on</u> nous autorise à aller » : « on » désigne ceux qui gouvernent.

• « mais on sentait le désespoir éteindre sa voix » : « on » désigne ici Kate, le narrateur, les lecteurs, ceux qui écoutent Baïkal.

• « on peut sortir d'ici et rejoindre la mer » : « on » désigne cette fois « nous » (Kate et Baïkal).

> INFO +
> Une anaphore consiste à répéter le même mot ou la même construction au début de plusieurs phrases ou vers.

▶ **3.** Les paroles sont rapportées au discours indirect.

▶ **4.** La figure de style employée est une anaphore.

▶ **5. a)** Le mode employé est l'impératif.

b) Il exprime une invitation pressante, une exhortation.

▶ **6. a)** La relation logique est une relation de cause. Elle est implicite, sous-entendue.

b) Je ne retournerai pas là-bas parce que ce monde est une prison.

▶ **7.** *Les modifications sont en couleur.*

« Baïkal explique à Kate qu'elle ne comprend pas, qu'il le lui a souvent répété, que ce sera toujours la même chose, que partout ils seront en Globalia, que partout ils retrouveront cette civilisation qu'il déteste. »

Compréhension et compétences d'interprétation

▶ **8.** Le sujet central de la conversation entre Kate et Baïkal est la possibilité qu'il existe un autre monde au-delà des frontières de cet univers globalisé et uniformisé dans lequel ils vivent.

▶ **9. a)** Kate a une opinion très positive de Globalia : elle considère que c'est un monde où l'on est heureux.

b) Elle apporte deux arguments. Tout d'abord, il s'agit d'un monde sans guerre : « Aurais-tu la nostalgie du temps où il y avait des nations différentes qui n'arrêtaient pas de se faire la guerre ? » Ensuite, c'est un monde sans frontières dans lequel on peut se déplacer librement : « Tu ne peux tout de même pas nier qu'on peut aller partout. »

> INFO +
> Une question rhétorique est une question à laquelle on n'attend pas de réponse, dont on connaît d'avance la réponse.

c) Pour tenter de convaincre Baïkal, Kate emploie des questions rhétoriques : « Il n'y a plus de frontières désormais. *Ce n'est tout de même pas plus mal ?* »

▶ **10. a)** Baïkal a une vision très critique de Globalia. Il s'agit, selon lui, d'un monde totalitaire, où la liberté de penser et de se déplacer n'est qu'apparente, où tous les habitants sont amenés à penser de la même manière. Il voit Globalia comme une prison, tant physique que morale.

b) Baïkal souhaite s'évader de cet univers, partir à la recherche d'un ailleurs. Cela fait des semaines qu'il enquête sur les « non-zones ». Il s'est procuré un logiciel cartographique. Il est persuadé qu'il y a un autre monde hors de Globalia.

▶ **11.** Kate tente de le convaincre de regagner Globalia. Elle a peur de l'inconnu qui les attend et elle voit Baïkal perdu, au bord des larmes.

▶ **12.** Je pense comme Baïkal que Globalia est un monde totalitaire qui semble offrir le bonheur et la paix, mais au détriment de la liberté de penser, de se déplacer. Les esprits y sont uniformisés, en proie à la propagande. Il n'y a plus de libre-arbitre. C'est un monde aseptisé, sans surprise, sans différences. On peut y voyager à sa guise, mais à quoi bon puisqu'il n'y a plus qu'une civilisation unique ?

▶ **13. a)** La société représentée par Quino sur sa planche de bande dessinée est une société où tout le monde pense de manière identique, ce qui est symbolisé par des carrés. La résistance à cette pensée totalitaire consiste à se procurer clandestinement un instrument subversif, un compas, qui permettra de réaliser des ronds, c'est-à-dire de penser et s'exprimer autrement.

b) Le monde de Globalia et celui de la bande dessinée ont les mêmes caractéristiques : ils imposent à leurs habitants une pensée unique. Baïkal ressemble à ce personnage qui se procure un compas : il veut échapper à cette dictature de la pensée, découvrir d'autres horizons.

DICTÉE

POINT MÉTHODE

Attention aux règles d'accord du participe passé.

1 Le participe passé employé avec l'auxiliaire *être* s'accorde avec le sujet : *Ils étaient tombés accroupis, emmêlés.*

2 Le participe passé employé avec l'auxiliaire *avoir* s'accorde avec le COD si celui-ci est placé avant le verbe : *La pente qu'il avait dégringolée était si raide.*

3 Le participe passé employé comme adjectif s'accorde avec le nom ou le pronom qu'il qualifie : *Tout à coup, emportés par leur élan, ils butèrent contre la vitre.*

Tout à coup, emportés par leur élan, ils butèrent contre la vitre qui courait à mi-pente. Elle rendit un son vibrant quand ils la heurtèrent. Ils étaient tombés accroupis, emmêlés. Baïkal se redressa, couvert d'aiguilles sèches. Il aida Kate à se relever. Elle n'osait pas toucher la vitre. C'était la première fois qu'elle approchait des limites. Le mur lisse et brillant était transparent de près mais prenait un ton vert glauque à mesure qu'il s'éloignait et qu'on le voyait de biais. [...] La pente qu'ils avaient dégringolée était si raide qu'il semblait impossible de la remonter.

RÉDACTION

Voici un exemple de rédaction sur chacun des deux sujets.

Attention les indications entre crochets ne doivent pas figurer sur ta copie.

Sujet d'imagination

[Introduction] Kate laissa Baïkal derrière elle et réintégra discrètement Globalia, soulagée, mais aussi inquiète pour son jeune compagnon affrontant seul les dangers des non-zones, s'y perdant peut-être pour toujours. Elle s'en voulait de l'avoir ainsi abandonné, mais elle ne se sentait pas capable de quitter le cocon protecteur du seul monde qu'elle connaissait.

[Élément déclencheur] Soudain, Kate sentit une odeur lui chatouiller les narines, un léger arôme un peu entêtant, à la fois étrange et familier : cela sentait quelque chose de doux, de subtil et de sauvage en même temps, quelque chose qui éveillait en elle une sorte de nostalgie, une impression de poésie… Elle plongea la main dans sa poche et en sortit une petite poignée de quelque chose qui sentait la terre, l'humus. Cela avait dû s'y glisser alors qu'elle suivait son jeune ami.

[Prise de conscience] Il n'y avait rien de tel à Globalia : les odeurs étaient proscrites, chassées. Tout était désodorisé, aseptisé, fade. Tout ce qui pouvait éveiller des élans de poésie, des désirs, des envies était formellement interdit. Kate, déjà, remarquait quelques regards désapprobateurs et suspicieux. Elle se hâta de s'éloigner de peur d'être soupçonnée de quelque pratique prohibée.

Malgré elle, sa main tâta précautionneusement le fond de sa poche : c'était doux, un peu friable… Elle jeta un coup d'œil rapide à la petite poignée de terre ocre qu'elle venait d'extraire du bout de ses doigts. Elle ne put s'empêcher de porter ces quelques grains à ses narines et huma profondément. Cela lui donna envie de chantonner, même si c'était interdit, à l'exception des chants patriotiques. Comme tout lui semblait terne, insipide, monotone tout à coup. Était-ce cette vie-là qu'elle considérait encore comme heureuse, idéale, quelques heures auparavant ?

[Conclusion] Elle cacha la petite poignée de terre bien profondément dans les plis de sa poche et ressentit le violent désir de fuir cette prison mentale qu'était devenu pour elle, en quelques instants, Globalia. Elle ne souhaitait plus qu'une chose : rejoindre Baïkal et explorer avec lui les espaces inconnus. Mais saurait-elle le retrouver ?

Sujet de réflexion

[Introduction] L'expression artistique (la littérature, la peinture, le cinéma, la musique...) est un moyen de lutte contre le totalitarisme. Mais de quelle façon une œuvre d'art peut-elle se révéler une arme efficace ?

[Combattre en se moquant] Certains artistes ont choisi l'ironie, la dérision comme arme. Ainsi, Charlie Chaplin dans son film *Le Dictateur* (1940) use-t-il du rire pour mettre en évidence la folie des grandeurs et la mégalomanie d'un chef d'État qui ressemble étrangement à Hitler.

[Combattre en indignant et en frappant les esprits] Une œuvre d'art peut aussi agir en frappant les esprits. S'il est un tableau qui symbolise la barbarie, c'est *Guernica* de Picasso (1937) qui met en scène le martyr de la population de cette petite ville bombardée par les aviations fasciste et nazie lors de la guerre d'Espagne. Cette œuvre est un terrible manifeste contre les horreurs de la guerre et de la dictature.

[Combattre en appelant à la résistance] Une œuvre peut aussi être un appel à la résistance. Ainsi, dans son poème *Courage* (1944), Éluard exhorte les Parisiens à s'élever contre le nazisme. Quant au célèbre *Chant des partisans*, c'est l'hymne de la Résistance française contre l'occupant allemand.

[Alerter sur des dangers futurs] Enfin, des romanciers ont choisi de faire des récits d'anticipation, de dystopies pour alerter leurs lecteurs sur les risques que courent nos sociétés de sombrer dans des régimes totalitaires. Citons par exemple *Le Meilleur des mondes* d'Aldous Huxley (1932), *1984*, de George Orwell (1949), *La Servante écarlate* de Margaret Atwood (1985) ou encore *Globalia* de Jean-Claude Rufin (2004).

[Conclusion] La création artistique offre donc des formes variées de lutte contre les totalitarismes : l'ironie et le rire, le pouvoir d'émouvoir, de persuader, d'appeler à la résistance ou encore de rendre vigilant et critique face à l'avenir. C'est sous les dictatures que l'expression artistique est la plus essentielle et la plus risquée, lorsqu'on cherche à la museler, preuve qu'elle constitue une arme efficace contre le totalitarisme.

SUJET

26

Sujet inédit • Progrès et rêves scientifiques

100 points

Paris en 2050

DOCUMENT A **Texte littéraire**

Dans ce roman qui se déroule en 2050, Barjavel imagine une ville où certains principes architecturaux de Le Corbusier ont été appliqués, parfois de manière extrême.

Les studios de Radio-300 étaient installés au 96e étage de la Ville Radieuse, une des quatre Villes Hautes construites par Le Cornemusier[1] pour décongestionner Paris. La Ville Radieuse se dressait sur l'emplacement de l'ancien quartier du Haut-Vaugirard, la Ville Rouge sur l'ancien bois de Boulogne, la Ville Azur sur l'ancien bois de Vincennes, et la Ville d'Or sur la Butte-Montmartre. […]

Quelques érudits[2], amoureux du vieux Paris, se sont penchés sur les souvenirs du Montmartre disparu, et nous ont dit ce qu'était cet étrange quartier de la capitale. À l'endroit même où devait plus tard s'élancer vers le zénith la masse dorée de la Ville Haute, un entassement de taudis abritait autrefois une bien pittoresque population. Ce quartier sale, malsain, surpeuplé, se trouvait être, paradoxalement, le « lieu artistique » par excellence de l'Occident. Les jeunes gens qui, à Valladolid, Munich, Gênes ou Savigny-sur-Braye, sentaient s'éveiller en eux la passion des beaux-arts savaient qu'il se trouvait une seule ville au monde et, dans cette ville, un seul quartier – Montmartre – où ils eussent quelque chance de voir s'épanouir leur talent. Ils y accouraient, sacrifiaient considération, confort, à l'amour de la glaise ou de la couleur. Ils vivaient dans des ateliers, sortes de remises ou de greniers dont les vitres fêlées remplaçaient un mur, parfois le plafond. […] Ce vieux quartier fut rasé. Un peuple d'architectes et de compagnons édifia la Ville d'Or. […]

François Deschamps, restauré, prit le chemin de son domicile. Montparnasse sommeillait, bercé d'un océan de bruits. L'air, le sol, les murs vibraient d'un bruit continu, bruit des cent mille usines qui tournaient nuit et jour, des millions d'autos, des innombrables avions qui parcouraient le ciel, des panneaux hurleurs de la publicité parlante, des postes de radio qui versaient par toutes les fenêtres ouvertes leurs chansons, leur musique et les voix enflées des *speakers*. Tout cela composait un grondement énorme et confus auquel les oreilles s'habituaient vite, et qui couvrait les simples bruits de vie, d'amour et de mort des vingt-cinq millions d'êtres humains entassés dans les maisons et dans les rues. Vingt-cinq millions, c'était le chiffre donné par le dernier recensement de la population de la capitale. [...] À Paris sévissait une crise du logement que la construction des quatre Villes Hautes n'avait pas conjurée. Le Conseil de la ville avait décidé d'en faire construire dix autres pareilles.

René Barjavel, *Ravage*, 1943, © Éditions Denoël.

1. Le Cornemusier : déformation volontaire du nom de l'architecte Le Corbusier.
2. Érudits : personnes très cultivées.

DOCUMENT B **Le Corbusier, *Plan pour la reconstruction de Paris***

Ce plan, appelé « plan Voisin » 1925, vise à répondre aux besoins de logements de la population active. L'architecte le présente ainsi : « Ce plan s'attaque aux quartiers les plus infects, aux rues les plus étriquées... Il ouvre au point stratégique de Paris un étincelant réseau de communication. »

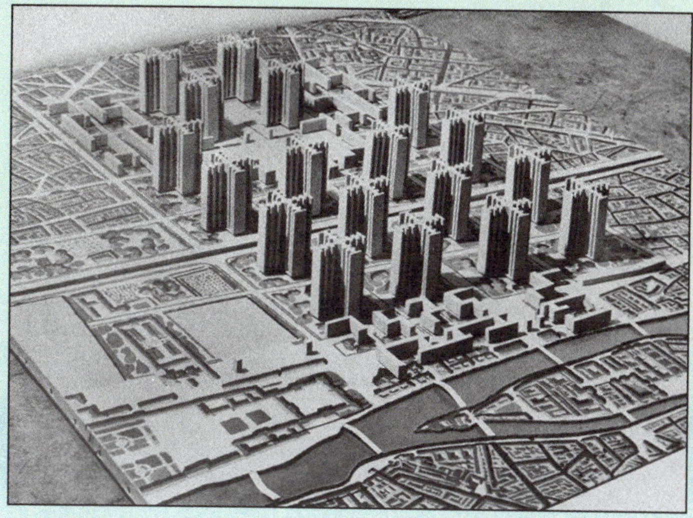

TRAVAIL SUR LE TEXTE LITTÉRAIRE ET SUR L'IMAGE

50 POINTS • 1 H 10

Les réponses doivent être entièrement rédigées.

Grammaire et compétences linguistiques

▶ **1. a)** Quel est le temps majoritairement employé ? Pourquoi est-il utilisé ? *(4 points)*

b) « Quelques érudits [...] capitale » (lignes 7 à 9). Comment expliquez-vous l'emploi du passé composé dans cette phrase ? *(4 points)*

▶ **2.** « des innombrables avions qui parcouraient le ciel » (lignes 26-27).

a) Expliquez la formation du mot « innombrable », en nommant les différentes parties qui le composent. *(3 points)*

b) Que signifie ce terme ? *(2 points)*

c) De quels autres mots employés dans le texte peut-on le rapprocher ? *(3 points)*

▶ **3.** « Les jeunes gens qui, à Valladolid, Munich, Gênes ou Savigny-sur-Braye, sentaient s'éveiller en eux la passion des beaux-arts savaient qu'il se trouvait une seule ville au monde et, dans cette ville, un seul quartier – Montmartre – où ils eussent quelque chance de voir s'épanouir leur talent. »

Réécrivez ce passage en remplaçant *Les jeunes gens* par *Le jeune homme*, et en conjuguant tous les verbes au présent de l'indicatif. Vous ferez toutes les modifications nécessaires. *(10 points)*

Compréhension et compétences d'interprétation

▶ **4.** Quels sont les deux lieux et les deux époques qui s'opposent dans ce texte ? Comment l'un et l'autre sont-ils connotés ? *(6 points)*

▶ **5.** Selon vous, quel rapport ce texte entretient-il avec la réalité ? Que pouvez-vous en déduire sur le genre de l'œuvre dont il est extrait ? *(6 points)*

▶ **6.** Aimeriez-vous vivre dans la ville décrite par Barjavel ? Pourquoi ? *(4 points)*

▶ **7.** Quelle impression produit sur vous la photographie ? *(4 points)*

▶ **8.** Comment peut-on rapprocher la photographie et le texte ? *(4 points)*

DICTÉE

10 POINTS • 20 MIN

Le titre et la source de l'extrait et « Villes Hautes » sont écrits au tableau.

René Barjavel
Ravage, 1943

Les lumières de la nuit

Les grands boulevards, les rues étroites des quartiers centraux, réservés aux magasins et aux lieux de plaisir, palpitaient de mille couleurs changeantes, composaient un réseau de feu que voilait légèrement une brume lumineuse. Des toits vivement éclairés des quatre Villes Hautes montaient vers le ciel des gerbes multicolores. Les avions qui prenaient l'air la nuit devaient garder leurs cabines éclairées, et c'était autant de bulles roses, bleues, vertes, blanches, dorées, mauves, grosses comme des points lumineux à leur départ, qui montaient en grossissant vers le ciel nocturne.

RÉDACTION

40 POINTS • 1 H 30

Vous traiterez au choix l'un des deux sujets. Votre rédaction sera d'une longueur minimale d'une soixantaine de lignes (300 mots environ).

Sujet d'imagination

Âgé d'une cinquantaine d'années, vous vivez dans le Paris de 2050 décrit par Barjavel. Interrogé par votre petit-neveu, vous lui décrivez le monde dans lequel vous avez vécu, enfant. Votre texte fera alterner passages narratifs et passages dialogués.

Sujet de réflexion

Le texte de Barjavel oppose la modernité des quatre Villes Hautes au vieux quartier de Montmartre. À votre avis, quels peuvent être les avantages et les inconvénients d'une ville moderne, par rapport à une ville plus traditionnelle ? Vous présenterez votre réflexion dans un développement argumenté et organisé.

LES CLÉS DU SUJET

■ Les documents

Le texte littéraire (document A)

En 1943, René Barjavel imagine le monde de 2050. Les innovations technologiques sont importantes dans tous les domaines. Dans l'extrait présenté, François, le personnage principal, arrive à Paris : de grands changements, dus à la surpopulation urbaine, ont eu lieu dans la capitale.

L'image (document B)

Dans ses projets, l'architecte Le Corbusier réfléchit à l'organisation de la ville et propose des bouleversements radicaux. L'édification de villes en hauteur, en libérant près de 95 % de la surface au sol, devait selon lui permettre de répondre aux problèmes de la pénurie de logements et favoriser le bien-être des habitants.

■ Rédaction (sujet d'imagination)

Recherche d'idées

Tu dois décrire le monde actuel, mais en te projetant trente ans plus tard. Il faut donc insister sur les domaines susceptibles d'avoir beaucoup évolué dans ce laps de temps : les moyens de locomotion, les sources d'énergie, les modes de communication ou d'alimentation actuels pourront par exemple paraître exotiques ou curieux à un enfant de 2050.

Conseils de rédaction

- Tu dois écrire un texte à la première personne. Précise dans un premier paragraphe le cadre de la conversation (le moment, le lieu), avant de commencer le dialogue.
- C'est l'adulte qui parle le plus dans l'échange. Les interventions de l'enfant peuvent dénoter l'étonnement (avec des adjectifs comme *ahuri, incrédule, ébahi*) ou l'amusement (avec des expressions comme *se réjouir, trouver divertissant*).

■ Rédaction (sujet de réflexion)

Recherche d'idées

- Le sujet te demande d'envisager les aspects positifs *et* négatifs d'une ville moderne. Comme avantages, tu peux mentionner la résolution du problème de la crise du logement, la disparition des quartiers insalubres, une circulation plus fluide.
- Comme inconvénients, tu peux penser à la trop grande concentration humaine ainsi créée, à la disparition de certains quartiers historiques et symboliques, à l'uniformisation de toutes les habitations.

Conseils de rédaction

- Rappelle le thème du devoir dans un premier paragraphe d'introduction. Consacre ensuite un paragraphe aux avantages et un paragraphe aux inconvénients, dans l'ordre que tu veux.
- Si tu as un avis tranché sur la question, attends la fin du devoir pour le mentionner.

CORRIGÉ 26

TRAVAIL SUR LE TEXTE LITTERAIRE ET SUR L'IMAGE

Grammaire et compétences linguistiques

▶ **1. a)** Le temps majoritairement employé dans le texte est l'imparfait, temps de la description.

b) Le passé composé exprime une action passée, mais qui s'interprète par rapport au présent du narrateur : celui-ci en effet interrompt son récit pour faire un commentaire personnel (« nous ont dit »). Cette phrase est donc ancrée dans la situation d'énonciation. Le reste du récit, lui, est coupé de cette situation.

▶ **2. a)** L'adjectif *innombrables* est formé du préfixe privatif *in-*, du radical *nombr-*, suivi du suffixe *-able* (qui indique l'idée de possibilité).

b) Est *innombrable* ce qui ne peut pas être compté, car présent en trop grand nombre. Dans le texte, les avions sont trop nombreux pour être comptés.

c) On peut rapprocher ce terme de tous les autres nombres présents dans ce paragraphe, qui vont en augmentant : « cent mille » (usines), « millions » (d'autos), « vingt-cinq millions » (d'êtres humains).

▶ **3.** *Les modifications sont mises en couleur.*

« Le jeune homme qui, à Valladolid, Munich, Gênes ou Savigny-sur-Braye, sent s'éveiller en lui la passion des beaux-arts sait qu'il se trouve une seule ville au monde et, dans cette ville, un seul quartier – Montmartre – où il a quelque chance de voir s'épanouir son talent. »

> ZOOM
> La forme *eussent*, qui peut te paraître compliquée, correspond au subjonctif imparfait du verbe… *avoir*, que tu sais sans problème conjuguer au présent de l'indicatif.

Compréhension et compétences d'interprétation

▶ **4.** Les nouveaux immeubles, baptisés « Villes hautes », s'opposent aux anciens quartiers de Paris, sales et malsains, comme Montmartre. Les vieux quartiers correspondent à l'époque de publication du texte, soit la première moitié du XXe siècle. Les villes hautes sont présentées comme des innovations technologiques de 2050, et bénéficient de noms connotés positivement (« masse dorée, ville radieuse »). Pour les anciens quartiers décrits, comme Montmartre ou Montparnasse, les connotations péjoratives semblent l'emporter : « océan de bruit, grondement énorme et confus ».

▶ **5.** Publié en 1943, le roman de Barjavel décrit le monde un siècle plus tard. Il s'agit donc d'un roman d'anticipation. Les progrès scientifiques et technologiques sont un thème essentiel de ce genre littéraire. Ici, les progrès mentionnés ont un caractère parfaitement plausible.

▶ **6.** Le Paris du futur imaginé par Barjavel peut sembler moderne et plaisant. Cependant, l'auteur laisse entendre que plusieurs problèmes se posent. La très forte concentration humaine, par exemple, est effrayante (« vingt-cinq millions d'êtres humains entassés »). En outre, le progrès s'accompagne d'une certaine déshumanisation : le vacarme couvre « les simples bruits de vie, d'amour et de mort ».

INFO +
Le titre *Ravage* laisse à penser qu'il est impossible que la société décrite dans les premières pages du roman puisse perdurer sans conduire l'humanité à sa perte.

▶ **7.** La photographie nous montre une maquette de Le Corbusier où de nombreux gratte-ciel sont répartis très géométriquement dans la ville de Paris. La photographie, qui rappelle le quartier de Manhattan à New York, peut provoquer une impression positive de modernité et de confort.

▶ **8.** Le texte nous dévoile une ville où les principes de l'architecte (dont le nom est très reconnaissable) ont été appliqués. Mais l'auteur choisit de présenter cette application sous un jour déplaisant, car le progrès s'accompagne d'une certaine déshumanisation : « la passion », « le talent » et « l'amour » de l'art semblent absents de cette ville.

DICTÉE

POINT MÉTHODE

1. Le texte comporte dix-huit adjectifs qualificatifs : souviens-toi que chacun se rapporte à un nom dont il prend les marques de genre et de nombre. Ici les adjectifs sont généralement proches des noms qu'ils qualifient ; mais il arrive toutefois que l'adjectif soit séparé du nom par un adverbe.
2. Les verbes sont conjugués à l'imparfait. Attention : deux phrases sont construites avec des sujets inversés. Pose la question « qui est-ce qui ? » ou « qu'est-ce qui ? » suivie des verbes *voiler* et *monter* pour trouver leur sujet.
3. N'oublie pas que *quatre* et *mille* sont invariables.

Les grands boulevards, les rues étroites des quartiers centraux, réservés aux magasins et aux lieux de plaisir, palpitaient de mille couleurs changeantes, composaient un réseau de feu que voilait légèrement une brume lumineuse. Des toits vivement éclairés des quatre Villes Hautes montaient vers le ciel des gerbes multicolores. Les avions qui prenaient l'air la nuit devaient garder leurs cabines éclairées, et c'était autant de bulles roses, bleues, vertes, blanches, dorées, mauves, grosses comme des points lumineux à leur départ, qui montaient en grossissant vers le ciel nocturne.

RÉDACTION

Voici un exemple de rédaction sur chacun des deux sujets.
Attention les titres en couleur ne doivent pas figurer sur ta copie.

Sujet d'imagination

[Passage narratif : présentation du cadre] Lundi dernier, j'ai dû aller chercher Sam, mon petit-neveu à la sortie de l'école. Ses parents, qui rentraient tard, m'avaient demandé de le garder.

> CONSEIL
> Limite-toi à la description de deux ou trois domaines. Dans cette conversation, trois domaines sont abordés : l'école, l'alimentation, les transports.

[Début du dialogue] « Salut, m'a-t-il dit lorsqu'il m'a aperçu.

– Bonjour petit. Comment s'est passée ta journée ?

– Pas très bien ; j'ai raté un exercice de code. Mais je ne sais pas si tu peux comprendre…

– J'ai beau être plus âgé que toi, j'ai quand même entendu parler du code informatique ! Mais il est vrai que lorsque j'étais petit, on nous apprenait surtout à écrire et à compter.

– Mais pour quoi faire ? m'a interrompu Sam, amusé. Vous n'aviez pas de logiciels de correction et de calcul ?

– Cela existait, bien sûr, mais l'essentiel de l'apprentissage se faisait de manière manuscrite : on recopiait des leçons, on écrivait des textes, on posait des opérations. Et il fallait attendre la sonnerie pour avoir le droit de parler, pendant un petit quart d'heure, avant de repartir pour une heure de cours.

– Tu veux dire que vous étiez obligés de rester assis et silencieux pendant toute une heure ? » m'a demandé Sam, incrédule.

[Passage narratif : commentaires du narrateur] Son air ahuri m'a fait rire. J'ai eu envie de lui décrire le monde de mon enfance de manière encore plus noire pour lui, en lui parlant de privation d'ordinateur et de téléphone. Mais j'ai résisté à la tentation.

[Fin du dialogue] « Il y avait néanmoins des choses agréables. La nourriture par exemple. J'imagine qu'à ta cantine on vous distribue des portions contenant exactement le nombre de nutriments adaptés à chacun. Quand j'étais petit, le jour des frites était attendu avec impatience. C'était gras, mais c'était délicieux. Tu voudrais que je t'en fasse ce soir ?

– Oui, s'il te plaît ! s'est-il réjoui. Et pourra-t-on faire ensuite un tour sur ce drôle d'engin que tu gardes dans ton garage, tu sais, celui avec les cercles qui tournent ?

– Un tour de vélo tu veux dire ? D'accord, si tu manges toutes tes frites. »

Sujet de réflexion

[Introduction] Dans *Ravage*, René Barjavel évoque la destruction des vieux quartiers et la construction des Villes Hautes, afin de répondre aux nouveaux besoins de la population. Une ville moderne de ce type présente alors un certain nombre d'avantages, mais aussi quelques inconvénients.

> CONSEIL
> À l'intérieur de chaque paragraphe, utilise les connecteurs logiques pour signaler le passage d'un argument à un autre.

[Les avantages] Dans les villes traditionnelles, il n'est pas toujours possible de loger tous les gens qui ont besoin d'y vivre. Bâtir des villes en hauteur peut résoudre ce problème : les gratte-ciel, pour la même surface au sol, peuvent loger beaucoup plus de familles. Par ailleurs, les nouveaux logements répondent à des normes de sécurité et d'isolation plus performantes. De nouveaux édifices, modernes et sains, peuvent remplacer les logements insalubres. En définitive, la surface au sol ainsi libérée peut permettre une meilleure circulation des biens et des personnes : les déplacements sont alors plus rapides. La ville moderne présente donc des avantages appréciables.

[Les inconvénients] Mais la ville moderne comporte aussi quelques inconvénients, à commencer par une concentration humaine excessive. Le texte de Barjavel présente une ville de vingt-cinq millions d'habitants. Or ce chiffre correspond plus à la population d'un pays que d'une ville ! Il est difficile de créer des liens avec les gens dans une structure de cette importance. En outre, si les constructions anciennes disparaissent, c'est tout une part de l'histoire qui meurt : le patrimoine français repose sur des quartiers comme Montmartre, encore aujourd'hui un des plus visités de la capitale. Enfin, si tout ce qui est plus ancien est remplacé par des constructions modernes, tout se ressemblera, il n'y aura plus de place pour la variété.

[Conclusion] Par rapport à une ville ancienne, la ville moderne présente donc des avantages certains, mais également des inconvénients non négligeables. Pour ma part, je crois être plus favorable à une ville plus traditionnelle, à taille humaine, où l'on peut encore connaître nos voisins par leur nom.

Le mémo du brevet

L'essentiel du programme en fiches

1 Reconnaître un récit

Un récit est un texte narratif, c'est-à-dire un texte où un narrateur raconte une histoire. Il peut revêtir de multiples formes : récit d'aventures, d'apprentissage, de guerre…

A Identifier les composantes du récit

● Les récits sont souvent aux temps du passé. Ceux-ci ont différentes valeurs :
– l'**imparfait** est utilisé pour décrire le décor, les circonstances ;
– le **passé simple** est utilisé pour une action ponctuelle ou limitée dans le temps ;
– le **passé antérieur** et le **plus-que-parfait** sont utilisés pour les actions antérieures à celles exprimées par les verbes au passé simple et à l'imparfait.

● Un récit s'enrichit de passages qui ne sont pas purement narratifs :
– la **description** sert à peindre des lieux ou à faire le portrait des personnages ;
– le **dialogue** permet d'animer le récit et de créer un effet de réel puisque les personnages semblent s'exprimer directement ;
– les **commentaires** du narrateur, généralement au présent, interrompent parfois le récit.

B Analyser la structure d'un récit

Dans les récits courts, le conte, par exemple, l'intrigue du récit suit souvent un **schéma narratif** qui compte cinq étapes successives.

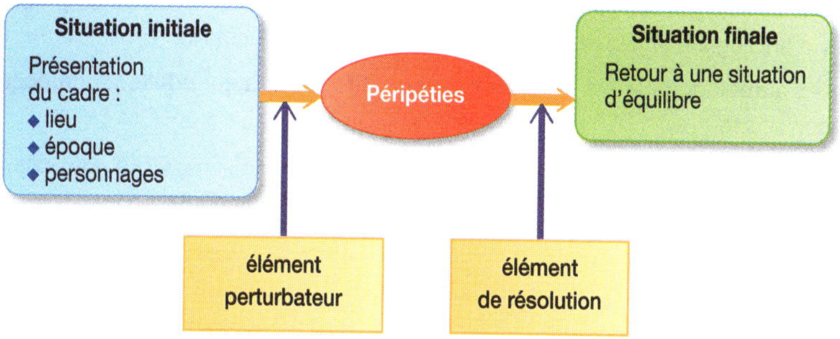

C Comprendre la fonction des personnages

● Chaque personnage remplit un **rôle** dans l'intrigue. Le héros ou personnage principal fait évoluer l'action en fonction de sa **quête**.

● Au cours de celle-ci, il rencontre soit des personnages qui l'aident à obtenir ce qu'il souhaite, soit des personnages qui lui font obstacle.

2 Reconnaître les formes de l'écriture de soi

L'écriture de soi peut prendre des formes variées selon qu'elle est personnelle ou destinée à la publication. On parle de genre autobiographique lorsque l'auteur fait le récit de sa propre vie.

A Repérer les caractéristiques de l'écriture de soi

1. La situation d'énonciation

- Le texte est rédigé à la **1re personne** du singulier. L'auteur, l'énonciateur et le protagoniste sont une seule et même personne. L'énonciation est subjective : le *je* ne donne que son propre point de vue.

2. Le destinataire

- Certains écrits ne sont destinés qu'à un usage privé : **lettre** adressée à un proche, **journal** destiné à faire le point sur soi-même au jour le jour…
- D'autres écrits sont destinés à la publication et deviennent une pratique littéraire. On parle généralement d'écrits ou de romans autobiographiques. Les **Mémoires** (avec une majuscule), par exemple, mettent l'accent sur l'Histoire et les grands événements plutôt que sur la vie individuelle.

B Identifier les spécificités de l'autobiographie

- L'autobiographie est un genre littéraire où l'auteur fait le récit de sa propre vie privilégiant l'histoire de la construction de sa personnalité.
- L'autobiographie est un **récit rétrospectif** : le narrateur adulte recompose son passé.

> REMARQUE **Le récit d'enfance est généralement développé au début de l'autobiographie, qui suit la chronologie des événements.**

- C'est un récit ancré dans la **réalité**, qui relate des faits réels, des événements qui ont vraiment eu lieu. L'auteur s'engage à être sincère.
- L'autobiographie mêle donc **deux systèmes de temps** : le passé et le présent. Il y a un va-et-vient constant entre le *je* adulte, narrateur du récit, et le *je* enfant, personnage.
- Écrire sur soi repose sur l'**introspection**. L'auteur prend la plume pour se présenter, mais aussi exposer ses pensées ou peindre ses sentiments.

3 Reconnaître un texte théâtral

Lorsque tu penses au théâtre, tu imagines des acteurs, un décor, des costumes, la scène… Mais peux-tu définir exactement ce qu'est le genre théâtral ?

A Connaître les particularités du genre théâtral

● Une pièce de théâtre se différencie du genre romanesque en ce qu'elle n'est constituée que de dialogues et de didascalies. Elle est généralement divisée en actes, eux-mêmes divisés en plusieurs scènes.

> DÉFINITION **Les didascalies sont les indications de lieu, de costumes, de jeu et de mise en scène. Elles sont généralement mises en italique ou entre parenthèses pour les différencier des dialogues.**

● Le **dialogue** doit apporter les informations, faire progresser l'action, préciser les relations qui unissent les personnages et les sentiments qu'ils éprouvent.

● Le dialogue est constitué d'un échange de **répliques**. Chaque réplique est précédée du nom du personnage qui parle. Les paroles ne sont ni introduites par un verbe de parole ni placées entre guillemets.

B Connaître les conventions théâtrales

● La représentation théâtrale doit créer l'**illusion du réel** à partir d'éléments factices (décor, costumes).

● Le théâtre repose sur la règle de la **double énonciation** : les paroles prononcées par un personnage ont pour destinataires les autres personnages présents sur scène mais aussi les spectateurs. Prenons deux exemples :
– l'**aparté** est une réplique qu'un personnage s'adresse à lui-même et que les autres personnages présents sur scène ne sont pas censés entendre. Le public est ainsi mis dans la confidence.
– le **monologue** est une scène où un personnage, seul, s'adresse à lui-même mais aussi aux spectateurs auxquels il fait partager ses pensées.

4 Étudier un poème

La poésie peut prendre des formes très différentes, mais tous les poèmes ont en commun un usage particulier du langage.

A Reconnaître un poème

- Dans la poésie classique, un poème se reconnaît par sa disposition : les phrases sont découpées en **vers**, eux-mêmes regroupés en **strophes**.
- Les vers comptent un **nombre précis** de syllabes. Ils se caractérisent par la **rime** qui est la répétition du même son à la fin de deux ou plusieurs vers.
- S'affranchissant de ces règles, la poésie moderne se rapproche de la prose, un poème écrit sans vers. Cependant, la **musicalité** du langage et les **images** suscitent une émotion particulière, propre à chaque poème.

B Repérer les images

Les images poétiques se doivent d'être **originales et expressives**. Pour les faire naître, le poète utilise des figures de style.

> REMARQUE **Une figure de style est un procédé qui crée des effets susceptibles d'agir sur la sensibilité ou l'imagination du lecteur.**

- La **comparaison** établit une ressemblance entre le comparé et le comparant à l'aide d'un outil de comparaison *(comme, tel, pareil à...)*.
- La **métaphore** est une comparaison sans outil pour l'introduire. Par exemple, l'arbre généalogique est une métaphore de la famille.
- La **personnification** consiste à attribuer des propriétés humaines à un animal, à une idée, à une chose. Exemple : *L'arbre dansait dans le vent*.
- L'**allégorie** est une représentation concrète d'une idée. Par exemple, la justice est souvent représentée par une balance.

C Percevoir la musique des vers

La poésie naît d'un travail sur les sonorités et le rythme.

- Les rimes peuvent se combiner entre elles de différentes façons : rimes **suivies** (AA, BB), rimes **croisées** (ABAB) et rimes **embrassées** (ABBA).
- L'**allitération** est la répétition d'un même son consonne dans un ou plusieurs vers, qui vise à créer un effet d'imitation sonore. L'**assonance** est la répétition d'un même son voyelle.
- Le rythme est marqué par des **coupes** qui sont des pauses dans le vers situées après chaque syllabe accentuée. Elles marquent la cadence des vers.

5 Identifier la satire

Le texte et le dessin satirique visent à faire rire, mais surtout à dénoncer les défauts des hommes ou de la société.

A Qu'est-ce qu'un texte satirique ?

- C'est un texte qui attaque les vices et les ridicules d'une personne ou d'une société dans un but argumentatif. On le retrouve dans **tous les genres littéraires** : dans la fable (XVIIe siècle), la comédie (XVIIe siècle), le conte philosophique (XVIIIe siècle), le roman (XIXe siècle).
- Au XXe siècle, le registre satirique se retrouve dans les **chroniques télévisuelles** ou **radiophoniques**.

B Qu'est-ce qu'un dessin satirique ?

- Le dessin satirique se donne à voir immédiatement, souvent à la une des journaux ou sur les murs.
- Il peut prendre la forme de la **caricature** (représentation grotesque d'un personnage obtenue par la déformation de ses traits et de ses proportions). Comme un texte, il cherche à se moquer et à ridiculiser, à accuser une personne ou à critiquer une situation, à affirmer ou à dénoncer une opinion politique, sociale ou religieuse.
- Le dessin satirique s'appuie sur un certain nombre de procédés : **exagération** de particularités physiques, animalisation, végétalisation, **comparaison** dévalorisante ou encore diabolisation.

C Comment faire ?

Comprendre le contexte
- titre
- auteur
- date
- source

Décrire les procédés
- exagération
- comparaison
- diabolisation
- etc.

Interpréter
- sens
- visée
- portée générale

→ **ANALYSER**

6 Reconnaître et construire une argumentation

Dans un texte argumentatif, l'émetteur cherche à convaincre le lecteur de quelque chose. L'argumentation peut se rencontrer dans des textes variés : articles de journaux, récits, pièces de théâtre, romans…

A Reconnaître un texte argumentatif

- Pour convaincre, l'émetteur s'implique dans son discours : les marques de la 1re personne sont nombreuses. Il s'adresse à un **destinataire** en recourant aux marques de 2e personne.
- Le **présent** de l'indicatif est le temps de référence.
- Dans un texte argumentatif, l'émetteur exprime une **opinion**. Ainsi, les marques de subjectivité sont variées (verbes d'opinion, modalisateurs, vocabulaire mélioratif ou péjoratif).
- Le locuteur peut chercher à faire partager une opinion ou pousser le destinataire à agir.

B Organiser une argumentation

Un texte argumentatif est construit autour d'une thèse argumentée et illustrée par des exemples.

- La **thèse** est l'opinion défendue par le locuteur à propos d'un sujet donné.

> REMARQUE **La thèse s'oppose à une thèse adverse, qui peut être mentionnée par un autre personnage dans un dialogue, ou par l'émetteur principal, pour mieux la contredire.**

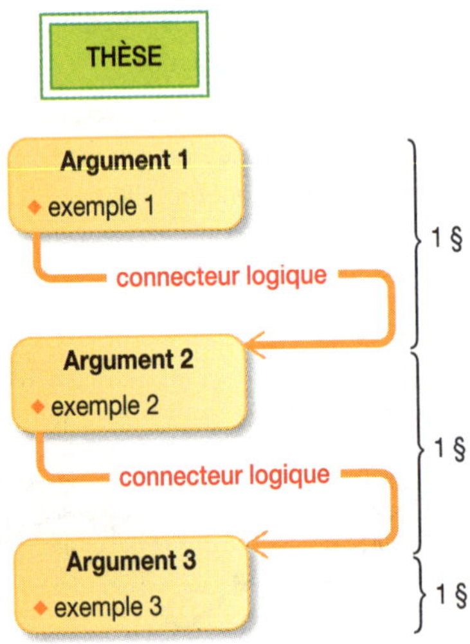

- Les **arguments** sont les raisonnements permettant de justifier la thèse défendue. Ils ont souvent une portée générale.
- Les **exemples** illustrent les arguments et permettent de mieux les comprendre. Ce sont des faits concrets, vérifiables.
- Les **connecteurs logiques** structurent le discours et explicitent les liens entre les différentes idées : *pourtant, mais, de plus…*

7 Écrire un dialogue argumentatif

Il s'agit d'imaginer un dialogue dans lequel deux locuteurs défendent des thèses opposées sur un sujet donné. Chacun défend son point de vue, en argumentant et en donnant des exemples dans le but de convaincre ou de persuader l'autre.

A Repérer la situation de communication

- Commence par définir le **thème** : de quoi est-il question ?
- Repère à quelle **époque** se déroule le dialogue : le vocabulaire et les idées ne seront pas les mêmes selon les époques.
- Tu dois définir qui sont les interlocuteurs et quelles thèses ils défendent.

B Prévoir la progression de l'échange

Pour éviter qu'un dialogue ne tourne en rond, il faut penser à la progression de l'échange.

- La **thèse** de chaque interlocuteur doit être soutenue par des **arguments** illustrés par des **exemples**.
- Les arguments doivent être présentés du moins convaincant (qui recevra donc des objections) au plus convaincant.

C Rédiger le dialogue

- Le dialogue ne doit pas se résumer à une énumération d'idées. Il faut le rendre vivant par des **adresses directes** à l'interlocuteur, par la mention de sentiments ressentis, ou par des **types de phrases variés** donnant de l'épaisseur aux interlocuteurs.
- Pense à varier les connecteurs pour lier arguments, objections et exemples.

Objectif	Connecteur
énumérer, ajouter des idées	d'abord, ensuite, enfin, et, de plus, par ailleurs, d'une part, d'autre part, non seulement… mais aussi…
exprimer l'opposition	mais, or, cependant, néanmoins, pourtant, malgré, alors que, au contraire…
exprimer la cause	car, parce que, puisque, comme, en raison de…
exprimer la conséquence	donc, par conséquent, c'est pourquoi, si bien que, pour…

- À la fin du dialogue, le lecteur doit savoir si l'argumentation a été efficace, et doit comprendre clairement quelle est la thèse victorieuse.

8 Raconter une expérience personnelle en exprimant ses sentiments

Relater une expérience personnelle en suivant certaines consignes est un exercice fréquent au brevet. L'expression des sentiments devra occuper une place importante dans ton récit.

A Relater une expérience

- L'expérience à raconter n'a pas à être vraie, mais seulement **vraisemblable**, c'est-à-dire crédible. Tu peux t'inspirer d'événements qui te sont réellement arrivés, ou bien en imaginer sans nécessairement qu'ils soient extraordinaires.
- On te demande d'écrire un récit à la **1re personne**, inscrit la plupart du temps dans le passé. On doit pouvoir supposer que c'est réellement de toi qu'il s'agit. Tu dois donc prêter ton caractère au *je* fictif de ton récit : le narrateur est un collégien, qui vit à notre époque.

B Exprimer des sentiments

Pour exprimer des sentiments, il est nécessaire d'employer le **champ lexical** qui convient.

Sentiment	Noms	Adjectifs
peur	malaise, horreur, terreur, panique, épouvante	horrifié, terrifié, livide, pâle
joie	bonheur, contentement, plaisir, allégresse, enthousiasme	émerveillé, heureux, satisfait, enchanté, ravi, transporté
tristesse	chagrin, désespoir, détresse, amertume, souffrance, douleur	désespéré, amer, déçu, accablé, morne, maussade
surprise	stupéfaction, incrédulité, ébahissement, ahurissement	inattendu, stupéfait, ébahi

- Tandis que les phrases courtes marquent la vivacité du sentiment, les phrases plus longues décrivent des sentiments mêlés ou opposés.
- La phrase se terminant par un **point d'exclamation** traduit des sentiments ou des émotions fortes (la colère, l'impatience, la joie…).
- Les **points de suspension** rendent un énoncé plus expressif (marque du doute, du regret…).

9 Écrire une suite de récit

Écrire la suite d'un récit, c'est poursuivre à ta manière le travail d'un écrivain : il faut donc que tu utilises ton imagination, tout en respectant les éléments présents dans le texte de référence.

A Respecter les données du texte initial

Rédiger une suite de texte demande une analyse minutieuse du texte de référence.

● Identifie d'abord le **genre** du récit : récit d'enfance, policier, réaliste... Puis, note tous les éléments narratifs qui te permettent de définir :
– le **cadre** (en répondant aux questions : où ? quand ?) ;
– le **narrateur** et les **thèmes** (qui ? quoi ?) ;
– le caractère et le comportement des **personnages**.

> ATTENTION ! **Ne mentionne pas des inventions du XXe siècle pour écrire la suite d'un texte du XIXe siècle, comme la voiture motorisée, le téléphone, etc.**

● Analyse ensuite les **procédés** d'écriture : à quelle personne le récit est-il mené ? À quel temps ? Quel est le registre employé (pathétique, fantastique...) ? Quel est le ton d'ensemble (comique, tragique...) ?

● Le système de temps (soit du passé, soit du présent) de la narration doit être respecté. Si le texte est au passé, tu ne peux pas écrire une suite au présent.

B Imaginer une suite

● Détermine d'abord la **fin** de ton texte : quelles réponses vas-tu apporter aux questions soulevées par l'extrait ? Comment vas-tu satisfaire les attentes du lecteur ?

● Imagine ensuite un enchaînement de **péripéties** conduisant au dénouement que tu veux écrire.

● Vérifie que tes péripéties sont **cohérentes** avec le texte initial. Fais attention notamment au cadre spatio-temporel et au caractère des personnages.

10 Écrire un dialogue théâtral

Au théâtre, l'action ne progresse que par les paroles qu'échangent les personnages : tu dois donc écrire un dialogue vivant et efficace.

A Respecter les caractéristiques du dialogue théâtral

- Commence par indiquer le nom du personnage qui prend la parole devant sa réplique.

> **ATTENTION ! Tu ne dois pas employer de guillemets ni de verbes de parole.**

- Tu peux introduire des **didascalies**, c'est-à-dire des indications scéniques, en italique ou entre parenthèses pour indiquer :
  – le ton employé par l'émetteur ;
  – à qui la réplique est adressée s'il y a confusion possible ;
  – la posture ou les mouvements des personnages susceptibles de souligner ce qui est dit dans le dialogue.

B Construire le dialogue

Pour écrire un dialogue vivant et efficace, tu peux avoir recours à différents procédés. Pour commencer, évite les répliques qui ne servent pas à faire progresser l'action ou à créer un effet.

- Choisis le **niveau de langue** qui correspond au personnage qui parle et au genre théâtral : le niveau de langue est soutenu dans les tragédies classiques et les personnages s'expriment en alexandrins, alors que dans les comédies, les personnages peuvent s'exprimer dans un registre populaire (courant ou familier).

- Pense à alterner les **types de phrases** : tu peux faire se succéder les phrases déclaratives, interrogatives, exclamatives et injonctives.

- Tu peux varier le **rythme du dialogue** en faisant se succéder longues tirades et répliques courtes pour rendre ton dialogue vif et rapide.

- Fais avancer le dialogue au moyen de **reprises de mots**, ce qui, d'une réplique à l'autre, crée un effet d'écho.

annabrevet
LE PASS
AVEC DES VIDÉOS !
annabrevet LE PASS 3e NOUVEAU BREVET
FRANÇAIS
LE COURS toutes les notions
VIDÉOS révise autrement
EN BREF l'essentiel en schémas
CHECK ! vérifie que tu es prêt(e)
SUJETS CORRIGÉS mets-toi en condition
Hatier
CLAIR, VISUEL ET...
100% EFFICACE !
EN BREF
CHECK !
RÉVISE TON BREVET AUTREMENT
annabrevet LE PASS 3e NOUVEAU BREVET
MATHS
LE COURS toutes les notions
VIDÉOS révise autrement
MÉTHODES les bons réflexes
CHECK ! vérifie que tu es prêt(e)
SUJETS CORRIGÉS mets-toi en condition
annabrevet LE PASS 3e NOUVEAU BREVET
HISTOIRE-GÉO
ENSEIGNEMENT MORAL ET CIVIQUE
LE COURS toutes les notions
VIDÉOS révise autrement
EN BREF l'essentiel en schémas
annabrevet LE PASS 3e NOUVEAU BREVET
SCIENCES
PHYSIQUE-CHIMIE · SVT · TECHNO
LE COURS toutes les notions
VIDÉOS révise autrement
EN BREF l'essentiel en schémas
CHECK ! vérifie que tu es prêt(e)
SUJETS CORRIGÉS mets-toi en condition
Savoir faire Faire savoir
Hatier